周勛初文集

門弟子徐興無敬書

周勋初文集

《韩非子》札记

周勋初 著

凤凰出版社

图书在版编目（CIP）数据

《韩非子》札记 / 周勋初著. -- 南京 : 凤凰出版社, 2021.6
（周勋初文集）
ISBN 978-7-5506-3413-8

Ⅰ. ①韩… Ⅱ. ①周… Ⅲ. ①法家②《韩非子》—研究 Ⅳ. ①B226.55

中国版本图书馆CIP数据核字(2021)第054461号

书　　名	《韩非子》札记
著　　者	周勋初
责任编辑	孙　州
装帧设计	徐　慧
出版发行	凤凰出版社(原江苏古籍出版社) 发行部电话025-83223462
出版社地址	江苏省南京市中央路165号,邮编:210009
出版社网址	http://www.fhcbs.com
照　　排	南京凯建文化发展有限公司
印　　刷	苏州市越洋印刷有限公司 江苏省苏州市吴中区南官渡路20号,邮编:215104
开　　本	880毫米×1230毫米　1/32
印　　张	11.5
字　　数	277千字
版　　次	2021年6月第1版
印　　次	2021年6月第1次印刷
标准书号	ISBN 978-7-5506-3413-8
定　　价	78.00元 (本书凡印装错误可向承印厂调换,电话:0512-68180788)

周勋初简介：

周勋初，上海市南汇县人，1929 年生，副博士研究生肄业。

现为南京大学人文社会科学荣誉资深教授，历任南京大学研究生院副院长、古籍所所长、中国古代文学重点学科学术带头人，兼任江苏省文史研究馆馆长。

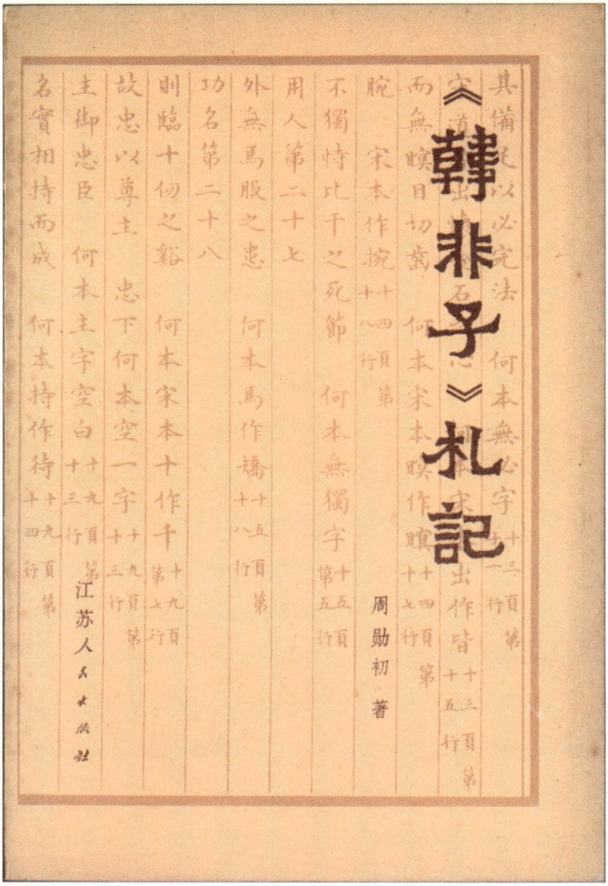

江苏人民出版社1980年11月出版

目　录

《韩非子》版本知见录

关于《韩非子》一书的版本，日本学者岛田翰《古文旧书考》卷四曾有介绍，相当详备，可以参考。年来我因工作之需，也曾到国内各大图书馆去借阅过《韩非子》的各种版本，读过各家的叙跋，作了些札记。考虑到这些材料对研究先秦诸子和版本目录或许有所帮助，故而整理出来，供大家参考。只是个人见闻有限，素养不足，介绍之时，必然挂一漏万，讹谬时出，尚祈方家不吝指正。

张敦仁影钞宋乾道本

清代初期的学者还曾见过几种不同的宋本《韩非子》。冯舒（字己苍）、朱锡庚（字少白）都曾见过宋本，只是这些书籍很早就失传了，故而发生的影响不大。乾隆、嘉庆时李奕畴（字书年）所藏的一部宋乾道黄三八郎刻本《韩非子》，后来也失传了，但有很多学者见过此书，利用它做过研究工作，并有影钞本和影刻本传世，所以发生的影响很大。

张敦仁（字古馀）在扬州府台衙门任职时借得李书，曾命人影钞一部，并请顾广圻（字千里，号涧蘋）覆勘一过。顾氏于卷五书有跋语二则，卷末书有跋语一则，这三则跋语都收入了《思适斋书跋》，但这部影钞本却一直不为世人所知。因为此书后为结一庐所收藏，但《结一庐书目》四卷附录一卷、《别本结一庐书目》一卷都没有记载。结一庐主人朱学勤死后，藏书传给长子朱澂，后又给了学勤之婿张佩纶。张氏没有书目传世，故而此书存殁仍然不为世人所知。据张氏《涧于日记》记载，结一庐藏书转给他时已到光绪中期之后。积学斋主人徐乃昌也喜欢藏书，熟悉书籍流通，故而借读过此书，其他见过此书的人可能就不太多了。此书现为上海图书馆所收藏。卷首《韩非子序》一页上盖有四方印章，顺次为“徐乃昌读”（朱文方印），“古馀珍藏子孙永宝”（朱文长方印），“葆侯”（白文方印），“广圻审定”（朱文方印）。书套的签条上署“景宋乾道本韩子　四册二十卷　顾千里跋　涧于草堂藏”。涧于草堂为张佩纶的书室之名。此书流传经过约略如此。

张敦仁影钞宋刻之后，全椒吴鼒（字山尊）也借到了李书，影钞一部，后又据以刻出，即世所云吴鼒本《韩非子》是也。此书上板时多所改动。按《韩非子》最得宋刻之真者当推述古堂影钞本宋乾道黄三八郎《韩非子》（即《四部丛刊》本）书末所附的七叶样张，拿这七叶文字和吴、张二本对勘，吴鼒影刻本改动者达十八处之多，张敦仁影钞本仅两处点划有出入，可见张敦仁影钞本态度郑重，照录原书，甚得宋本之真。又以《解老》篇为例，将张敦仁影钞本与吴鼒影刻本对勘，不同者有二十处之多；再用述古堂影钞本对勘，则有十八处文字同于张敦仁影钞本，两处文字同于吴鼒影刻本，此亦可证张敦仁影钞本近于宋刻之真，吴鼒影刻本则改动颇多也。

吴鼒影刻本《韩非子》是在顾广圻的主持下刻成的。李兆洛《涧薲顾君墓志铭》曰：“孙渊如观察、张古愚太守、黄荛圃孝廉、胡果泉中丞、秦敦夫太史、吴山尊侍读皆深于校雠之学，无不推重君，延之刻书。为孙刻宋本《说文》、《古文苑》、《唐律疏义》，为黄刻《国语》《国策》，为张刻抚州本《礼记》、严州本单疏本《仪礼》，为胡刻《文选》、元本《通鉴》，为秦刻《盐铁论》、扬子《法言》、《骆宾王集》、《吕衡州集》，为吴刻《晏子》《韩非子》。每一书刻竟，综其所正定者为考异，或为校勘记。”（《养一斋文集》卷十一）《韩非子》后附《识误》三卷，也就是这书的校勘记了。黄丕烈《百宋一廛赋注》云：顾氏“持论谓凡天下书皆当以不校校之”，论者每称顾氏校书不轻改字，但从《韩非子》一书看来，却是校改颇勤，说明不轻改字云云并不是指文字的数量而言的。

清末仁和许增刻“榆园丛书”，在《唐文粹》的“缀言”中说：“校雠之学二涂：一曰求古，二曰求是。求古者，取宋元旧本，一一覆写，期于毫发无遗，并旧本显然谬误，及俗书如‘国’‘圣’之类，亦必沿袭，以存其真。求是者，寻求原本，搜采群籍，舍短从长，拾遗补缺，以正未刻以前写官之误，既刻以后椠工之失，求心所安，以公同好。”可以说，顾广圻覆勘张敦仁影钞本时采取的是“求古”的态度，主持刻印吴鼒影刻本时采取的是“求是”的态度，只是由于张敦仁影钞本的长期湮沉，以致人们误将吴鼒影刻本认为“求古”之作了。一般说来，顾广圻改动的文字属于显然的误字和衍脱之处，但他还是应该在校勘记中说明一下，让读者能够由此进窥宋乾道黄三八郎原刻的本来面貌才好，只是他不作任何说明，总是一件令人遗憾的事。

吴鼒影刻宋乾道本

吴鼒影刻宋乾道本《韩非子》是清代著名的精刻本。据徐康《前尘梦影录》卷下记载，此书由书法名手许翰屏写样，刻工则在书中留下了名字，是为镌刻名手江宁刘文奎、文楷兄弟。况且任校雠者为声誉隆甚的顾广圻，出资刊刻的是学术地位和社会地位很高的吴鼒。这样一部精刻本，从内容到形式，可谓极一时之盛，自然受到人们重视。行世之后就逐步代替了赵用贤本的地位，随之翻刻的本子也很多。

吴鼒曾在嘉庆二十一年(1816)刻过《晏子春秋》八卷，嘉庆二十三年刻成《韩非子》二十卷后，二者又称“韩晏合编本”。道光乙巳(二十五年，公元1845年)扬州汪氏重镌二书，署称“宋本校刊韩晏合编”本。(勋初按：《晏子春秋》实依元本校刊)此书刻印很精，几可乱真，只在个别地方文字有所改动。

日本在弘化二年(即道光二十五年,公元1845年)有覆刻吴鼒本出现,题识"善庵先生阅,修道馆藏",前有江户朝川鼎氏所撰序文。书内很精细地翻刻了吴鼒的序文,但后面的正文则已根据彼邦人士阅读上的需要,用假名分句读,因此此书实际上已是一种重刻本了。

光绪元年(1875)浙江书局刻《二十二子全书》,其中的《韩非子》也是根据全椒吴氏的覆宋乾道本刻出的,书内署明"光绪元年浙江书局据吴氏影宋乾道本斠刻",与吴本文字上出入颇大。只是浙江书局本经过整理,便于阅读,而且后出易得,故而流传很广,据之翻刻翻印的人很多,有人也就根据它做研究工作了。由于浙江书局本具有这样的特点,读者阅览所谓乾道本《韩非子》时要注意两种情况:一是后来印行《韩非子》的人虽然大都标榜根据吴氏影宋乾道本翻刻,实际上却往往是根据浙江书局本重印,例如光绪二十三年(1897)新化三味书屋刻的本子就是这样。其后一些石印本或铅印本,也常根据浙江书局本重印,中华书局的《四部备要》本就是这样。另外一种情况是近代一些整理《韩非子》的著作,虽然大都声称以吴鼒本为底本,然而往往采用浙江书局本顶替,这种作风自王先慎《韩非子集解》起就已如此。后人援用这类著作的考订成果,最好覆核一下吴鼒本原书,以免以讹传讹。

述古堂影钞宋乾道本(《四部丛刊》本)

此书原藏清初钱曾(字遵王)述古堂,历经季振宜、黄丕烈、汪士钟诸人收藏,是一部非常名贵的钞本。此书依据的底本也是宋乾道黄三八郎刻本,黄丕烈曾用李奕畴家原藏的一部乾道刻本互校,把他发现了的、并认为有校勘价值的不同之处用朱笔过录在影宋钞本上。而他用朱笔改过的正文,有些在书眉上标明,有些则未标明,其后留庵(孙毓修)将黄氏未标明者用墨笔写在小签条上,粘在书眉上。孙氏并在字旁加圈以示区别。《四部丛刊》本据之影印。只是《四部丛刊》本没有套色,因而还不能把原书的面貌逼真地再现出来。

黄丕烈还曾"以别纸影钞宋刻(李氏藏本)之真者附于末",这就是二十卷正文之后附录的七叶文字,在校勘上有很高的价值。

《道藏》本

《汇刻书目》第二十册上说《道藏》有南、北之分,后人大都沿袭其说。刘师培《读〈道藏〉记》曰:"迄于咸〔丰〕、同〔治〕之际,南《藏》毁于兵,北《藏》虽存,览者逾尠。"王先慎在顾氏《韩非子识误序》后加按语说:"《藏》本有南、北之分,故顾氏与卢〔文弨〕氏所校多不合。"二人言之凿凿,似乎信而有据,然而根据陈国符的追本穷源实地调查,发现上述说法没有什么根据。这类说法大都是从道士口中传出来的。道士学识高的不多,夸诞之风却很严重,后人据之立论,多半要上当。

我们平时所说的《道藏》都指刻于明代正统九年至十年(1444—1445)的那一种书。《道藏》原为梵夹本,道光年间又重配了书套。全《藏》以《千字文》为函次,《韩非子》编号为"匪""亏"二字。半板五行,行十七字。1925 年上海涵芬楼曾据以影印。原书左右无边栏,涵芬楼影印时为方便读者查检,于上端边栏外加书名和页码;书后原有白云观的印记,影印时略去。这书不用又称"李瓒注"的旧注,而用谢希深注。

明代还有两种名为"十行本"的《韩非子》,向为藏书家所珍视。士礼居曾藏有一种,每半叶十行,行大字二十。黄丕烈《士礼居藏书题跋》卷三曰:"去年在坊间购得此刻,取所校张〔鼎文〕本核之,多合,固知其为善本也。然究未知其本之何自出,爰假贞节堂袁氏所藏《道藏》

本手校一过，见卷中有同卷字，又有‘亏四’记号，乃知亦自《道藏》本出，故大段尚好，惟字句间有不同，想是校改重梓所致，与《道藏》犹不尽合。”说明这是明代的一部《道藏》重刻本。

其后巴陵方氏又得到了一部类似的书，方功惠（号柳桥）跋曰：“每半叶十行，行大字二十，注双行，卷首载小传、评语，无刻书年月序跋。”《碧琳琅馆藏书目录》“子部三·法家类”有“《韩非子》二十卷　四本”，可能就指这书。方氏原来不知这书性质，后来看到黄丕烈的题跋，对照书中“亏四”的记号，方才了解得到的也是一种《道藏》重刻本。但他没有看到黄氏所藏原书，而又以为二书属于同一版本，却是犯了臆断的错误。因为黄本有鱼尾，字体作方形；方本无鱼尾，字体作长方形：版式字体都不同。又方氏藏本行二十一字，而他为了牵合黄本，也说成是行二十字，可见这类错误都是由于先入为主不尊重事实而产生的。岛田翰定十行、二十一字本为万历中所刻。二十字本的字体看来也已到了嘉靖之后，但不知在二十一字本之前抑或其后？

顾广圻在张敦仁影钞本书末跋云：“此《韩子》从乾道改元中元日黄三八郎印本影钞者，乃今日之最古者也。《道藏》匪字、亏字号所有即出于此，而脱落不完，又间有窜易处。”其实《道藏》本文字上出现的一些问题，正保留着古籍的原始面貌，说明此书还没有经过多少窜易。宋乾道黄三八郎本中也有显然的错误，《定法》《显学》等文中有大段脱落，《道藏》本中却保持完整，可证二者乃是两种系统不同的本子。顾广圻佞古成癖，见到一种宋本之后就想把它定为该书后起一切版本之祖，而没有考虑到各种版本之间的异点，这种研究问题的方法，陷于主观武断，结论并不可信。陈国符说：正统《道藏》虽系明刻，渊源来自宋代的政和《道藏》。明代编刊正统《道藏》时，根据的是各处宫观中所存的元刊残藏；元刊《玄都宝藏》根据的是金代所刊的《大金玄都宝藏》，而金藏根据的正是政和《道藏》。[①] 看来金、元、明三代的道士不大可能去搜集一本黄三八郎刻本《韩非子》编入《道藏》中去。

正德年间刻本、张鼎文本

这两种本子都是五十三篇本，文字也近于《道藏》本系统。因为窜乱较少，有校勘上的价值。

正德本前有《重刊韩非子序》，下署“皇明正德丁丑（十二年）春三月朔木山居士严时泰书”。这是一个残本，存卷一至卷十二。原藏北平图书馆，后被劫运出外。

《迂评》本

《韩子迂评》本在明代曾有很大的影响，一些后起的《韩非子》刻本常是参酌《韩子迂评》本和赵用贤本而重行编纂，这在书中另有介绍，兹不赘述。万历十八年（1590）有张寿朋的刻本《韩非子》问世，此书篇内无注，写体字，其中《和氏》和《奸劫弑臣》合在一起，《说林》题下小注“有上下篇”，《八经》内第八经后题名“主威”，文前摘录《韩子迂评》的评语，说明此书乃是重刻《迂评》本而成的。但间有误字，刻印不精。此书前有署称“龙飞万历庚寅（十八年）孟夏月朔日西江张寿朋书于木石山房”之序，卷一下有“新都汪应宾校”字样。

其后又有《韩子迂评》朱墨套印本。这种《韩子迂评》里面，《和氏》和《奸劫弑臣》已经分篇，但《奸劫弑臣》仍缺篇名；《说林》已经补足阙

---

① 参看陈国符《道藏源流考》中“历代道书目及《道藏》之纂修与镂板”内“明刊《道藏》”部分，中华书局 1949 年版。

文，分成了上下两篇。而且书内已经录入汪南溟（道昆）、赵定宇（用贤）、张宾王（榜）、孙月峰（鑛）等人的评语。叶德辉《书林清话》卷八"颜色套印书始于明季"内录"凌濛初、瀛初刻《韩非子》"，此书当即《韩子迂评》。陶湘《明吴兴闵板书目》"子类"录"《韩非子》二十卷，陈深集评有序，〔门〕无子序"。则是此书亦出吴兴凌氏。凌氏以刻套印书著称。此书刻印年代大约在万历、天启之际。凌瀛初自己编了一部《韩非子订注》，又刻了这部《韩子迂评》的朱墨套印本，可见《韩非子》一书在明代很畅销。

赵用贤本、周孔教本

明、清两代，赵用贤本有很高的声誉。自从万历十年（1582）初刻本问世后，为了采纳另一宋本的校勘成果而剜改重印过一次，将补进去的文字用小字增入。此书后来重印或翻刻过几次。因为是和《管子》合刻的，所以又称"管韩合刻本"。原刻书口下端列有刻工姓名，《管子》卷末还曾列表详记写刻工姓名，《韩非子》中列名的刻工，如章扞、吴丙初、顾文、吕廉等，和《管子》相同。后来《韩非子》的翻刻本常把刻工姓氏略去，或保留部分刻工姓氏。这样，区别赵用贤本的初刻本和翻刻本还比较容易，区别翻刻本的先后则是很难的了。

此外还有葛鼎翻刻的"管韩合刻本"。此书是照赵用贤本的初刻本翻刻的，看来翻刻的时间很早。刻印技术很精，和原刻相仿佛，但在《管子》二十四卷卷首，有葛鼎自作序文；眉栏载刘绩补注，葛氏下的断案亦附于此。《韩非子》中没有这些标识，因此单行的《韩非子》和原刻很难区别。关于此书，王重民《美国国会图书馆藏中国善本书录》卷五曾有介绍，可以参看。

日本延享三年（1746）平安书林重刻过赵用贤本，宽政七年（1795）

大阪书林柏原屋与左卫门又重刻。和赵本合观，这几种书板框大小有所不同，但都是半叶九行、行十九字，上辟眉栏，保持着行格上的相似之处。后书卷末也附平安芥焕彦章于延享丙寅（三年）所撰之“题《韩子》后”。

清嘉庆九年(1804)姑苏聚文堂有《十子全书》的刻印。这部丛书是由王子兴汇辑的，所以又称王子兴本。其中《韩非子评注》一种，也是依据赵用贤本重镌的。书中保留了赵氏评语。

清光绪元年(1875)湖北崇文书局刻《子书百家》，其中《韩非子》一种也是重刻赵用贤本而成的。书中保留注文，但已略去赵氏评语，刻工很粗糙。

周孔教本的出现稍后于赵本，刻得很精致。《四库全书总目》中的《韩子》“提要”上说：“疑所见亦宋椠本，故其文均与用贤本同，无所佚阙。”把它和赵用贤本对勘，可证四库馆臣的说法是可信的。

吴勉学本、黄之寀本

万历中期吴勉学刻有《二十子全书》。其中《韩非子》一种，文字同于赵用贤本，白文无注，从校勘上来说，没有多大代表意义。但物以稀为贵，讲版本的人有时就是这么鉴定书的价值，吴勉学本传世不多，因而一直被看作善本。潘承弼、顾廷龙曾把它的书影收入《明代版本图录初编》[1]之中。传世者还有所谓黄之寀的“二十子全书”（一称“十九子全书”）本。把两种“二十子全书”本比较，就可发现二者实为一物，

---

① 《明代版本图录初编》卷六“家刻”录吴勉学本《韩非子》图片，后加按语曰：“吴勉学曾仿宋刊《脉经》一书，惟此为少见，故举为例。”此书开明书店 1941 年版。

只是前书署“明新安吴勉学校”，后者署“明新安黄之寀校”。大约吴氏原刻板片后为黄氏所得，黄氏利用旧板重印，而将“吴勉学”三字剜去，补入“黄之寀”三字，后代一些藏书家不加细究，也就误认为是《韩非子》的两种不同版本了。李盛铎《木犀轩收藏旧本书目》“子部·法家类”记有“《韩非子》二十卷　明黄之寀刊本　盛伯希旧藏　四册”。就不知道这书原是吴勉学本。以李氏之熟悉版本目录，而仍然被人欺骗，可见谈图书源流决非易事了。

秦季公又玄斋本

卢文弨曾以秦季公又玄斋本校赵用贤本。秦本传世很少，岛田翰未见此书，清代中叶以后见过此书的人似乎就少了。因此，关于它的刻印年代无法确指，也不知道它行格如何。顾广圻校赵用贤本跋云：“秦本最劣，不足用，读者详矣。”①则是此本散佚亦不足惜。

张榜本

张榜本原名《韩非子纂》，它和《管子纂》合刻，所以又称《管韩合纂》本。这是一部上下两卷的节录本，《韩非子》五十五篇中，《爱臣》《奸劫弑臣》《三守》《备内》《南面》《安危》《守道》《用人》《功名》《大体》《难四》《问田》《说疑》《诡使》《忠孝》《人主》《饬令》《心度》《制分》十九篇没有收入；《说林》上、下合成了一篇，共收十五则故事；其他一些文章也大加删节。但此本有若干文字与众不同，故而仍为校雠学者所重视。

---

① 载《思适斋书跋》卷三（王大隆辑《黄顾遗书》本）。

张榜本在明代刻印过多次，初刻本署“金陵张榜宾王芟辑、新城王与籽凤卿纠讹、菱水武光赐燕卿据释、新城王与夔华注评次”，前有“菱水武光赐燕卿甫书”之《韩非子纂序》。其后不久有朱士泰的重刻《管韩合纂》本，署名已作“金陵张榜宾王纂、海阳朱士泰君启订”，前有朱士泰《管韩合纂序》。后又有吴贲刻的《管韩合纂》本，署作“金陵张榜宾王芟辑、延陵吴贲柔文校订”。后又有金卫公汇选本，即所谓“名法峭书本《管子》《韩非子》”，署称“金陵张榜宾王芟辑、西湖金堡卫公汇订、温陵范方介卿评次”，前面保留了“菱水武光赐燕卿甫书”之《韩非子纂序》。此外还有一种《管韩合纂》本的《韩非子纂》，只署“金陵张榜宾王纂”，更无其他附加文字了。由此可知《韩非子纂》在明代很风行，张榜的批点很受人重视。五种书内正文旁边的批点文字和标记大体相同，前面两种书中都辟有眉栏，评语列在栏内，后面三种书无眉栏，评语刻在书眉上。第四种书的刻工甚为粗劣。

这里可以附带一提的是：在传世的各种《韩非子》节录本中，《说郛》本价值较高，个别文字可资校勘。

孙鑛本

此书有评有批而删去旧注。孙鑛以评点出名，沈景麟钟岳依据孙氏旧稿刻印，单从刻工技术来说，此书在明刻《韩非子》中可列为上乘；但从校勘上来说，可取之处不多，所以卢文弨视作俗本而不采入校本之中。

明代尽多喜欢评选的文人，也有人借用名家牌号进行评选，书贾则常是盗用名家声誉刻印所谓评选本以贸利。因此这类书的真伪，往往难于区别。在《韩非子》的版本中，有陈明卿评选本、杨升庵批评本、焦弱侯评释本、归有光评选本、周延儒绮编本等多种；以书名而言，则有《二十九子品汇释评》本、《诸子汇函》本、《九子全书》本、《周秦十一子》本等等，这类书在校勘上都无甚价值，兹不具论。

凌瀛初本、赵如源王道焜同校本、赵世楷重订本

这几种书都是兼采《迂评》本和赵用贤本而成的。凌瀛初在《韩非子凡例》和赵世楷在《重订韩子凡例》中都曾申明这种编写特点。

凌瀛初本全称为《韩非子订注》，不载评语，赵王同校本和赵氏重订本则于栏外录载赵用贤、张榜、孙鑛等人评语，体例上有很大的不同。从校勘上来看，凌本价值似乎高些。

陈启天于《韩非子参考书辑要》中介绍赵世楷本时以为赵如源是赵世楷的字，这是错误的。① 赵王同校本署称“钱塘赵如源濬之甫、王道焜昭平甫同校”。赵世楷于天启五年(1625)刻《韩非子》辑评本，于“重订韩子凡例”中说：“批如陈氏《迂评》，海内所艳。迩如杨升庵、孙月峰俱有批本，并采他选评语雅驯深妙者，用为鼓吹。裁定出家大人同社诸先生，而手为雠校，则不佞世楷也。”末署“钱塘赵世楷绳美甫识”。足证赵世楷字绳美，是赵如源的儿子。

赵王同校本和赵世楷重订本在我国治《韩非子》之学的学者中没有发生过什么影响，但在早期的日本学者中却发生过很大的影响，例如蒲阪圆和津田凤卿都曾把这两种书作为校勘上的主要依据。

---

① 陈启天《韩非子参考书辑要》第七页，中华书局1945年版。

《韩子》的编者——刘向

《韩非子》古称《韩子》。《汉书·艺文志》“诸子略·法家”类著录“《韩子》五十五篇”。《史记·韩非列传》张守节《正义》引阮孝绪《七录》[①]曰：“《韩子》二十卷。”高似孙《子略》引庾仲容《子钞》、《魏书·公孙表传》上也都说是“《韩子》二十卷”。篇目、卷数与现存本全同，看来这书自编成后没有什么大的变动。现在要问：《韩子》究竟是谁编定的呢？

《韩子》不可能是韩非亲自编定的

《史记·韩非列传》上说：“人或传其书至秦。秦王见《孤愤》《五蠹》之书，曰：‘嗟乎！寡人得见此人与之游，死不恨矣。’李斯曰：‘此韩非之所著书也。’秦因急攻韩。韩王始不用非，及急，乃遣非使秦。”《史记·秦始皇本纪》上说：“韩非使秦，秦用李斯谋，留非，非死云阳。”据此可知，韩非入秦之前，全书没有编定，文章以单篇的形式在流传。入秦之后，韩非的处境很窘迫，内心很惶遽，不可能有从容的时间和安定的心情自编文集。

《韩子》不可能是韩非的学生编定的

《四库全书总目》的编者在《韩子》的提要中说：“疑非所著书本各

---

① 《史记》各种刻本均作《七略》，据《隋书·经籍志》卷二“经籍二(史)·簿录篇”和《广弘明集》卷三引阮孝绪《七录序》改。

自为篇。非殁之后，其徒收拾编次，以成一帙，故在韩、在秦之作均为收录，并其私记未完之稿亦收入书中。名为非撰，实非非所手定也。”这是很有影响的一种说法。

《韩非子》中也确实编进了韩非门徒的作品。《问田》篇称韩非为“韩子”，显系后学口吻。先秦诸子的书都是把师徒之间同一学派的作品编在一起的。这点似乎可为《四库全书总目》之说提供一项佐证。

但是这种假说仍有无法突破的障碍。《韩非子》的第一篇文章是《初见秦》，按照现代学者的精确考证，它不可能是韩非的作品。文中十次称“大王”，这个“大王”，只能是秦昭襄王，因为大王主持的华下之战、长平之战、邯郸之战，都是昭襄王时的事，而据史书的记载和史实的考证，韩非没有可能和昭襄王会见。如果《韩子》为韩非的门徒所编，那么他们怎么会把这篇赝作编进先师的集子中去呢？而韩非的学生是理当能够辨别《初见秦》的真伪的。再说，《韩非子》中还包括有《存韩》等入秦之后的作品，想来韩非的门徒那时也不可能在秦国从容地编定先师韩非的著作了。

汉初民间已经出现一些初步编就的韩非著作

《汉书·武帝纪》：“建元元年冬十月，诏丞相、御史、列侯、中二千石、二千石、诸侯相举贤良方正直言极谏之士。丞相绾奏：‘所举贤良或治申、商、韩非、苏秦、张仪之言，乱国政，请皆罢。’奏可。”由此可见：汉初颇有一些人在钻研韩非的学术。这时既有钻研韩非学术的人，按理就会有韩非著作的编集。

《史记·韩长孺列传》上说韩安国“尝受韩子杂家说于驺田生所”。这个韩安国，对韩非的学说确是饶有心得。《史记·韩长孺列传》引“语曰：虽有亲父，安知其不为虎？虽有亲兄，安知其不为狼？”看来就是根据韩非在《备内》中提出的论点而推衍出来的。又如《魏其武安侯列传》记韩安国对灌夫的指责，“……此所谓枝大于本，胫大于股，不折必披。”其语皆出于《扬权》。韩安国在各种复杂的政治斗争中见风使舵，善于运用权术，而又表示恪守地主阶级的君臣原则，或许正是对韩非提出的术揣摩有素的缘故。

田生教授“韩子杂家说”时，势必要有一种韩非著作的本子，但这本子却不可能是后来所说的《韩子》一书。现在通行的各种新式标点本《史记》都给“韩子”二字打上了书名号，似乎韩安国从田生学习的就是《韩子》这部著作。这种理解未必见得正确。

《史记》上多次提到“韩子”，都指韩非其人。如《秦始皇本纪》中秦二世切责臣下时引用韩子的话，《李斯列传》记秦二世和李斯引用韩子的话以问答，《范睢蔡泽列传》中太史公引韩子之言作评论，《游侠列传》引韩子之言以发端……都是指韩非和他的著作《五蠹》一文。又如《韩非列传》中记“韩子为《说难》”，也是把作者和文章区别开来说的，这些“韩子”都不能理解为书名。《史记》从不把“韩子”作为书名来看，说明当时尚无《韩子》这样一部完整的本子。

韩安国是景帝、武帝时人，他的老师田生年事必然更高，应当生活在汉代初年惠帝、文帝时期。那时传授韩子学说的人应当是韩非的弟子或再传弟子。这样的人按理也不可能编出和现存本相同的《韩子》。他们不可能把许多伪作编进先师文集，也不可能把历史档案性质的《存韩》一文列为私人传授的篇章。刘向整理中秘书时，曾经接触到许多典籍的初编本子。这些本子都是不完整的。田生据以教授的本子，后来治韩非之言的人所读的本子，或许就是一些民间初步编就的韩非著作。

《韩子》的编者应当是汉代主管中秘书者

《存韩》这篇文章，不但在《韩子》中，而且在先秦诸子其他著作中，都是一种特殊的体例。文章首列《存韩》本文，后附李斯驳议，后又附李斯的上韩王安书。这样的作品，分明具有历史档案的性质。这样的历史档案，只能藏之于宫廷内府。

《韩子》中有《饬令》一篇，自“其能胜其害”至“使人不同功故莫争”五十二字，并见《用人》篇。从文意看，这是《用人》篇的原文，错乱进《饬令》中去的。

按汉代的简策制度，根据统治阶级对各种书籍的不同评价，所用的竹简有二尺四寸到六寸等数种。《论衡·书解》篇说：“秦虽无道，不燔诸子。诸子尺书，文篇具在。”这种“尺书”上的字数倒是和长竹简上的字数差不多的。《汉书·艺文志》于“六艺略”中的《书》后说：“刘向以中古文校欧阳、大小夏侯三家经文，《酒诰》脱简一，《召诰》脱简二。率简二十五字者，脱亦二十五字；简二十二字者，脱亦二十二字。”可见汉代的中秘书每一根竹简上书写二十多字。《饬令》中错进五十二字，恰好是两根竹简的字数。由此可以推知，《韩子》当是汉代宫廷书库中的一种子书。

凡此均可用来说明《韩子》的编者应当是汉代的主管中秘书者。

《韩子》的编者应当是刘向

汉代的内府图书，虽曾大规模地征集，但几兴几废，没有经过很好的清理。一直到刘向等人主管内府图书之后，才开始了有系统的整理工作。《汉书·艺文志》：“〔武帝〕于是建臧书之策，置写书之官，下及诸子传说，皆充秘府。至成帝时，以书颇散亡，使谒者陈农求遗书于天下。诏光禄大夫刘向校经传、诸子、诗赋，步兵校尉任宏校兵书，太史令尹咸校数术，侍医李柱国校方技。每一书已，向辄条其篇目，撮其指意，录而奏之。”这些书录，如《战国策》《管子》《晏子》《孙卿子》《列子》《邓析子》，都还保存着。按其内容，或叙述作者身世，或介绍书中要旨，体例上有一致之处。

现存《韩非子》以宋乾道年间的刻本为最古。① 书前有《韩非子序》一篇，严可均全文录入《全汉文》卷三十七“刘向集”中，题为《韩非子书录》，文后附注曰：“宋本不著名，疑是刘向作。”王先慎认为这篇东西不能叫做什么书序，余嘉锡则起而维护严说。余氏在《目录学发微》中说：“《韩非子书录》，全用本传，无所增删，惟削去所录《说难》一篇耳。此即后人纂集或校刻古人书，附录本传及碑志之法也。王先慎不能晓此，其作《韩非子集解》，于序下注云：‘此全钞《史记》列传，不得为序。’不知古人之序，正是如此，不如后人好发空论也。”②余氏之说虽能言之成理，古人作序时确有这种体例，但要证明乾道本上的这篇序就是刘向的书录，则仍嫌牵强。因为刘向的其他几篇书录原文具在，都是夹叙夹议概括性很强的著作，带有整理者个人独到的学术见解。《管子书录》虽然大段引用《史记》原文，但中间仍然穿插进表示个人见解的几段文字。不像这篇《韩非子序》，从头到尾套用司马迁的原文，丝毫没有整理者个人的见解。这样的“序”，要说就是刘向的“书录”，那与刘向当年的写作目的相去太远了。因为刘向写作“书录”，一是提

---

① 宋乾道本《韩非子》今已不存，传世者有清张敦仁影钞本和嘉庆二十三年吴鼒覆刻本，可以看到《序》的格式。此外，述古堂藏影钞宋本（《四部丛刊》本据此影印）上也有这篇序。

② 见《目录学发微》四“目录书之体例二　叙录、（一）论考作者之行事”，中华书局1963年版。

供给汉成帝阅读时作指导之用，一是整理内府图书时作归类和分析学术源流的依据，因此每一篇“书录”都具有很高的学术价值。《韩非子序》不是这样，内容贫乏而单一，要说这样的东西也就是“书录”，那这样的“书录”所能起到的作用就太差了，和刘向的其他一些“书录”的格局差别太大了。要把这《序》说成刘向的“书录”，理由总嫌不充分。《序》后原刻小字一行曰：“乾道改元中元日黄三八郎印”，这个黄三八郎并不是什么硕学鸿儒，只是一个普通的书铺主人，[1]他把《史记》中的列传作为序文刻入，不见得是看到了刘向的“书录”，而又援用古人作序成例，因而改名为“序”的，后人于此不必求之过深。

但刘向在整理诸子中的《韩子》之后确曾写过书录。马总《意林》卷一至卷三节录了《邓析子》《韩子》《申子》《新序》中的一些文字，前面都有一段刘向的话。《新序》篇名下引刘向的话“河平四年都水使者谏议大夫刘向上言”，说明这段文字原是《新序》的“书录”。《韩子》篇名下曰：“刘向云：秦始皇重韩非书，曰：‘寡人得与此人游，死不恨矣。’李斯、姚贾害之，与药，令自杀。始皇悔，遣救之，已不及。”说明这些文字原是《韩子》的“书录”。刘向确是《韩子》的整理者，他在整理好《韩子》之后写下了这篇“书录”，因此他是最有可能编定《韩子》的人。

韩非至刘向，已经有了两百多年的历史，前代一些文章的真伪，后者自然无法一一辨明了。《汉书·地理志》“河内郡脩武”颜师古注引臣瓒曰“韩非书‘秦昭王越赵长平，西伐脩武’，时秦未兼天下，脩武之名久矣”，这里说的就是《初见秦》中的事。可见晋初的人看到的“韩非书”中就有《初见秦》篇。大约刘向整理《韩子》之时已把此文编入，因

---

① 黄三八郎是南宋时的建宁府人，以人名为书铺名。这一地区的书商以刻印麻沙板著称，所出的书是不精的。参看张秀民《宋孝宗时代之刻书》，载 1936 年 11 月 5 日《大公报·图书副刊》155 期。

而这书自写定传世后变化不大。看来刘向对《韩子》作品的内容已有隔膜之处，但前后之间还是有一些脉络在沟通着。例如《韩子》中的《和氏》篇，叙述楚王世系，中有厉王一代，这不见于其他史书，只有刘向编辑的史集《新序·杂事五》中也有“厉王”一代。韩非在《外储说左上·说六》中还记载了楚厉王误击警鼓的事，可见韩非深信楚国先世在蚡冒熊眴和武王熊通之间，还有厉王其人。刘向在整理《韩子》时接受了这种学说，并写入了自己的史书。又如《难三》篇中记载晋阳之围，“知伯出，魏宣子御，韩康子为骖乘”，与韩非其他文章记载一致。《战国策·秦策四》和《史记·魏世家》则记作魏桓子，而刘向编辑的史集《说苑·敬慎》篇也记作魏宣子。这些史学上“异说”的一致，表明这些史料可能经过同一个人的整理，而刘向在编辑《说苑》《新序》前可以断定确曾接触过韩非的著作。

刘向校过中秘书，因此他与《韩子》可能发生过关系，这是容易想到的。《内储说上(七术)·说一》中鲁哀公故事的另一说下，顾广圻有校记:“按‘一曰’者，刘向叙录时所下校语也，谓一见于《晏子春秋》，其所曰者如此。凡本书‘一曰’皆同例。”似乎肯定了刘向曾经校订过《韩子》，并作了大量的文字补充工作。这种看法，缺乏缜密的论证，结论并不可信。

韩非书中本有同时记载一个故事的几种传说的作风。《外储说右下》记子之的盗窃国柄，一共记载了五种异说；记“王良、造父之共车，田连、成窍之共琴”，于故事正文后用“一曰”者凡四次。这些“一曰”，夹杂着大量的议论，表达了韩非对这些事件的看法，纯属法家之言，不可能是刘向所引用的其他典籍中的文字。《外储说左上·说二》记虞庆造屋故事，在“一曰”中又补充了范且关于张弓的意见，然后综合二事而发表评论，批判“文辩辞胜”的虚言，慨叹人主不能采用“有术之士”的“无易之言”。这样的“一曰”，怎么会是刘向夹杂进去的呢？而且“内、外”《储说》中的故事，不论正文或“一曰”，文风一致，都是细密峻刻富于文采，与《说苑》《新序》中那些平铺直叙的记载大异其趣。顾广圻在这些细微的地方缺乏细致的观察，贸然作出大胆的结论，徒然增加混乱。因此，他虽然注意到了刘向与《韩子》的关系，然而这种悬测式的结论不足取信于人。李慈铭承顾氏之馀绪而又加发挥，曰：“《韩非子》中征引古事，多有‘一曰’云云，此是后人附记之语。”[1]其说尤为不根，其误则同。

① 见由云龙辑《越缦堂读书记》卷上第32页，中华书局1963年新一版。

朱锡庚《韩非子校正》介绍

朱锡庚的《韩非子校正》是研究《韩非子》版本的一部重要著作，但过去的人对此重视不够。所以发生这种情况，或许与这书流传不广有关。因为《韩非子校正》只有钞本传世，而藏有钞本的单位和个人为数又很少，这就限制了接触这书的人数。北京图书馆藏有胡澍校过的一个钞本，曾为叶名沣、周叔弢所收藏，具有很高的学术价值，可以据此进行一些探索。

《韩非子校正》的可贵之处在于保存了两种珍贵的版本的某些原貌。这两种版本，一为别出于现知各种宋本之外的另一种宋本《韩非子》，一为元何犿本《韩非子》。

大家知道，不论哪种宋本《韩非子》，都已失传。清人有云宋代吴才老刻过《韩非子》，但内容如何，不见记载，无从推断。清初冯舒曾据宋本校张鼎文本，卢文弨看过冯氏稿本，并曾援引一些考订成果刻入《群书拾补》，但这种宋本也已失传。现在学术界所熟知的宋本是嘉、道间原藏李奕畴家的一部宋乾道黄三八郎刻本，只是此书后来也失传了，但张敦仁曾据此影钞一部；吴鼒也曾据此影钞一部，嘉庆二十三年(1818)又据以影刻，因而保留着这种宋刻的风貌。此外，清初钱曾(字遵王)述古堂藏有一部影宋钞本《韩非子》，其底本也是宋乾道黄三八郎刻本，此书后为黄丕烈所得，黄氏曾用李氏所藏原刻作过校勘，将不同之处过录在钞本上，而且请人“以别纸影钞宋刻之真者附于末”，保存了宋刻的原貌。但“影钞宋刻之真者”和钞本文字以及吴鼒覆刻本中的文字又有一些不同，参互校勘，足以发现辗转传钞上板时出现的一些问题。这部述古堂影宋钞本后来影印收入《四部丛刊》中，易得可信，依其学术价值而言，不在任何一种版本之下。

朱锡庚所说的“何本”，即元代的何犿本。这是何犿在宫廷图书室中看到的一种本子，是现在所知道的五十三篇本中最早的一种本子。这书后来也已失传了。莫友芝《郘亭知见传本书目》卷七“子部·法家”于“《韩子》二十卷”下注曰：“元至元三年何犿刻本。”可能只是“知”而不“见”的一种本子，因为莫氏的另一著作《宋元旧本经眼录》上就没有记载。其他目录书上或亦偶见记载，但也只是过录前人成说，并非真的见到了原刻。

《韩非子校正》所录条目不多，可能并没有把各本所有的不同之处一一校出，但他用互校的方法保存下来的资料，因为根据的版本极为珍贵，在校勘上也就有很大的价值。下面分别介绍这两种版本的情况，进而推断学术上的一些问题。

宋　本

这里先把朱氏所说的宋本和两种乾道本上的不同之处列表标示。他以赵用贤本为底本，该书清初通行。

编码	篇　名	赵用贤本（下为朱氏所录赵本原文，〔　〕中的字是制表者为足句而增的）	宋本（下为朱氏校语）	吴鼒本	述古堂藏影宋钞本
一	主道	贤者敕其材	敕何本作効 宋本作勑	作勑	作勑
二	十过	如弗与其措魏兵必矣①	宋本必矣下有不如予之四字此本重印已增入	无此四字	无此四字

① 赵用贤本原刻作“如弗予其措兵于魏必矣”，此处疑朱氏抄写有误。

续表

编码	篇　名	赵用贤本（下为朱氏所录赵本原文，〔　〕中的字是制表者为足句而增的）	宋本（下为朱氏校语）	吴鼒本	述古堂藏影宋钞本
三	十过	以报二君之反	宋本下有于襄子三字此本重印作细字增入	无此三字	无此三字
四	亡征	〔好恶无〕决	宋本作诀	作决	作诀
五	解老	其日故以久矣	何本无日字 宋本日作曰	作日	作曰
六	解老	唯夫能令人不见其事极	宋本夫作天	作夫	作天
七	解老	〔其〕虧〔弥大矣〕	宋本作觑	作虧	作觑
八	解老	故曰拔至	何本宋本拔作校	作拔	作校
九	大体	〔上不天则下不〕徧〔覆〕	宋本作通	作遍	作遍
十	内储说下（六微）	佯遗书而苌死	何本宋本苌下有宏字	作弘	作弘
十一	外储说左上	〔而以躬亲〕莅〔下〕	何本宋本作涖	作位	作位
十二	外储说左上	吾欲观见之	宋本无吾上有王曰二字	有吾	有吾
十三	外储说左上	〔楚〕服	宋作伏	作服	作伏
十四	外储说右下	如造父之遇驾马	何本宋本驾作笃	作驚	作笃
十五	外储说右下	蔬菜橡果枣栗	宋本菜作簗	作菜	作簗
十六	外储说右下	而以启为不足任天下	宋本启作所	作启	作所
十七	难一	则民绝望于上矣	宋本有君上间恶更无所望也九字注	间作同	作间
十八	难二	秦人恣侵	宋本作粢	作恣	作粢

续表

编码	篇　名	赵用贤本（下为朱氏所录赵本原文，〔　〕中的字是制表者为足句而增的）	宋本（下为朱氏校语）	吴鼒本	述古堂藏影宋钞本
十九	难三	故季氏之乱成而不上闻	宋本作不止闻	作上	作止
二十	难势	臧获〔御之则为人笑〕	宋本作仓获	作臧	作臧
二十一	诡使	〔而卜筮视手理狐虫为顺〕辭〔于前者日赐〕	宋本作辞	作辭	作亂
二十二	六反	〔犹用计〕算〔之心以相待也〕	宋本作算	作筭	作筭
二十三	忠孝	非其亲者知其不孝	何本宋本知其作谓之	作知谓	作知谓
二十四	忠孝	不以此二者为量	何本宋本二作三	作二	作二

以上列出了二十四处不同的文字。此外未发现的歧异之处可能还有，这里就不一一抉剔了。利用这些材料，已能说明很多问题：

（甲）《韩非子校正》上提到“宋本”的地方有两百条左右，绝大部分和乾道本相同；有些相异的条目，还只是异体字的写法不同，不知宋本是原来如此写的呢，还是朱氏写成了异体字？总的看来，各种宋本《韩非子》文字上出入不大。但根据第一、二、三、九、十、十一、十二、二十、二十二、二十三、二十四等句看来，朱氏看到的宋本确与宋乾道黄三八郎刻本不同；特别是第九句中的“徧”字，述古堂影宋钞本所附的宋刻原样作“遍”，张敦仁影宋钞本亦作“遍”，与朱氏所见宋本不同，更能证明二者确是两种不同的本子。再拿这种宋本和《群书拾补》中采录的宋本对勘，那也不相同，说明朱氏根据的宋本确是一部罕见的善本。这个本子里面有好些文字胜于乾道本。校雠学者向称宋本一字可贵，顾广圻在述古堂影宋钞本《韩非子》第十卷后的附记中甚至说“宋本书虽无字处亦好”，那么朱锡庚记录下来的这部“宋本”，其学术价值之高当然更不在话下了。

（乙）检查上列表格，不难发现，朱锡庚见到的宋本上有好多文字和述古堂影宋钞本相同，和张敦仁影宋钞本也相同，而和吴鼒覆刻本不同，如第四、五、六、七、八、十三、十四、十五、十六、十七、十八、十九等句即是。吴鼒本的文字不同于朱氏所说的宋本，犹有可说，但和同出一源的影宋钞本也不相同，而影宋钞本上的文字却偏同于朱氏所见宋本，那就只能说是吴鼒翻刻《韩非子》时自行改动的了。拿述古堂影宋钞本后面所附的宋刻原祥和吴鼒本对勘，可以发现后者文字有所改动，现在拿《韩非子校正》中提到的“宋本”结合影宋钞本再来和吴鼒本对勘，更可发现问题。当然，吴鼒本改动的文字一般都属显然的误字，因而不足以影响它的价值，但依严格的刻本要求来说，径自改动原文，还是不可取的。

（丙）胡澍读《韩非子校正》时，不了解朱氏所说的宋本乃指别出于乾道本之外的另一种版本，大约他也闹不清楚各种宋本之间的关系，反而以为朱氏记录错了，因此他在好多条目之上标明“宋本亦作×”等字样，上表第五、六、七、八、十三、十四、十五、十六、十七、十八等句之上都有这类按语，希望借以纠正朱氏的误记。胡氏所说的“宋本”，都和吴鼒本同，而和影宋钞本不同，可见胡氏看到的“宋本”就是吴鼒所覆刻的那部宋乾道本。

胡澍事迹见于胡培系撰文之《户部郎中胡君荄甫行状》，载《续碑传集》卷七十九。他生活在道光至同治年间，是当时一位颇有声名的学者，不但自己喜欢藏书，结交的人中又有潘祖荫、朱右曾、赵之谦、戴望等人，因此按他的社会地位来说，应该能够看到乾道本的原刻，但这时只能根据吴鼒本来阅读《韩非子校正》,而且把吴鼒本和宋乾道本作为同一种书对待,说明这时候宋乾道本原刻可能已经失传了。

藏乾道本的李奕畴,字书年,号立斋,河南夏邑人,官至浙江巡抚、漕运总督,官终守护昌陵尚书,道光二十四年(1844)死后,俞樾为作《尚书立斋李公家传》,见《春在堂杂文续编》卷一。这人虽翰林出身,而且藏有这样一部珍贵版刻,但他对识别此书却是外行。据黄丕烈记载,李在京师曾想以三十金把书卖给孙星衍,经孙指点,才知此本之可贵,转而表示"将子孙世守矣"。他的后人很多,并不知名,不知能否"守"得住?后来可一直没有什么人记载到此书,大约这部乾道本原刻很快就在李家湮没了。

(丁)赵用贤本也是从宋本出来的。他所根据的宋本,究竟具有怎样的面貌,后代也已不太清楚。一般都说赵用贤本据之校刻的底本也是宋乾道本,此说未必可信,因为赵用贤本和宋乾道本之间文字差别很大,如果赵用贤本确是根据乾道本刻印,那么赵氏以意改动的地方未免太多了。而且表中的第十、二十三等句,更令人诧异,赵氏又为什么不去根据文从字顺的宋乾道本刻出,反而故意闹得别扭不通呢?中国科学院图书馆藏有赵用贤本《韩非子》一种,后有"康熙辛卯秋日南昌王允升识"之跋文,内云:"明代佳刻以赵氏用贤本及周氏孔教本为最,并为四库所录。此赵氏本盖从北宋吴棫才老本出,视周氏之出乾道本者,年代尤先,当为近古善本。曾闻放翁家藏韩非子跋为绍兴丁卯。先君年六十时所得者即吴本也。"此说是否可信也很难说,录之以供参考。

但从《韩非子校正》看来,赵用贤刻此书时曾经看到过几种宋本。赵本有一种奇怪的现象,有些正文刻成了小字,两字合占一格,倒像是注文似的,以往总不太理解何以如此,读上表第二、三等句,才知道赵氏重印此书时,因为看到了另一宋本,作了修改,因而剜改成这样的。

《韩非子校正》中这样的记载还有好多条。这也说明赵本文字之与乾道本不同者，或有其他根据，不一定都是臆改的。

元何犿本

接触过《韩非子》各种版本的人都知道，《韩子迂评》是一部奇特的书，里面有好些文字与其他本子都不相同。这里可以用《初见秦》中的一些文句为例，说明此书的特点及其由来。

编码	吴鼒本《韩非子》	《韩子迂评》	《战国策·秦策一》
一	将西面以与秦强为难	将西面以与强秦为难	将西南以与秦为难
二	以乱攻治者亡，以邪攻正者亡	以乱攻治者亡，以邪攻正者亡，以逆攻顺者亡	以乱攻治者亡，以邪攻正者亡，以逆攻顺者亡
三	且闻之曰	且臣闻之曰	且臣闻之曰
四	逾华、绛、上党	逾羊肠，降代、上党	逾羊肠，降代、上党
五	运罢而去	军罢而去	又交罢却
六	几不能矣	几不难矣	岂其难矣

从这六处来看，吴鼒本《韩非子》有误字，有缺漏，说明宋乾道本虽然保留着《韩非子》的一些原始面貌，然而光凭这样的文字供人阅读，还是不行的。《韩子迂评》本中的这些句子却文从字顺，可以用来校补宋本之不足。

读朱锡庚《韩非子校正》，方才知道这些与众不同的文字原来是从何犿本中出来的。门无子《刻韩子迂评序》曰："今世之学者，皆知嗜《韩子》之文而不得其用。及市诸坊，则皆鲁鱼之害，羡文错简，分离乖隔，至不可句读，几于失传也。……最后得何氏（名犿）本，字字而雠之，则皆不失其旧。则又喜曰：先秦之文，当不使遂湮也。顾无副本，度久之遂湮而无难。窃不自量而肆笔于是，句为之读，字为之品，间取何氏注而折衷之，以授之梓人，而号之曰《韩子迂评》。”说明此书确是把何犿本作为底本而刻出来的。当然，门无子在整理时可能也加进了自己的看法，如第三句下朱锡庚校语曰“且下何本空一字”，《韩子迂评》却已刻成“且臣闻之曰”，这一个“臣”字很有可能就是根据别本或径自添进去的。

可以看出，何犿本的文字在很多地方接近于《战国策》中的文字。这是完全可以理解的。《初见秦》是作者佚名的一篇上秦昭襄王书，它一方面误作韩非的文章而被收入《韩非子》中，一方面又误作张仪的说辞而被收入《战国策》中。但不管这篇文章怎样误入二书，它们原是一文则是可以肯定的。因此，二者文字应该一致。何犿本保留着许多内容真实可靠而又与《战国策》一致的文字，说明它保留着接近于先秦古籍原貌的文字，在校勘上有很大的价值。

可能也会有人怀疑，何犿本中那些与《战国策》中文字相同的地方是不是根据后者改定的呢？从第二、三、四句来看，当然可以有此设想，但从第一、五、六句来看，则可肯定何犿本并没有参考过《战国策》而改字。这些文字要比《战国策》中的文字通顺和精确得多。此外，《韩子迂评》中还保留着好几处不通的文字，但不去参考《战国策》中的通顺的文字而作改动。吴鼒本《韩非子》有句曰：“代四十六县，上党七十县”，《韩子迂评》本同，《战国策·秦策一》则作“代三十六县，上党十七县”，后一数字显然更可信些，《韩子迂评》却没有改从它。这些地方说明，《韩子迂评》的底本，即何犿本，是一部没有经过多少加工的古本。但正是在这样的本子中，却保留着《韩非子》的一些原始面貌。

读朱锡庚《韩非子校正》，查对吴鼒本《韩非子》和赵用贤本《韩非子》，可知何犿本中虽然也有不少错字和缺漏，但确实也保留着不少值得注意的不同于其他本子的文字。校雠家们虽已不能读到何犿本原书,但仍可根据朱书来进行研究。这在《韩非子》的整理工作中一定会有收获。

朱锡庚小传

大兴朱锡庚是朱筠的儿子,朱珪的侄子,事迹略见于江藩《汉学师承记》卷四"朱笥河先生传"。文曰:"次锡庚,字少白,乾隆戊申科举人,候选直隶州,缘事罢官。读书好古,精于《左氏春秋》,能世其学。"

关于《韩非子校正》中提到的这两部书,现在可也难得查考它们的来龙去脉了。朱氏藏书丰富,传世有《椒花吟舫书目》(钞本)一种,其"第十架"内有"中立四子　十本、《韩非子》　一套　六本、《韩非子》校本、吴刻《韩非子》　四本"四种,前面和后面两种可以确定其性质,中间两种究竟是不是"宋本"和"何本",无法断言。

但朱锡庚的交游是极其广阔的。朱筠是与戴震齐名的朴学大师,而官运远为亨通,朱珪的仕宦更见显达,读《清史稿》中二人的传记,就可知道大兴朱氏社会地位之高。由于朱筠和朱珪的声望,门生故吏遍天下,而且都是学术中人,因此朱锡庚尽可以通过这些关系见到各种珍贵的典籍。姚名达著《朱筠年谱》,①列入《门人一览表》内者有上百人之多,附录《门下门生》《幕下友生》《重要学侣》者又数十人,这里尽多一时人选。朱锡庚优游其中,对他的学识和见闻,定然会有极大的帮助。

朱筠是建议纂修《四库全书》的人,任纂修官多年,有机会见到各种珍异的典籍。他还闲习《永乐大典》。这样一些经历,不知与朱锡庚的接触"宋本"与"何本"有没有关系?

---

①　姚名达《朱筠年谱》,商务印书馆 1933 年版。

朱锡庚个性很强，在山西候补直隶州知州时，得罪了人，断送了前程。孙星衍《笥河先生行状》上说："锡庚能读父书，亦以耿介取忤于流俗。"自此之后家道日渐衰落。翁心存《椒花吟舫书目》封面题识曰："笥河公硕学重望，一代儒宗。少河禀承家学，亦极淹博，而湮没不彰，子孙日以困踬，深可慨也。刘氏图书大半得之朱氏，今刘氏又不能守，化为云烟矣。"这里是说朱氏的书后来售与东武刘燕庭（字喜海）味经书屋。刘氏的书散失后，朱氏的部分藏书辗转又流落到了日本。朱锡庚著有《未之思轩杂著》一书，钞本，不分卷，上有李威、武亿、吴鼒等人题识，随之一起东渡，国内也就无法看到它了。最近承日本京都大学人文科学研究所内东洋学文献中心帮助摄回胶卷一轴，藏北京图书馆。阅读之后，知道书内虽然没有关于《韩非子校正》的材料，但如《书鱼门先生遗事》《余（鹏翀少云）黄（景仁仲则）二生传》等文，有学术上的参考价值；而他有关同门兄弟的一些行状哀辞，可以从中了解到大兴朱氏一家的历史，如果姚名达当年能够看到此书，那就可以采择好些材料补充进《朱筠年谱》中去。

韩非是韩国的忠臣，还是秦国的谋士？

韩非是韩国的忠臣，还是打算为秦国出力的谋士？各家说法不一。主张后说的人，可以举出好多理由来，例如韩非的文章中就有许多称赞秦国的话。

> 忠劝邪止而地广主尊者，秦是也；群臣朋党比周以隐正道、行私曲而地削主卑者，山东是也。(《饰邪》)
>
> 夫慕仁义而弱乱者，三晋也；不慕而治强者，秦也，然而未帝者，治未毕也。(《外储说左上·说二》)

“孔子西行不到秦”，儒家的影响在秦国很微弱，这一点也是秦国政治所以比别国为好的原因之一。韩非对秦国的政治并非全盘肯定。他拿秦国和山东六国作比较，觉得秦国的政治较好；但用他这位法家的高标准来衡量，则是认为秦国的法治还是不彻底的。只是相形之下，韩国的情况更是乱得无法与之比拟的了。

韩非是韩国的公子。《史记·韩非列传》上说：“非见韩之削弱，数以书谏韩王，韩王不能用。”但韩非热爱韩国的热忱，还是在字里行间充分地流露了出来。他强烈反对依靠大国(包括秦国)，主张独立自主，认为只有贯彻法治，才能成就霸王之业。他在入秦之前不久写作的《饰邪》一文中说：“今者韩国小而恃大国，主慢而听秦、魏，恃齐、荆为用，而小国愈亡。故恃人不足以广壤，而韩不见也。荆为攻魏而加兵许、鄢，齐攻任、扈而削魏，不足以存郑(韩)，而韩弗知也。此皆不明其法禁以治其国，恃外以灭其社稷者也。”而在长平之战以后，韩的国势极为衰弱之时，他在著名的作品《五蠹》篇中，还从小国立场出发鼓吹法治，认为这是“必不亡之术”。显然，他是决不甘心坐视韩国灭亡的。

韩国地处天下之中，是秦国东出的门户，秦国要想统一天下，首先就得攻破韩国。《存韩》中附李斯的评议，以为韩是秦的“腹心之病”，可见二者关系之紧张。从现存的材料来看，韩非在入秦之前，始终站在韩国的立场，力图自强，谋抗强敌。《史记·秦始皇本纪》：“〔十年，〕李斯因说秦王，请先取韩以恐他国，于是使斯下韩。韩王患之，与韩非谋弱秦。”这时下距韩非之死，仅仅只有四年时间；下距始皇十七年灭韩，仅仅只有七年时间，可见韩非一直没有求为秦国谋士帮秦国立法的意思，他始终想削弱秦国而保全韩国。

秦始皇十四年，韩非入秦。秦有伐韩的打算，韩非乃上书献计，这篇东西就是《存韩》。文章提出了两个主要论点：一是秦不宜伐韩，二是秦应该伐赵。韩非想通过这项计谋削弱秦国的力量，竭尽一切可能“存韩”。

战国之时，山东六国先后崛起过几个强国，而自齐湣王败亡后，东方已无与秦抗衡的力量。楚国地方虽大，但自楚怀王丧败之后，也已一蹶不振。赵国自经长平之战，国力大损，但在山东六国之中，还是首屈一指的强国。《韩非子·饰邪》篇中说：“当赵之方明《国律》、从大军之时，人众兵强，辟地齐、燕；及《国律》慢，用者弱，而国日削矣。”“赵代先得意于燕，后得意于齐，国乱节高，自以为与秦提衡。”可见赵国一度曾因很好地执行过法治而国力强盛，只是这项国策后来执行不力，以致为秦所败。但就在长平之战以后，赵国还是拥有强大的兵力，在名将廉颇、李牧等人的率领下，打了许多胜仗。《史记·冯唐列传》记汉文帝和冯唐仰慕廉颇、李牧的战功，出身于赵国将军之后的冯唐追叙李牧的军功说：“是以北逐单于，破东胡，灭澹林，西抑强秦，南支韩、魏。当是之时，赵几霸。”就在韩非死前一年和随后一年，李牧还一再大败秦军，可见赵国虽已不能与秦匹敌，但却可以削弱秦的兵力。这时山东六国都已看到亡国的危险，因而都希望赵国能起抗秦主力的作用，合纵之说起，赵国总是起到核心的作用。《存韩》中说：“夫赵氏聚士卒，养从(纵)徒，欲赘天下之兵，明秦不弱则诸侯必灭宗庙，欲西面行其意，非一日之计也。”说明秦、赵之间你死我活的关系，双方都是很清楚的。韩非打算把秦国的兵力引向赵国，无非是想让赵国抵挡一阵，削弱秦国兵力，让韩国能有转圜的馀地罢了。

再说《存韩》中对本国情况的分析也是夸大了的。文中说：“夫韩，小国也，而以应天下四击，主辱臣苦，上下相与同忧久矣。修守备，戒强敌，有蓄积，筑城池以守固。今伐韩，未可一年而灭。”这样的描写，显然与事实不符。韩非未入秦前，在《孤愤》等篇中叙述的韩国情况，政治混乱，重臣专权，韩王昏愦，从中很难看到什么“主辱臣苦”“上下相与同忧”的影子。这时韩国残存的国土只有后来的颍川郡一地。公元前 230 年，内史腾灭韩，未见有什么重大战斗。因此，韩非夸大本国国力，想叫秦国转而攻打赵国，从而达到“存韩”的目的。苦心孤诣，这是很清楚的。

从韩非的思想来说，虽然看到秦国法治较好，但却坚持立足韩国，保存韩国，力求在韩国推行法治，使韩国富强起来。这种态度，与前期法家吴起、商鞅等人不同，反映了时代的特点。

西周覆灭平王东迁之后，周天子的地位急遽下降，但他还是君临天下，起着维系各邦的作用。《左传》昭公九年载王使詹桓伯辞于晋曰：“我在伯父，犹衣服之有冠冕，木水之有本原，民人之有谋主也。”平山中山王墓方壶铭文上指责燕王哙举用子之，“将使上觐于天子之庙，而退与诸侯齿长于会同，则上逆于天，下不顺于人也”。于是司马赒率三军之众参加了平定燕国内乱的战争，“天子不忘其有勋，使其老策赏仲父，诸侯皆贺”①。可见一直到了将近战国中期，周天子的独尊地位还是无可争议的。诸侯国仍然表示臣服，至少在名义和礼制上还是要拥戴他。这也说明周王室在政治上仍然发生着影响，起着作用。因为周王室的存在，总是具有象征的意义，表示大家往来在一块共同的国土上。因此，先秦游士无宗国观念，《论衡·效力》篇：“六国之时，贤才之臣，入楚楚重，出齐齐轻，为赵赵完，畔魏魏伤。”就反映了这一时期的特点。公元前256年，周赧王去世，从此连挂名的天下共主都没有了，这在人们的思想上也不能不发生影响。《吕氏春秋·有始览·谨听》篇说：“今周室既灭，而天子已绝，乱莫大于无天子。无天子，则强者胜弱，众者暴寡，以兵相残，不得休息，今之世当之矣。”这时随着各诸侯国明显地趋于独立，也就逐渐滋长起了一种新的观念，各国的臣下誓死效忠于本国，诸侯国的国家观念加强了。《史记·田单列传》记燕攻齐时，胁迫王蠋投降，“王蠋曰：‘忠臣不事二君，贞女不更二夫。齐王不听吾谏，故退而耕于野。国既破亡，我不能存；今又劫之以兵为君将，是助桀为暴也。与其生而无义，固不如烹！’遂经其颈于树枝，自奋绝脰而死。齐亡大夫闻之，曰：‘王蠋，布衣也，义不北面于燕，况在位食禄者乎！’”韩非在《有度》篇中也说：“今夫轻爵禄，易去亡，以择其主，臣不谓廉。”对那些奔走四方没有国家观念的人予以尖锐的批判。这时各诸侯国的王室宗族，更明显地感到自己的身份不同了。前此屈原已经“眷顾楚国”而愿以身殉，誓死效忠楚国而不肯事秦，甚至到了秦始皇统一六国之后，韩王室的后裔张良还是不忘灭国之恨，抱着狭隘的宗国观念，处心积虑地谋求复国。《潜夫论·志氏姓》：“及留侯张良，韩公族，姬姓也。秦始皇灭韩，良弟死不葬，良散家赀千万，为韩报

---

① 参看朱德熙、裘锡圭《平山中山王墓铜器铭文的初步研究》，载《文物》1979年第1期。

仇，击始皇于博浪沙中，误椎副车。秦索贼急，良乃变姓为张。”可见他的动机，和他故国上一代的韩非有一致之处。

韩非的计谋被李斯揭穿了。《史记·韩非列传》上说：“李斯、姚贾害之，毁之曰：‘韩非，韩之诸公子也。今王欲并诸侯，非终为韩，不为秦。此人之情也。今王不用，久留而归之，此自遗患也。不如以过法诛之。’秦王以为然，下吏治非。李斯使人遗非药，使自杀。”可见李斯的杀害韩非是从秦、韩的不同立场出发的。李斯要弄权谋逼迫韩非自杀，确有自私的打算，但他说韩非终为韩打算，却也是事实。

韩非对“忠”字作过很多解释。《奸劫弑臣》中说：“汤得伊尹，以百里之地立为天子；桓公得管仲，立为五霸主，九合诸侯，一匡天下；孝公得商君，地以广，兵以强。故有忠臣者，外无敌国之患，内无乱臣之忧，长安于天下，而名垂后世，所谓忠臣也。”韩非愿以伊尹、管仲、商鞅为榜样，做韩国的忠臣，在韩国推行法治，外抗强敌，内锄奸臣，使韩国富强起来。然而这项理想始终没有实现。他的理论，反而在敌国得到了尊重和实践。俗语说：“有心种花花不发，无心栽柳柳成荫。”历史就是这样不以个人的意志为转移而顺着它内在的规律曲折地前进着。

田常与宰予的斗争

田常，即田成子；亦作陈恒，即陈成子。他是齐国地主阶级的早期代表。他继承了父亲田乞的事业，采取了一些收买人心的措施，不断培植力量，在公元前 481 年杀掉了齐国的君主简公，控制了政权。经过他的儿子襄子盘、孙子庄子白、曾孙太公和，终于在公元前 386 年立为诸侯。这就是《忠孝》篇上说的“田氏夺吕氏于齐”。

对于这样一次激烈的行动，地主阶级的政治代表杀掉奴隶主贵族的世袭诸侯，当然会在政治舞台上激起巨大的波澜。旧秩序的维护者孔丘，听到这个消息后，如丧考妣；对于这次政治事件的严重性，他是有所察觉的。

《论语·宪问》：“陈成子弑简公。孔子沐浴而朝，告于哀公曰：‘陈恒弑其君，请讨之。’公曰：‘告夫三子。’孔子曰：‘以吾从大夫之后，不敢不告也。君曰“告夫三子”者！’之三子告，不可。孔子曰：‘以吾从大夫之后，不敢不告也。’”

《左传》哀公十四年：“〔六月〕甲午，齐陈恒弑其君壬于舒州。孔丘三日齐(斋)，而请伐齐三。公曰：‘鲁为齐弱久矣。子之伐之，将若之何？’对曰：‘陈恒弑其君，民之不与者半。以鲁之众，加齐之半，可克也。’公曰：‘子告季孙。’孔子辞。退而告人曰：‘吾以从大夫之后也，故不敢不言。’”

孔丘却是错误地估计了形势。田常的行动，顺应历史发展潮流，

"故秦周[1]之民相与歌之曰:'讴乎,其已乎! 苞乎,其往归田成子乎!'"(《外储说右上·说一》)孔丘却以为民心不附,有机可乘,因此还想以垂死之年为挽救旧制度的崩溃而出兵干预。然而这项计划理所当然地遭到了"三桓"的反对,因而此事不得不告中罢。

田常的夺取政权,是在激烈的斗争中进行的。他在夺得政权之后,遭到孔丘的敌视;他在夺取政权之前,则与孔丘的门人宰予作了长期的斗争。

> 《吕氏春秋·审分览·慎势》:"齐简公有臣曰诸御鞅,谏于简公曰:'陈成常与宰予,之二臣者,甚相憎也,臣恐其相攻也;相攻唯固,则危上矣。愿君之去一人也。'简公曰:'非而细人所能识也。'居无几何,陈成常果攻宰予于庭,即〔弑〕简公于庙。"

宰予的憎恶田常,效忠简公,当然是出之于他本人的政治立场。为了除掉田常,他采取了暗杀的手段。《说苑·指武》篇曰:"田成子常与宰我争。宰我夜伏卒,将以攻田成子,令于卒中曰:'不见旌节,毋起。'"然而这次机密的行动却是失败了,问题出在齐简公泄漏了消息。《盐铁论·殊路》曰:"卫君近佞远贤,子路居蒲,孔悝为政;简公不听宰我而漏其谋:是以二君身被放杀,而祸及忠臣。"导致了宰予的彻底失败。《说苑》中接着说:"鸱夷子皮闻之,告田成子。田成子因为旌节以起宰我之卒以攻之,遂残之也。"可见宰予的政治态度,和他的老师一样,也是站在齐国正统王朝一边的。

站在田常一边的鸱夷子皮,据说也与孔丘有关。《墨子·非儒下》

---

① 传世各本均作"周秦",据章炳麟《膏兰室札记》改。秦周,齐城门名,见《吕氏春秋·慎大览·权勋》高诱注。

记孔丘"乃树鸱夷子皮于田常之门"。看来此人不一定是孔丘的门徒，关系并不深切。孔丘本想把他安插到田常身边，但从现存材料来看，结果并不如愿，鸱夷子皮坚决地站在田常一边，这在韩非书中也有记载。

> 鸱夷子皮事田成子。田成子去齐，走而之燕，鸱夷子皮负传而从。至望邑，子皮曰："子独不闻涸泽之蛇乎？泽涸，蛇将徙。有小蛇谓大蛇曰：'子行而我随之，人以为蛇之行者耳，必有杀子。不如相衔负我以行，人以我为神君也。'乃相衔负以越公道。人皆避之，曰：'神君也。'今子美而我恶。以子为我上客，千乘之君也；以子为我使者，万乘之卿也。子不如为我舍人。"田成子负传而随之。至逆旅，逆旅之君待之甚敬，因献酒肉。(《说林上》)

这就是《难四》中说的"田氏外仆"。看来鸱夷子皮是田常的一个谋士，关系很密切。当然，《墨子·非儒》篇中讲到孔丘帮助"乱党"的事，很多地方与史实不符。儒、墨两家的斗争很激烈，《墨子》持尊君的观点，在这里把叛君的事栽到孔丘身上，也是完全可能的。因此，我们不能根据这些材料就说孔丘确曾派出鸱夷子皮帮助田常。即使鸱夷子皮赴齐投效田常出于孔丘派遣，那也有这样一种可能，孔丘是政治经验很丰富的人，他在安排了宰予正面和田常作对的同时，又安插了鸱夷子皮在田常的身边，进行内部的策应。但从现存资料来看，鸱夷子皮却是实心实意地帮助田常谋取政权了，所以《淮南子·氾论训》上说："昔者齐简公释其国家之柄而专任其大臣，将相摄威擅势，私门成党而公道不行，故使陈成田常、鸱夷子皮得成其难。"

史书上还有与上不同的另一种记载。《史记·仲尼弟子列传》："宰我为临菑大夫，与田常作乱，以夷其族，孔子耻之。"似乎这位孔丘的忠实弟子成了帮助田常作乱的一党。这是不符事实的。

宰予是孔门四科中“言语”一项的高座弟子。此人虽然利口辩辞，但孔丘对他还是不满的。“澹台子羽，君子之容也，仲尼几而取之，与处而行不称其貌。宰予之辞，雅而文也，仲尼几而取之，与处久而智不充其辩。故孔子曰：‘以容取人乎，失之子羽；以言取人乎，失之宰予。’”（《韩非子·显学》）此人在孔门弟子中思想似乎活跃一些，《论语》上记载他提的几个问题，如问是否要跳进井里去救仁人（《雍也》），是否可把三年之丧改为一年（《阳货》），都曾引起孔丘的不快。“宰予昼寝。子曰：‘朽木不可雕也，粪土之墙不可杇也，于予与何诛？’”（《公冶长》）似乎对他已经彻底失望，因此有人认为宰予是孔门的叛逆者。实则宰予思想上的小小摆动并没有改变他完整的儒家思想体系。尽管孔丘对他曾有非议，但他还是死心塌地吹捧孔丘，“宰我曰：‘以予观于夫子，贤于尧、舜远矣。’”（《孟子·公孙丑上》）而在齐国两个阶级的激烈搏斗中，他终于恪守维护旧制度的儒家宗旨，表明了他的政治态度，死在新兴力量的刀剑之下。

法家人物对此有明确的记载。

> 《韩非子·难言》：“宰予不免于田常。”
>
> 《史记·李斯列传》：“〔李斯上二世书：〕田常为简公臣，爵列无敌于国，私家之富与公家均，布惠施德，下得百姓，上得群臣，阴取齐国，杀宰予于庭，即弑简公于朝，遂有齐国，此天下所明知也。”

这里还得说明一个问题。法家的杰出人物，如韩非、李斯等人，对宰予的评价也是不正确的。战国时期，地主阶级仍在为巩固新的政权体制而斗争，而奸邪之臣经常利用阴谋手段窃取权位，杀掉君主，造成政治上的混乱。韩非等人为了防止这样的人阴谋得逞，极力强调君权至上，谴责一切劫主之臣，这样就把本阶级的早期代表也一起骂倒了。田常取齐，成了韩非经常提到的一次篡逆事件，与田常站在对立面的守旧人物宰予，反倒成了历史上的正面人物。《守道》篇上有一段文字抒写法治的理想主义，“度量信，则伯夷不失是，而盗跖不得非。法分明，则贤不得夺不肖，强不得侵弱，众不得暴寡。……如此，故图不载宰予，不举六卿；书不著子胥，不明夫差。”这里韩非把齐之宰予视为正面的忠臣而予以肯定，晋之六卿视作反面的乱臣而予以贬斥。显然，这样的历史评价是不正确的。当然，我们也不能要求韩非具有阶级分析的观点，但也不能不看到法家人物的历史局限。地主阶级起而代替奴隶主阶级，有其进步的一面，但这两个阶级都是剥削阶级，因而地主阶级无需也不可能彻底推翻前此的道德观念。这样我们也就可以懂得：对于历史人物，决不能沿用法家的现成结论，而应该用历史唯物主义的原则重新作出评价。

最后还可附带讨论的是，《左传》哀公十四年详记陈成子杀阚止的事。阚止字子我，宰予亦字子我，故而自《史记·仲尼弟子列传》中的司马贞《索隐》起，即已误二人为一人。阚止，《史记·田敬仲完世家》作监止，“子我者，监止之宗人也”。则又分监止与子我为二人。这些记载都是混淆不清的。实则田常取齐时，先后击垮了宰予与阚止二人的阻挠，这在《韩非子》中记载得很清楚。田常杀宰予的事已详见上文，田常杀阚止的事则见之于下列记载：

> 田恒相齐，阚止重于简公，二人相憎而欲相贼也。田恒因行私惠以取其国，遂杀简公而夺之政。（《内储说下（六微）·说五》）
>
> 简公两用田成、阚止而简公杀。（《说林上》）

战国时代的封君

韩非所处的时代，正当战国后期。经过两百多年激烈的阶级斗争，新兴的封建制，正以巨大的力量荡涤着奴隶制的残馀。一些实力强大的君主，顺应历史发展潮流，进行统一的兼并战争，一个中央集权的专制主义的封建政权即将在全国范围内建立。地主阶级的杰出思想家韩非，预感新时代的到来，在理论上作了建国立法的广泛论证。他在著名的哲学论文《扬权》篇中提出了“事在四方，要在中央，圣人执要，四方来效”的新论点，要求结束割据分裂的旧局面，开创集中统一的新纪元。

春秋、战国之交，各国虽然先后建立了封建政权，但从奴隶制社会中发展而来的封建国家，还未除净奴隶制残馀的影响，一些旧时代遗留下来的旧制度，还在新兴国家中继续实施，因此好多国家呈现出新旧交替阶段的特点，郡县制和分封制同时并存。前者适应中央集权的新建政权的需要，后者则是旧制度的残留，犹如人身上的赘疣，起着包藏祸根的作用。封君往往成为存私心闹分裂削弱中央政权的一种破坏力量。

韩非对分封制的危害作了多方面的分析。《爱臣》篇说：“臣闻千乘之君无备，必有百乘之臣在其侧，以徙其民而倾其国；万乘之君无备，必有千乘之家在其侧，以徙其威而倾其国。是以奸臣蕃息，主道衰亡。是故诸侯之博大，天子之害也；群臣之太富，君主之败也。将相之管主而隆家，此君人者所外也。”他用历史上的大量事实说明分封制的危害，揭露了许多“战胜则大臣尊，益地则私封立”，不利于中央政权的现象。

如何防止这种“枝大本小”的情况出现？韩非在《扬权》篇中提出：“有国之君，不大其都；有道之臣，不贵其家。有道之君，不贵其臣；贵之富之，彼将代之。”只有限制这种旧制度遗留下来的经营国中之国的特权，才能巩固中央政权。

旧注：“大其都，臣将据以叛国。”这项政治经验，前人早已了解，《左传》隐公元年记郑武姜为共叔段请京，祭仲曰：“都城过百雉，国之害也。”但到了战国，韩非为什么还要重新提出这个问题？战国的封邑呈现出什么特点？它们又经历着怎样的历史演变？

战国时代的封国

春秋时期有封国，汉代初期有封国，处在上下两个时期之间的战国时代的封国，与前后二者性质上有什么不同？

前人对此作过很多探讨。有的同志作了很好的论证，说明战国时代的分封制度具有如下的特点：分封之国必须奉行国家统一的法令，封君的相由国君委派，封君必须向国君缴纳一定的租税，而且这些封邑都在边地，又多不世袭。因此，一般的封君在封土内没有政权和兵权，和大地主是差不多的。这些论点都是言之有据的。但当时社会的发展很不平衡，各诸侯国的政治措施也不一样，因此这些从个别材料中概括出来的结论是否适用于当时所有的诸侯国，或许还可以进一步加以探讨。

据《史记・赵世家》，赵武灵王曾派田不礼为长子代安阳君的相。据《史记・赵奢列传》，赵奢曾杀死抗拒缴纳国家租税的平原君家管事九人。据《战国策・魏策四》，魏国成侯受封时曾“手受大府之宪”……这里可以注意的是，这些事情都发生在三晋，而三晋的法治思想萌芽甚早，一些统治者早就着手采用集中权力的措施。《左传》昭公二十八年记魏献子“分祁氏之田以为七县,分羊舌氏之田以为三县”。哀公二年记赵简子誓词:“克敌者,上大夫受县,下大夫受郡,士田十万。”说明春秋时的晋国就在破坏分封制而推行郡县制了。《饰邪》篇说:“当魏之方明《立辟》、从宪令之时,有功者必赏,有罪者必诛,强匡天下,威行四邻;及法慢,妄予,而国日削矣。当赵之方明《国律》、从大军之时,人众兵强,辟地齐、燕,及《国律》慢,用者弱,而国日削矣。”说明赵、魏两国都曾很好地实行过法治。因此,他们采取一些措施,限制封君的权限,扩大君主的直辖统治权力,这是完全可能的。政治上有进步倾向的国家,都会呈现出一方面推行郡县制、一方面限制分封制的特点。

但战国时期各个诸侯国的发展情况距离很大。奴隶制的残馀,封建制的建立,各诸侯国的具体情况各有不同;儒家思想的影响,法家思想的传播,各诸侯国的具体情况也各有不同。这些都对各诸侯国境内封邑的情势有影响。总的看来,儒家活动地区的齐、鲁两国守旧势力的影响最大,奴隶制下的分封制的烙印最深,两国境内的某些封邑也就成了国中之国。

薛

靖郭君田婴和孟尝君田文两代苦心经营他们的封国薛。从残存的一些史料看,他们在薛握有支配一切的大权。

> 陈臻问曰:“前日于齐,王馈兼金一百而不受;于宋,馈七十镒而受;于薛,馈五十镒而受。……”(《孟子·公孙丑下》)

这时的薛,已是田婴的封邑,而齐、宋、薛三国并列,可见薛之与齐已经俨成敌国。田婴已经成了这个千乘之国的君主。他以封君的身份招揽四方游士，对孟轲加以礼敬，可见他对儒家还是不错的。

〔貌辨说齐宣王曰："靖郭君〕至于薛，昭阳请以数倍之地易薛，辨又曰：'必听之。'靖郭君曰：'受薛于先王，虽恶于后王，吾独谓先王何乎？且先王之庙在薛，吾且可以先王之庙与楚乎？'"（《战国策·齐策一》，并见《吕氏春秋·季秋纪·知士》。）

可见田婴完全可以把薛这个封邑作为私有财产处理，他甚至可以把这封邑与其他诸侯国交换土地，这就说明田婴父子在薛拥有完全的自主权。而且薛地立有齐威王的庙，也可用以说明它是一个独立自主的小国。

赵王封孟尝君以武城。孟尝君择舍人以为武城吏而遣之，曰："……今赵王不知文不肖，而封之以武城，愿大夫之往也。"（《战国策·赵策一》）

武城紧邻齐国。赵王封孟尝君于此，由田文自己从"舍人"中挑选亲信去任官吏，可见封君自有在封邑中任命官吏的权利。薛地的情况谅亦如此。

靖郭君将城薛，客多以谏者。（《说林下》）

田婴既有擅自兴建防卫工事的大权，按理就有独自掌握的甲兵。

公孙弘见，〔秦〕昭王曰："薛公之地，大小几何？"公孙弘对曰："百里。"昭王笑而曰："寡人地数千里，犹未敢以有难也。今孟尝君之地方百里，而因欲难寡人，犹可乎？”公孙弘对曰：“孟尝君好人，大王不好人。”……公孙弘可谓不侵矣。昭王，大国也；孟尝，千乘也。立千乘之义而不可陵，可谓足使矣。（《战国策·齐策四》）

这里提到孟尝君的薛是“千乘之国”，似乎不应只看成是卿大夫的泛称；它与万乘强秦并列，似乎可以看作拥有相当于千乘兵力的中小国家。

孟尝君任齐相，则遥控薛国；当他任秦相时，仍然据有封地；当他得罪齐湣王时，则归老于薛；当他入魏任相时，齐湣王也没有收回他的封地。《史记·孟尝君列传》说：“魏昭王以为相，西合于秦、赵，与燕共伐破齐。齐湣王亡在莒，遂死焉。齐襄王立，而孟尝君中立于诸侯，无所属。齐襄王新立，畏孟尝君，与连和，复亲薛公。文卒，谥为孟尝君。诸子争立，而齐、魏共灭薛。”可见孟尝君是拥有薛地的一个小诸侯，与齐并列，二者实际上已没有什么固定的统属关系。他回旋于邻近的齐、魏二国之间，得罪齐后，就倒过来依靠魏，以图自存。《水经注·济水》引《竹书纪年》：“魏襄王十九年，薛侯来，会王于釜邱。”说明在魏国史官的眼中，孟尝君的身份是与魏国君主平起平坐的诸侯。

这里还可以简单地讨论一下各诸侯国内封君的情况。战国时代的封邑，封君能否世代承袭，各国的情况是不同的。楚国在春秋时就立下了制度，传袭两代后就要收回封地，但这似乎并不严格执行，所以孙叔敖请汉间之地，可传袭数代之久。（见《喻老》）吴起到楚国变法，为此还重新订立了“三世而收爵禄”的制度。（见《和氏》）其他各国贵族的封地，一般地说，都是可以世袭的。例如魏国的安陵君，对于它的宗主国一直保持着半独立的状态，而且还掌握着一支小小的武装。尽管信陵君指责他说：“安陵之地，亦犹魏也。”（《战国策·魏策四》），但他仍然可以拒绝接受命令。这个五十里之地的小国，直到魏亡之后，仍然残存着。看来这个封国寿命之长，在同类中，是个特殊的例子。其他国家的绝大多数封君，总是因为这样那样的原因，不能长期享有封国。《战国策·赵策四》载“左师公〔问赵太后〕曰：‘今三世以前，至于赵之为赵，赵主之子孙侯者，其继有在者乎？’曰：‘无有。’曰：‘微独赵，诸侯有在者乎？’曰：‘老妇不闻也。’”这是因为封君的存在，影响到国力的集中和威胁到王权的巩固，所以好多国家都在有意识地采取措施加以削弱或消灭。《战国策·楚策四》载虞卿之言曰：“秦孝公封商君，孝公死，而后不免杀之；秦惠王封冉子，惠王死，而后王夺之。公孙鞅，功臣也；冉子，亲姻也：然而不免夺死者，封近故也。”后代的人常是批评秦国对于宗亲苛刻寡恩，其实这些地方倒是符合社会前进方向的重要措施。韩非在《定法》篇中也曾提到穰侯和应侯的封地，这些都是不久之后就被收回了的。

齐国的封地是世袭的。公元前279年，田单以即墨为据点，收复为燕攻破的失地。聊城燕将不肯弃城，鲁连乃寄书游说：“意者亦捐燕弃世，东游于齐乎？请裂地定封，富比陶、卫，世世称孤寡，与齐久存。”(《战国策·齐策六》)齐王这样厚待一般封君，对于王族中人，当然更不会有苛待的事。《内储说上(七术)·说二》载有成欢批评齐王的话：“王太仁，太不忍人。”“王太仁于薛公，而太不忍于诸田。太仁薛公，则大臣无重；太不忍诸田，则父兄犯法。”可见齐国的作风刚好和秦国相反，仍然遵行“亲亲”的原则，因此薛公父子一直根深蒂固地盘踞在齐国。《战国策·西周策》载韩庆说薛公曰：“楚王出必德齐，齐得东国而益强，而薛世世无患。”说明田婴父子可以世世领有薛地。孟尝君营狡兔三窟之计，一直占有着薛这个封国。此地后为齐、魏所分，乃是政治形势变化的结果，并非齐国收回了封地。

刘向《管子书录》曰：“鲍叔既进管仲而已下之，子孙世禄于齐，有封邑者十馀世，常为名大夫。”古代以三十年为一世，则是鲍叔后人享有封邑，一直延续到战国时期。这也可以用作齐国有世袭封邑制度的证明材料。

费

顾炎武《日知录》卷七“费惠公”条考证春秋时有二费：一、滑国之费；二、鲁季氏邑。“在子思时，滑国之费其亡久矣，疑即季氏之后而僭称公者。”后来惠士奇等人虽然提出过不同意见，但顾炎武所作的结论已为绝大多数人所接受。

> 《孟子·万章下》：“孟献子，百乘之家也。有友五人焉。……非惟百乘之家为然也，虽小国之君亦有之。费惠公曰：‘吾于子思，则师之矣；吾于颜般，则友之矣；王顺、长息，则事我者也。’”

这时季氏的子孙费惠公已称小国之君，可见季孙氏已不在鲁国朝廷执政而跑到世袭封地费来称君立国了。这是鲁国政治很大的变化。春秋一代，鲁国的政权很长一段时间执掌在三桓子孙手里，这时季孙氏不再掌握公室大权，反而跑到封地上来当“小君”，说明他的身份已由卿大夫变为小诸侯了。

《孟子·告子下》言：“鲁缪公之时，公仪子为政，子柳、子思为臣。”费惠公的年代约略与鲁缪公同时。

那么季氏离鲁独立出去约当何时呢？

鲁哀公之时，季孙还在朝廷执政，而自鲁悼公起，三桓的事就不再见之于史籍了。在《韩非子》中还记载着一起战国初期季孙弑君的事。

鲁季孙新弑其君，吴起仕焉。或谓起曰："夫死者，始死而血，已血而衄，已衄而灰，已灰而土。及其土也，无可为者矣。今季孙乃始血，其毋乃未可知也。"吴起因去之晋。(《说林上》)

《史记·吴起列传》上说："鲁君疑之，谢吴起，吴起于是闻魏文侯贤，欲事之。……于是魏文侯以为将。"魏文侯的在位年代，与鲁悼公、鲁元公同时。鲁悼公在位三十七年，《史记·鲁周公世家》："悼公之时，三桓胜，鲁如小侯，卑于三桓之家。"此公后以"悼"为谥，可能是不得善终的。《逸周书·谥法》曰："年中早夭曰悼，恐惧从处曰悼。"颇与此公情况相合。因此，季孙新弑之君，或即鲁悼公。由此可以约略推定，季孙离鲁据费独立，当在鲁元公时。

季孙盘踞在费国的时间很长，到齐湣王时，费国尚存。《水经注·沂水》引《鲁连子》："陆子谓齐湣王曰：'鲁、费之众臣，甲舍于襄贲者也。"这时费国之于鲁国，犹如薛国之于齐国，已经俨成敌国，不再统属而成为独立之国了。①

儒家思想与封建诸侯

齐、鲁是周初封建的两个大国。"周礼尽在鲁矣"，奴隶制的那套礼制影响很大。后来儒家学派的孔、孟等人又以此为基地，设帐教学，影响深远。齐国礼治的影响虽不及鲁国之深，但它与鲁国紧邻，又是孔门弟子的活动场所，因而旧传统的影响也很严重。就在稷下学宫繁荣昌盛之时，儒家也已占得了重要的地位。《盐铁论·论儒》上说："齐

① 参看童书业《战国初年鲁国公室的集权与季氏的独立》，载《中华文史论丛》第六辑。

宣王褒儒尊学，孟轲、淳于髡之徒，受上大夫之禄，不任职而论国事。”其后孟尝君执国政，前后历时甚久，《战国策·齐策五》上说他“有存亡继绝之义”。这对齐国政治上的发展当然也会发生很大的影响。

自周初起，齐、鲁两国经济文化的发展水平都比较高，很早就滋长起了封建主义的因素。在春秋时，鲁国就推行了“初税亩”的新制度；春秋、战国之交，齐国就发生了早期的地主阶级政治代表田常杀掉齐简公而控制政权的事。但是这两个国家早期的地主阶级代表人物，生活在奴隶制文化传统势力极大的地区，又缺乏明确的思想界限，因而不可避免地会受到儒家思想的侵染，甚至遭到了他们的贼害而仍然不能自觉。

> 季孙好士，终身庄，居处衣服常如朝廷。而季孙适懈，有过失，而不能长为也。故客以为厌易己，相与怨之，遂杀季孙。故君子去泰去甚。
>
> 一曰：南宫敬子问颜涿聚曰：“季孙养孔子之徒，所朝服与坐者以十数而遇贼，何也？”曰：“昔周成王近优侏儒以逞其意，而与君子断事，是能成其欲于天下。今季孙养孔子之徒，所朝服而与坐者以十数，而与优侏儒断事，是以遇贼。故曰：不在所与居，在所与谋也。”（《外储说左下·说三》）

这里提到被杀的季孙，当是季昭子，发表意见的颜涿聚，则是孔丘的弟子。《吕氏春秋·孟夏纪·尊师》曰：“颜涿聚，梁父之大盗也，学于孔子。”他对季孙的看法，表明了儒家的态度。他们责怪季孙仅在礼貌上尊敬儒家人物，然而不让他们参与决断国家大事。这当然会引起儒家之徒的不满，结果季孙竟然遭到了他们的杀害。从这一事件中也可以看出鲁国儒家人物势力之盛。作为地主阶级的早期代表，孟孙、叔孙、季孙与儒家有矛盾的一面，然而又为孔丘的名声所迷惑。孟懿子、南宫敬叔曾向孔丘问礼，季桓子向他问孝，季康子则向他问政，他们还一再引用孔丘的门徒原思、子游、冉求、子路、仲弓、子羔、樊迟等人作家臣，这样他们也就必然会受到儒家复古思想的影响，而在政治上产生不良影响。

> 鲁人攻费，曾子辞于费君曰："请出，寇罢而后复来，请姑毋使狗豕入吾舍。"费君曰："寡人之于先生也，人无不闻。今鲁人攻我而先生去我，我胡守先生之舍？"鲁人果攻费而数之罪十，而曾子之所争者九。鲁师罢，费君复修曾子之舍而后迎之。（《说苑·尊贤》）

这时费已离鲁独立，故为鲁所伐。考《史记·仲尼弟子列传》，曾参小孔丘四十六岁，这时年纪当已很大，作为敬老尊贤的对象而寄居于费，其后费惠公又师事子思，可见自季康子起，尊儒的风气更胜于前。孔丘是极度仰慕周公的人。封建诸侯，藩屏周室，是周礼规定的主要内容；维护世卿世禄制度，"吾其为东周乎"，是孔丘为之奋斗的重要目标。尽管孔丘之后政治形势有了很大的变化，但儒家维护分封制的宗旨却仍然不变。战国初年政权下移，这时曾参、子思等人，如同当年孔丘拥戴鲁公一样，转而拥戴季氏，影响所及，季孙氏的后裔竟然从鲁国分裂了出去，封邑费变成了独立的小诸侯国。

综览战国一代的分封制，可以看到这样一种情况：西边的秦国，受儒家的影响很浅，不为周礼所束缚，政治上先进，法家的政治主张正在顺利地实施，郡县制得到了广泛的推广，一个中央集权的封建政权正在迅速地兴起。东方的齐、鲁，受儒家的影响很深，深受周礼的束缚，政治上倾向于保守倒退，郡县制度一直不能很好地建立；相反，自春秋沿袭下来的分封制还在沿着原有的轨道扩展。东西两边出现了两极分化加速发展的趋势。

秦国一方面仍然沿袭着过去的传统而保留了分封制，但它不断加以改革，扩大中央的控制权，把封地纳入朝廷的统辖之下。例如《华阳国志·蜀志》记载，秦惠王灭蜀后，封蜀王后裔子通国为蜀侯，以陈壮为相；蜀巴郡，以张若为蜀国守。说明秦国分封之后，便派出官吏前去治理，控制其行政权。又如《史记·商君列传》记载，商鞅在秦变法成功，又立有军功，"秦封之於商十五邑"。秦孝公死后，惠文王受到公子虔等人的挑拨教唆，商鞅乃出奔，其后复入秦，"走商邑，与其徒属发邑兵北出击郑"。说明这时封君还有权力调发封邑内的武装。后来秦国推行了合符制度，如果有人调动士卒，就得有朝廷的兵符作凭证。新郪虎符上说："凡兴士被甲，用兵五十人以上，必合王符乃敢行之。燔燧事虽无会符行殹（也）。"这样就把封邑内的军权收回而由中央直接掌握了。这是政治制度上的一大改革，对封建政权的巩固起着重大的作用。其时吕不韦封文信侯，"食河南雒阳十万户"（《史记·吕不韦列传》），"食兰田十二县"（《战国策·秦策五》），后燕又"以河间十城封秦相文信侯"，"秦王令受之"（《战国纵横家书》二五"李园谓辛梧章"）。声势之隆超过了历史上的任何一个封君。但只要秦王政一发号令，吕不韦也就无力反抗，说明秦国的政治权力一直朝着集中的道路发展。

齐、鲁之地则保留着很多过去遗留下来的小诸侯。张仪为秦破纵以连横说楚王时曰："大王悉起兵以攻宋，不至数月而宋可举。举宋而东指，则泗上十二诸侯尽王之有已。"（《战国策·楚策一》）这些诸侯，有些还能见之于记载。

《史记·楚世家》："楚人有好以弱弓微缴加归雁之上者，顷襄王闻，召而问之。对曰：'……秦、魏、燕、赵者，鶀雁也；齐、鲁、韩、卫者，青首也；驺、费、郯、邳者，罗鸯也。'"

《吕氏春秋·审分览·慎势》："……故曰：以滕、费则劳，以邹、鲁则逸。"

不但如此，在齐国的西部边界上还聚集着很多大夫的临时封邑。

《战国策·齐策六》："夫三晋大夫皆不便秦，而在阿、鄄之间者百数；……鄢、郢大夫不欲为秦，而在城南下者百数。"

这些大夫的临时封地，犹如南朝的侨迁州郡，也是存亡继绝的一种做法。由此可见，齐、鲁之地的分封制正以各种形式继续扩展。在这个地区内，有历史上残存下来的小诸侯，有分裂出去不久的小诸侯，周围还有一大批从异国流亡而来的大夫。这种情景，正说明了儒家文化笼罩下的齐、鲁，逆历史潮流而动，正在复古倒退的路上走向死亡。因此秦、齐一时并立，有西帝、东帝之称，最后"西帝"兼并天下而正式称皇帝，"东帝"不断衰亡而终于沦丧，这完全是由它们不同的政治道路所决定的。

《有度》辨

韩非是先秦法家思想的集大成者。他继承了法、术、势三派的学说，而又强调“以法为本”，只是他专论法的文章不多，这篇《有度》，倒是全面地阐述了“法”的学说，并且提出了“法不阿贵，绳不挠曲”“刑过不避大臣，赏善不遗匹夫”等著名论点，因此，它在《韩非子》全书中占有重要的地位。但在这篇文章中却还埋伏着一些疑点，因而有人认为它不是韩非的作品。我们研究了各种否定的意见，认为这些理由都不够充分，今将考辨结果论述如下。

一、对“亡”字的解释

《有度》一开头就介绍了楚、齐、燕、魏四国的情况。“荆庄王并国二十六，开地三千里；庄王之氓(泯)社稷也，而荆以亡。齐桓公并国三十，启地三千里，桓公之氓(泯)社稷也，而齐以亡。燕襄王以河为境，以蓟为国，袭涿、方城，残齐，平中山，有燕者重，无燕者轻；襄王之氓(泯)社稷也，而燕以亡。魏安釐王攻燕救赵，取地河东；攻尽陶、魏[1]之地，加兵于齐，私平陆之都；攻韩拔管，胜于淇下；睢阳之事，荆军老而走；蔡、召陵之事，荆军破；兵四布于天下，威行于冠带之国；安釐王死而魏以亡。故有荆庄、齐桓，则荆、齐可以霸；有燕襄、魏安釐，则燕、魏可以强。今皆亡国者，其群臣官吏皆务所以乱而不务所以治也。”这里的“亡”字的用法很特别，有人就据此提出了疑问。

---

① 魏指卫。卫为魏所灭，所以韩非用魏代卫。

胡适说："第六篇《有度》，说荆齐燕魏四国之亡。韩非死时，六国都不曾亡。齐亡最后，那时韩非已死十二年了。可见《韩非子》决非原本，其中定多后人加入的东西。"①这样似乎也就断定了《有度》非韩非所作。

这个问题倒是容易说明的。韩非的"亡"字有特定的涵义。《孤愤》篇说："人之所以谓齐亡者，非地与城亡也，吕氏弗制而田氏用之；所以谓晋亡者，亦非地与城亡也，姬氏不制而六卿专之也。"可知韩非所说的"亡"，有衰亡、危亡、名存实亡等意思。《三守》《八奸》等篇中也有这样的解释。

实际上韩非"亡"字的用法还保存了古义，先秦典籍上就有同样的用法。《战国策・韩策》"燕亡于齐"，鲍彪注："亡，谓丧地。"《魏策》"齐伐厘、莒而晋人亡曹"，吴师道注："凡言亡，非必国灭也。"荀况也有这样的用法，《荀子・君道》篇："故人主无便嬖左右足信者谓之暗，无卿相辅佐足任者谓之独，所使于四邻诸侯者非其人谓之孤，孤独而晻谓之危。国虽若存，古之人曰亡矣。"凡此均足说明"亡"字有衰亡等义，不能根据"亡"字来否定韩非的著作权。上述材料前人都已提及，今综述之。

二、对"先王"一词提出的疑问

韩非在《显学》篇中说："无参验而必之者，愚也；弗能必而据之者，诬也。故明据先王，必定尧、舜者，非愚则诬也。"《有度》篇中却七次提到了"先王"，根据韩非反对"先王"的态度，似乎也可以断定《有度》非

---

① 《中国哲学史大纲》卷上"古代哲学史"第十二篇"古代哲学之终局"第二章"所谓法家(七)韩非与《韩非子》"，商务印书馆 1921 年 10 月七版。

韩非所作。

这项理由其实也不能成立。儒、法两家著作中注入“先王”一词的具体内容是不同的，他们都有理想中的先王。儒家祖述尧、舜，他们把尧、舜的作风和治绩尽情描绘，借以抒发他们复古的遐想。《显学》篇中所批判的，称之为“愚而诬”的，就是指的尧、舜等先王。《外储说左上·说二》：“夫称上古之传颂，辩而不悫，道先王仁义而不能正国者，此亦可以戏而不可以为治也。”批判的就是儒家心目中的那些圣明天子。

法家在批判儒家先王的同时，也曾假托古代有那么一些推行法治的圣王存在，借以宣传他们的政治理想。韩非在文章中多次运用了这种手法，有些文章也曾假托“先王”加以表达，《安危》说“先王寄理于竹帛”，《饰邪》说“先王以道为常，以法为本”，《外储说右上·说一》“先王之所以使其臣民者，非爵禄则刑罚也”……有些文章不明提先王而泛称古代，《用人》篇说：“闻古之善用人者……”《守道》篇说：“古之善守者……”《大体》篇说：“古之全大体者……”……这实际上也指先王。这些都是法家理想中的先王。

一般说来，法家不大称引先王，就是称引时也不提他们的名字。但战国的学术风气好称引古代，各家都曾抬出他们理想中的“先王”，借以壮大声势，好像该派学说源远流长，效验著明，因而非比寻常似的。儒家假托尧、舜，墨家假托夏禹，农家假托神农……法家也在这种风气的影响下，抬出黄帝与之抗衡了。商鞅在《商君书·画策》篇中说：“故黄帝作为君臣上下之义，父子兄弟之礼，夫妇妃匹之合，内行刀锯，外用甲兵，故时变也。”韩非在《五蠹》篇中论及“儒以文乱法、侠以武犯禁”而“所以乱”时说：“虽有十黄帝不能治也。”李斯在上秦王政书中论到不及时灭六国诸侯的后果时说：“虽有黄帝之贤不能并也。”黄帝应当就是他们心目中的一个先王。

法家是代表地主阶级的一个学派。一个新的阶级的兴起，因为代表着未来，一般说来，确是不大要用古“圣贤”来为自己壮胆的。这与没落阶级的作风是不同的。因此，儒、法两家斗争时，儒家是法先王的保守派，法家是法后王的革新派，这里有着原则性的区别。但是新兴地主阶级毕竟也是一个代表少数人利益的剥削阶级，他们仍然需要借助于亡灵来为自己鼓舞勇气。马克思在《路易·波拿巴的雾月十八日》中说:“人们自己创造自己的历史，但是他们并不是随心所欲地创造，并不是在他们自己选定的条件下创造，而是在直接碰到的、既定的、从过去承继下来的条件下创造。一切已死的先辈们的传统，像梦魔一样纠缠着活人的头脑。当人们好像只是在忙于改造自己周围的事物并创造前所未闻的事物时，恰好在这种革命危机时代，他们战战兢兢地请出亡灵来给他们以帮助，借用它们的名字、战斗口号和衣服，以便穿着这种久受崇敬的服装，用这种借来的语言，演出世界历史的新场面。”(《马克思恩格斯选集》第1卷，第603页)韩非的有时称引先王以及称引黄帝，也可用这种原理来解释。这就是韩非有时“道法往古”(《难言》)的原因。

三、与《管子·明法》篇的关系

韩非在《五蠹》篇中说:“今境内之民皆言治，藏商、管之法者家有之，而国愈贫，言耕者众，执耒者寡也。”他在《难三》篇引用过《管子》一书中《权修》篇和《牧民》篇里的文字，足见韩非一定看过有关“管子”的书。

《管子》书中有《明法》一篇，其中大部分文字和《有度》中的文字相同，因此又有人怀疑:《有度》是不是抄袭《明法》而成的?

这个问题，需要作多方面的分析。根据现代学者的研究，《管子》

中的许多文章，既非作于一人，也非作于一时，而是战国至汉初的一些零碎著作的总集。《明法》一文，有可能出于《有度》之前，也有可能出于《有度》之后，古代没有什么记载可以用来说明二文的谁先谁后，这里只能从比较中寻找一些内证了。

我们认为，《明法》是节录了《有度》中的两段文字略作扩充而写成的。理由如下：

（一）《有度》是一篇体系完整的政治论文，全文可分五段：第一段引楚、齐、燕、魏四国之事作例证，说明"奉法者强则国强，奉法者弱则国弱"；第二段讲君主必须以法为准则择人量功；第三段讲臣下应奉公守法，反对儒家的道德说教；第四段讲君主不必亲自察看百官而应任势用法，自然安定太平；第五段言法的神圣，能使贵不轻贱，上下有别。全文首尾贯通，层次井然，组织严密，文风一致。再从全书来看，《有度》笔锋犀利，严峻峭拔，与韩非其他文章风格也一致。相反，《明法》篇内容单薄，只在《有度》中第二段"择人""量功"那一部分之前加上了开头一段。因此，在《明法》篇的基础上铺衍成《有度》，可能性很小；在《有度》的基础上节录成《明法》，倒是大有可能。而且《明法》篇独有的那一段文字之中，开头几句话："所谓治国者，主道明也；所谓乱国者，臣术胜也。"就不大像是韩非之前纯正法家的思想。因为"术"是君主独掌的权术，作为先秦地主阶级的思想家，为了巩固新建政权，无不极力强调君主的威势，他们主张君主独掌权术，"操杀生之柄，课群臣之能"，从不提出什么"臣术"的问题。《有度》曰："古者世治之民，奉公法，废私术，专意一行，具以待任。"《明法》中有不同的提法，说明此文写成较晚。刘向《说苑》中有"臣术"一章，"臣术"的提法或许就起于汉代。

（二）《管子》卷十五中有《任法》第四十五、《明法》第四十六二文，它们是一组论法的文字，写作年代显然是接近的。从《任法》篇的内容看，反映的思想意识，不是早期的法家思想，可能已是汉代的作品。如文中有云："……圣君则不然，守道要，处佚乐，驰骋弋猎，钟鼓竽瑟，宫中之乐，无禁圉也。不思不虑，不忧不图，利身体，便形躯，养寿命，垂拱而天下治。"在商、韩等人的作品中，就没有这种鼓吹享乐的思想。一个阶级处于上升时期，它的思想家一般说来不大可能宣扬这种放任自然而尽情游乐的思想。文中还说："所谓仁义礼乐者，皆出于法，此先圣之所以一民者也。……群臣不用礼义教训，则不祥。"这种观点，有糅合儒法的倾向，可能也要到汉代才能出现。如果这些论证可以成立的话，那么根据《任法》篇的写作年代，也可推断《明法》篇的出现不可能太早。

（三）《管子》中还有《明法解》第六十七一文，对《明法》作了详尽的解释。在释文中，应用了韩非的大量文字。现举例如下：

人臣之所以畏恐而谨事主者，以欲生而恶死也。使人不欲生，不恶死，则不可得而制也。（并见《安危》）

明主之道，卑贱不待尊贵而见，大臣不因左右而进，百官条通，群臣显见。有罚者，主见其罪；有赏者，主知其功。见知不悖，赏罚不差，有不蔽之术，故无壅遏之患。（并见《难一》）

群臣之道，下得明上，贱得言贵。（并见《八说》）

权衡者，所以起轻重之数也，然而人不事者，非心恶利也。权不能为之多少其数，而衡不能为之轻重其量也。人知事权衡之无益，故不事也。（并见《八说》）

奸臣之败其主也，积渐积微，使主迷惑而不自知也。（并见《有度》）

凡所谓忠臣者，务明法术，日夜佐主，明于度数之理以治天下者也。奸邪之臣，知法术明之必治也，治则奸臣困而法术之士

显。……故方正之臣得用，则奸邪之臣困伤矣。是方正之与奸邪不两进之势也。（并见《孤愤》）

使强不凌弱，众不暴寡。（并见《奸劫弑臣》）

这些文字，显然是从《韩非子》中脱胎出来的，但文字显得通俗浅显了。其他出于《韩非子》而文字略作改动者尚多。假如《明法》确是《管子》一派的学说，那么《明法解》就不可能大量引用韩非的文章来作诠释。因为战国时期士人之间学派观念很强，管仲之学是当时的一大流派，这一流派中人不可能引用其他学派的观点来诠释本学派的经典。这就可以反证《明法》一文源出《韩子》。

由此可见，《管子》这书的内容很复杂，里面一些年代早的文章，韩非曾经阅读过；里面一些年代晚的文章，则又参考了韩非的文章。例如《管子》中"明法"的一组文字就曾参考过《韩非子》中的文字。《明法》是节录《有度》而成的，《明法解》是采择了《韩非子》中许多文章的论点和文字而写成的。

形名之术的由来

法家又有“形名”之称，如《史记·老庄申韩列传》论申不害时说：“申子之学本于黄老而主刑名。”韩非集法家之大成，本传上也说他“喜刑名法术之学而其归本于黄老”。

“刑”“名”是先秦名辩学者常用的两个专用术语。“刑”通“形”，指外物的形态，泛指客观事物；“名”就是名称。研究“刑”和“名”的关系的学问，就叫做“刑名之学”。

司马迁说申、韩的刑名之学出于黄老，这是有根据的。现存稷下黄老学派的著作，《管子》中的《心术》等文里面，就有很多关于刑和名的论述。

《心术上》阐明了稷下黄老学派的认识论观点。“经”部中说：“物固有形，形固有名，名当谓之圣人。”“说”部解释道：“‘物固有形，形固有名’，此言名①不得过实，实不得延名。姑(诂)形以形，以形务(侔)名。督言正名，故曰圣人。”这种观点，认为形(实)是第一性的，名是第二性的，名由形产生，为形所决定。从认识论的角度来说，这是一条唯物主义的认识路线。

“名不得过实，实不得延名”，是说“名”要和“实”相当。用现在的话来说，就是“名”的内涵和外延要恰切地反映客观事物的实际。如果二者切合一致，那就叫做“名当”，这样的“名”就叫做“正名”；如果“名”不“当”，“名”过“实”，或是“实”延“名”，那就叫做“奇名”。“正名”和“奇名”是互相对立而排斥的。“正名”树立之后，“奇名”也就站不住脚

① 原文无“名”字，据王念孙说补，见《读书杂志》卷七。

了。所以《白心》上又说："是以圣人之治也，静身以待之，物至而名自治之。正名自治之，奇名自废。① 名正法备，则圣人无事。"

黄老学派的这种"刑名"观点，在当时来说，是先进的。它对儒家或早期道家的唯心主义先验论，都是有力的突破。当然，这种观点也带有自道家发展而来的黄老学派自身的特点。它在根据"形"而定"名"时，主张"虚静""无为"，是一种所谓"静因"的认识论。《心术上》说："因也者，无益无损也。以其形因为之名，此因之术也。"强调"静"观，看不到实践在认识过程中的作用，这与我们所说的必须通过实践认识客观事物的观点，是根本不同的。

总起来说，以《管子》中几篇文章为代表的黄老学派的反映论，解决了"形"在"名"先、"名"以纪"物"的问题。《心术上》说："名者，圣人之所以纪万物也。"这为后来形名之学的建立和发展奠定了基础。

《淮南子·要略》提到韩国政治斗争中尖锐复杂的情况，说到申不害为适应客观形势的需要而构拟成一种统治术，"故刑名之书生焉"。他吸收了黄老学派认识论方面的研究成果，将它反其道而行之，发展成为一种检验言行的策略手段。而他所提到的"名实"，内容已比黄老学派在认识论问题上所用的概念内容丰富。"名"，有名称、主张、理论、职位……等含义；"实"或"形"，有事物、事功、实效、政绩……等含义。"形""名"二者要求合拍。如以言论为"名"，发而为事功，事功就是"实"，则必要求事功与言论相合。如以法令为"名"，而以行动为"实"，则必要求行动与法令相合。如以官职为"名"，而以政绩为"实"，则必要求政绩与官职相合。君主掌握刑名之术，根据"名"而责求"实"或"刑(形)"，这就是后来所说的"循名责实""综核名实""形名参同""审合形名"。

---

① 原文作"奇身名废"，据王念孙说改，见《读书杂志》卷八。

作为一种政治手段，这里首先强调的已是“名”了。

> 昔者尧之治天下也以名，其名正则天下治；桀之治天下也亦以名，其名倚而天下乱：是以圣人贵名之正也。主处其大，臣处其细。以其名听之，以其名视之，以其名命之。（《群书治要》卷三十六引《申子·大体》）

这一段话反映了自黄老学派发展而来的脉络和痕迹。所谓“名正”“名倚”，不就是和《心术上》的提法一样的么？但后面提到的“以其名听之”云云，则是已指臣下的“名”了。君主根据“名”而责“实”，这就是“术”的主要内容的“刑名之学”。

这一派人首先强调的是“名”。《大体》中还说：“名者，天地之纲，圣人之符。张天地之纲，用圣人之符，则万物之情无所逃之矣。”这种近乎玄妙的提法，反映了地主阶级要用新的等级名份理论制度确定新的社会秩序的要求。它是从黄老学派的认识论发展而来的，是利用了黄老学派的思想资料而构拟成的。黄老学派强调“形”在“名”先，刑名之学强调执“名”求“实”，二者是不矛盾的，只是出发点不同，各有侧重罢了。

《大体》中还提出：“名自正也，事自定也，是以有道者自名而正之，随事而定之也。”这就比黄老学派的说法进了一层。它不但要求“名”能正确地反映“实”，而且要求“名”能根据“实”的本质特点自然产生，所以叫做“名自正也”；事（实）不但要求能正确地符合于“名”，而且要求“事”能基于自己的特点而确定其性质，所以叫做“事自定也”。这里可以清楚地看出申不害与黄老学派之间的继承关系。

法家学说发展到韩非时，条理更为细密，理论更为完整了。其中关于刑名之学部分，可以明显地看出它的来龙去脉，这就是：远承黄老学派，近承申不害的学说。

《韩非子》中的许多话，和《申子·大体》相近似。

> 《扬权》："用一之道，以名为首，名正物定，名倚物徙。故圣人执一以静，使名自命，令事自定。"
>
> 《主道》："……故虚静以待，令名自命也，令事自定也。"

这种论述，综合了黄老学派认识论的成果，结合了申不害刑名之学的新创，具有二者的特点。所谓"名正物定"，是说名称正确地反映了客观事物，那么客观事物的性质也就明确了；所谓"名倚物徙"，是说名称不正确地反映了客观事物，那么客观事物的性质也就游移不定了。这样看来，制订正确的"名"，具有首要的意义，也就是不言而喻的了。但如何制订"名"呢？所谓"令名自命，令事自定"，是说名称要让它所反映的内容自行规定，事情要让它本身的性质自行确定。举一些简单而浅显的例子来说，动物中的布谷鸟，植物中的向日葵，用具中的保温杯……这些"名"的取得，就是由它们本身的特点所决定的。其他情况可以类推。

申不害的著作大半已经残佚，他在"术"方面的论述，已经难于全面了解。从现存材料来看，有关"刑名之术"方面的论述，要以韩非的著作为丰富。韩非对"刑""名"的产生作了论述。

> 《主道》："有言者自为名，有事者自为形，形名参同，君乃无事焉，归之其情。"

这是形名之术的具体运用了。君主不必自己提出什么见解，臣下有言，也就是自行反映出"名"；臣下有行，也就是自行反映出"形"。君主只要掌握“名”以责求“形”，那么是非成败一切自行呈现了。

《扬权》：“上以名举之，不知其名，复修其形。形名参同，用其所生。二者诚信，下乃贡情。”

君主如果接受臣下的主张，但一时却判断不了这种意见是否正确，那就应该回过头去研究这种主张实施后的效果，看它是否与原先提出的意见相符。这样考察“形”名”关系，可以说是符合唯物主义认识路线的。

韩非的形名之术，看重“刑名参同”的结果。如果“形名”确已“参同”，那就可以“用其所生”，即按照这种结果实施赏罚。“二者诚信”的“二者”，即指赏罚而言。赏罚不打折扣地实施了，那么臣下也就会献出一片真情。

《扬权》《主道》都是哲理诗形式的作品，其中阐述的道理，很抽象概括，不太容易理解。但若追溯这种学说的由来，分析这些论点的形成和发展，也就可以掌握韩非“刑名法术之学”的实质。

可以说，韩非关于刑名之术方面的理论，以《二柄》一文中的几段文字表达得最为明确。《二柄》是专门讨论“术”的文章，阅读此文，可以正确了解《扬权》《主道》中阐述的道理。

人主将欲禁奸，则审合刑名；刑名者，言与事也。为人臣者陈而言，君以其言授之事，专以其事责其功。功当其事，事当其言，则赏；功不当其事，事不当其言，则罚。故群臣其言大而功小者则罚，非罚小功也，罚功不当名也。群臣其言小而功大者亦罚，非不说(悦)于大功也，以为不当名也害甚于有大功，故罚。(《二柄》)

这种论述，有过趋极端的缺点。按他所说的去做，刑名完全一致的事，毕竟是少有的，这样分析情况，未免把复杂的客观事物简单化了。但它毕竟还有一点唯物主义认识论作基础，如果把它作为一种考核言行的方法，则还是有其值得参考的地方。

最后还可补充一点：韩非在认识论方面的思想是很丰富的。他主张用事实对言论或主张进行验证，从实际功效来检验人的认识是否合乎实际，这叫做"参验"或"参伍之验"。"形名之术"只是"参验"说在政治上的一种运用，其原理则是完全一致的。韩非"参验"说的形成，源头很多，而"形名之学"的形成，则受申不害的影响为大，所以这里着重讨论申不害的学说对韩非的影响。马王堆三号汉墓中出土的《经法》等帛书四种，属黄老学派的著作，里面也有关于形名之术的论述，因为这几篇作品的写作年代无法断定，故不引用。

研究韩非哲学的一条新途径

《扬权》是一篇哲理诗。韩非用精炼的笔墨，抒写深奥的哲理，虽然文字很秀逸，但理解起来很困难，例如其中“左右既立，开门而当”一语，历来的注释就未见其正确。

旧注：“左右，谓左辅右弼也。君臣既通，辅弼之臣斯立。如此，则同类相从，同声相应，四方贤才毕来矣。君但开门而当之，无所遮拥也。”

陈其猷《韩非子集释》起而驳斥道：“左右，指群臣，非专指左辅右弼也。此文谓群臣既立，则开门而迎之，使之言事、效诚、立功等等。旧注非。”

但我们对这种解说仍有怀疑。“左右”一词，在韩非书中一共有三种用法：一种是用它的本义，如《外储说右下・说四》曰：“摇木者一一摄其叶，则劳而不遍；左右拊其本，而叶遍摇矣。”一种是用它的本义所指代的具体事物，如《内储说上（七术）・说二》记董阏于“因问其旁乡左右”，即指深涧两边的住户。一种是用它的引申义，指君主或臣吏身边的侍从亲信，如《孤愤》中说的“千乘之患，左右太信”；《八经》中说的“郎中，约其左右”。这些例子在《韩非子》中是很常见的。至于把“左右”作为没有什么对应内容的“群臣”讲，则书中从无此例。因此，《集释》中提出的新解，还是难于令人首肯。

我们认为，韩非书中的哲学思想受黄老学派的影响很大，这里提到的“左右”“开门”二词，就是运用了黄老学派的学术词汇。

“左右”一词，指一对对应的概念。这对概念的内涵，含义很丰富。下面可以引用一些材料加以申述。

《老子》三十一章："吉事尚左，凶事尚右。""吉""凶"就是一对含义广泛的概念，里面可以包括很多具体的内容。稷下黄老学派的著作《管子·白心》中说："左者，出者也；右者，入者也。"尹知章注："左为阳，阳主生，故为出也；右为阴，阴主死，故为入也。"虽说用词极为玄虚，但黄老学派沿用了前期道家"老子"的思想资料，在一些基本词汇的内涵中，有继承性的东西。因此，尹注对《白心》的理解，大体上是不错的。

古人对于阴、阳等词的理解，联系到实际，就会用牝、牡等生殖系统方面的东西去作解释。《老子》中就多次出现这方面的例子。六十一章曰："牝常以静胜牡。"牝、牡这一对词，也可以和"左""右"联系起来。《国语·越语下》中说："凡陈（阵）之道，设右以为牝，益左以为牡。蚤晏无失，必顺天道，周旋无究。"马王堆汉墓出土帛书《称》中也说："天地之道，有左有右，有牝有牡。"当然，牝、牡等词的词义与出、入等词也是可以相通的。

阴阳、生死等词又可以与"刑、德"相通。在黄老学派的著作中，不难发现这方面的用例。马王堆汉墓出土的另一本帛书《十大经·姓争》中就说："刑德相养，逆顺相成。刑晦而德明，刑阴而德阳，刑微而德章（彰）。"《称》中也有这方面的说法。

《管子·版法解》中就有更系统的论述了。"版法者，法天地之位，象四时之行，以治天下。四时之行，有寒有暑，圣人法之，故有文有武。天地之位，有前有后，有左有右，圣人法之，以建经纪。春生于左，秋杀于右，夏长于前，冬藏于后。生长之事，文也；收藏之事，武也。是故文事在左，武事在右，圣人法之，以行法令，以治事理。"这里就把上面提到的许多概念串起来讲了。

这许多对应的概念，都是从吉凶二字生发出去的，而这又可以用左右二字借代。下面试列一表以清原委。

左	吉	出	牡	阳	德	文	……
右	凶	入	牝	阴	刑	武	……

这里可以看到哲学思想上的一些继承关系，从早期的道家"老子"的学说到黄老学派，在词汇的运用上也有线索可寻。

《扬权》中的"左右既立"一语，看来就是从这条线索发展下来的。道家提出"左右"这对词汇，黄老学派不断赋予它新的涵义而加以运用，成为高度概括的一对概念，内容既抽象，又丰富。韩非把它用在《扬权》中时，当指一系列对应的政治措施，如刑德、文武……《二柄》篇说："明主之所导制其臣者，二柄而已矣。二柄者，刑德也。"《解老》篇说："国家必有文武。"……再把《扬权》中的这句句子具体化，"刑、德已经设置"，"文事、武备已经设置"……就可"开门而当"了。这样去理解，似乎更为切合韩非原意。

"开门而当"一语，如照字面解释，那是很容易的，但殊嫌突兀。有人认为"君门九重"，为了接受臣下的意见，"九天阊阖开宫殿"，正是形容君主听言的声势，但我们还是觉得这种解释太迂曲了。《扬权》一文，谈的是哲理，尤其是开头这一段，更应从哲学上去理解。我们认为，"开门"一词也是沿用了稷下黄老学派的专门术语。《管子·心术上》说：

> 洁其宫，开其门。宫者，谓心也；心也者，智之舍也，故曰宫。洁之者，去好过也。门者，谓耳目也；耳目者，所以闻见也。

稷下黄老学派把耳目看作沟通外界的门户。这是说，耳目是重要的感觉器官，是把外界事物的印象接纳到心中去的重要手段。这样，"左右既立，开门而当"一语的意思也就不难明白了。这就是说，一系列对应的政治措施已经设置好，君主就只要打开耳目来观察外界、倾听意见就是了。

韩非写作《解老》《喻老》等文，他的解释《老子》，是通过稷下黄老学派这一环节的。《五蠹》篇中说“藏商、管之法者家有之”，说明他曾阅读过有关“管子”的著作，受到黄老学派的影响。就在《扬权》一文中，还有很多袭用《管子》中的论点和词汇的地方，如《扬权》中说：“用一之道，以名为首，名正物定，名倚物徙。”《管子》中就有同样的言论，《枢言》中说：“名正则治，名倚则乱，无名则死。”《白心》中说：“正名自治，倚名自废。”又如《扬权》中说：“若天若地，是谓累解；若地若天，孰疏孰亲？”《管子·牧民》篇中就有言曰：“如地如天，何私何亲？”……这里的继承关系也是很清楚的。因此，研究韩非与《管子》的关系，特别是与里面一些黄老学派著作的关系，看他们运用了哪些基本概念，从而勾出其发展线索，就有可能在研究韩非学说的工作中得到收获。这是一条研究韩非著作的新途径，本文只是一点小小的尝试而已。

《十过》的真伪问题

《十过》用十个故事说明十个论点。这十个故事，多次见于同书其他篇章，如“一曰、行小忠则大忠之贼也”中记载的竖谷阳献酒故事与《饰邪》中的记载相同；“二曰、顾小利则大利之残也”中晋献公假道于虞以伐虢的故事与《喻老》等篇中的记载相同；“五曰、贪愎喜利则灭国杀身之本也”中的智伯覆亡故事与《说林上》和《难三》中的记载相同；“八曰、过而不听于忠臣而独行其意，则灭高名，为人笑之始也”中的齐桓公身死不葬故事，与《难一》中的记载相同，论点不同。其他六个故事，在全书中没有什么可以互证的材料，一些记载和论点跟其他篇章也有不合拍处。

总的看来，《十过》不像是韩非的手笔。下面对有疑问的几个故事逐一作些分析。

卫灵公“不务听治而好五音”的故事

这个玄妙的故事，在《韩非子》全书中是绝无仅有的描写。师旷奏“清徵”“清角”，外界就有种种神异的反应。《论衡·感虚》篇载此事而直斥之为“虚”，《纪妖》篇载此事而直斥之为“妖”。韩非是杰出的唯物主义思想家，他反对迷信，不谈神鬼，这里怎么又会宣扬神异了呢？

这个师旷奏乐的故事，流传很广，《史记·乐书》也有记载。因为师旷是著名的乐师，因而附会出了许多有关音乐的神异故事。

在各种艺术类型中，音乐的描写手段最为抽象，而它又有非凡的表现力。当它气势磅礴之时，直是震撼心魄，而音乐的委婉幽怨之处，则又沁人心脾。因此，国外一直有人称之为“天堂里的艺术”。这里就潜藏着产生种种神奇故事的可能性。先秦时代的许多典籍上常见有关师旷的记载。《国语·晋语八》：“平公说（悦）新声，师旷曰：‘公室其将卑乎！君之明兆于衰矣。夫乐以开山川之风也，以耀德于广远也。……夫德广远而有时节，是以远服而迩不迁。”《左传》襄公十八年记楚师伐郑，劳师而返，役徒几尽。初，“晋人闻有楚师，师旷曰：‘不害。吾骤歌“北风”，又歌“南风”，“南风”不竞，多死声，楚必无功。’”又昭公八年记“石言于晋魏榆”，晋侯就师旷而问焉。说明那时就有很多神异的说法，以为师旷能作预言，陈说鬼神之事。

到了战国之后，有关师旷的传说更是张皇神异，并且和阴阳家的学说结合了起来。《逸周书·太子晋》记王子语师旷曰：“吾闻汝知人年之长短，告吾。’师旷对曰：‘汝声清汗，汝色赤白，火色不寿。’王子曰：‘然。吾后三年，将上宾于帝所。汝慎无言，殃将及汝。’师旷归。未及三年，告死者至。”《太平御览》卷九百十七引《〔汲冢〕琐语》曰：“有鸟飞从西方来，白质，五色皆备，集平公之庭，相见如让。公召叔响问之，叔响曰：‘吾闻师旷曰：“西方有白质鸟，五色皆备，其名曰翚；南方赤质，五色备，其名曰摇。”其来为吾君臣，其祥先至矣。’”这类故事和同一时期产生的《十过》篇中的师旷故事有相通之处。正像《淮南子·齐俗训》中所说的，“师旷先知祸福，言无遗策”，不论是记录的内容或夸张渲染的手法，都有类似的地方。

《汉书·艺文志》“兵书略·阴阳”有《师旷》八篇，《后汉书·方术传》“‘师旷’之书”李贤注：“占灾异之书也。今书《七志》有《师旷》六篇。”说明阴阳家有假托师旷而著书立说的作风。

《十过》中载师旷曰：“昔者黄帝合鬼神于泰山之上，驾象车而六蛟龙，毕方并辖，蚩尤居前，风伯进扫，雨师洒道，虎狼在前，鬼神在后，腾蛇伏地，凤皇覆上，大合鬼神，作为清角。”这个“黄帝”，与法家塑造的形象大不相同。《商君书·画策》篇："黄帝作为君臣上下之义，父子兄弟之礼，夫妇妃匹之合；内行刀锯，外用甲兵。故时变也。"《艺文类聚》卷五十四引《申子》曰："圣君任法而不任智，任数而不任说。黄帝之治天下，置法而不变，使民而安不安，乐其法也。"这样的"黄帝"，没有什么神异的地方，只是一个创制法治的先驱者就是了。韩非书中也曾提到过黄帝，《扬权》篇中说："黄帝有言曰：'上下一日百战。'"《五蠹》篇中说："……故法之所非，君之所取；吏之所诛，上之所养也。法、趣、上、下，四相反也，而无所定，虽有十黄帝不能治也。"也是作为法治的先驱者而援用的。

自战国起，黄帝的异说即不断产生。各家按照本学派的面貌和需要编写有关黄帝的事迹，由是传下了许多有关黄帝的著作。1973 年长沙马王堆三号汉墓出土帛书数种，内有《十大经》一文，就是依托黄帝及其群臣阐述黄老学派的思想和主张的。此外，《汉书·艺文志》"诸子略"中道家有《黄帝四经》四篇，《黄帝铭》六篇，《黄帝君臣》十篇，《杂黄帝》五十八篇，《力牧》二十二篇；阴阳家有《黄帝泰素》二十篇，"兵书略"中的"阴阳"一派还有《黄帝》十六篇，《封胡》五篇，《风后》十三篇，《力牧》十五篇，《鬼容区》十三篇，可见假托黄帝立说，除黄老学派之外，阴阳家的做法是很突出的。《黄帝泰素》二十篇下颜师古引刘向《别录》云："或言韩诸公孙之所作也。言阴阳五行，以为黄帝之道也，故曰《泰素》。"《史记·孟子荀卿列传》称邹衍"先序今以上至黄帝"，足见黄帝在阴阳家的学说中地位很重要。

由上可知，《十过》篇中的黄帝故事，当是阴阳家说。阴阳家通过他们塑造的理想人物师旷而宣扬了黄帝的神异故事。

韩非对阴阳家持批判的态度。《饰邪》一文中，他先举燕、赵信奉"凿龟数策"而失败的事，揭露卜筮的虚妄；又以魏国战争胜负的结果，说明星占的无稽；最后还举越王勾践"恃大朋之龟"而失败，丢掉"大朋之龟”“明法亲民”而取胜的事，说明立国的根本在于法治。他通过对这些具体事例的考察，得出了如下的结论：“故恃鬼神者慢于法”，“龟策鬼神不足举胜，左右背乡不足以专战。然而恃之，愚莫大焉”。有力地批判了阴阳家的虚妄和危害。这里他还提到了“邹衍之事燕，无功而国道绝”，直接批判了阴阳家的代表人物，补充了邹衍用鬼神迷信败坏燕国政治的一页空白历史。

根据韩非对阴阳家的态度，可以认为，《十过》中的这一段文字不可能出之于韩非手笔。

田成子“离内远游而忽于谏士”的故事

“离内远游，则危身之道也。”《十过》中提出的这一“过”，和全书的基本思想有矛盾。韩非曾经针锋相对地批判过这种论点。《难三》记载了管仲劝谏齐桓公的三条意见，把“去其国而数之海”列为国家的“一难”，韩非认为这是很浅薄的见解。他说：“夫处势而不能用其有，而悖不去国，是以一人之力禁一国。以一人之力禁一国者，少能胜之。明能照远奸而见隐微，必行之令，虽远于海，内必无变。然则去国之海而不劫杀，非其难者也。”显然，这里提出的是他的基本法治思想。韩非一贯主张君主抱法处势以防奸，用术督责臣下，不主张凭借个人的力量去监视他人。《奸劫弑臣》中说：“明主者，使天下不得不为己视，天下不得不为己听。故身在深宫之中而明照四海之内，而天下弗能蔽弗能欺者，何也？暗乱之道废而聪明之势兴也。”君主运用个人的聪明智慧去防奸，尚且被韩非视作“暗乱之势”，至于那种消极的“不离内远游”而防奸，更说不上是什么治国的原则了。

而且这个故事情节上还有很多问题。田成子的身份与事实不符。因为田成子只是大夫的身份，不能自称寡人；对诸大夫发号令，诸大夫也不会称他为“君”。故事说到颜涿聚是田成子的忠臣，也与实际情况不符。《艺文类聚》卷九十引《晏子》曰：“齐景公使颜涿聚主鸟而亡，公召欲杀之。”《韩诗外传》卷九曰：“齐景公出弋昭华之池，颜斲聚主鸟而亡之。”说明颜是齐景公的臣子。《吕氏春秋·孟夏纪·尊师》：“颜涿聚，梁父之大盗也，学于孔子。”《淮南子·氾论训》：“颜啄[1]聚，梁父之大盗也，而为齐忠臣。”看来此人与宰予的情况相同，都是孔丘的门徒，忠于齐国奴隶制王朝的守旧派。这样的人，怎么还会去忠于田成子呢？

《说苑·正谏》篇中记载着同样情节的一则故事。故事的主角是齐景公。比较起来，还是以齐景公为主角的记载近于事实。韩非对田成子的情况很熟悉，不可能有这样错误百出的记载。

齐桓公“过而不听于忠臣而独行其意”的故事

这个故事，韩非书中多次提到，但《十过》中说桓公“身死三月不收”，《说疑》则作“桓公身死七日不收”，基本事实都有差异；而且《十过》和《难一》中的论点还有出入，更值得注意。

《十过》篇中，管仲劝齐桓公不要信任竖刁、开方和易牙，所持的理由是：“夫人之情莫不爱其身，公妒而好内，竖刁自獖以为治内。其身不爱，又安能爱君？”“〔开方〕其父母之不亲也，又能亲君乎？”〔易牙〕其子弗爱，又安能爱君乎？”《难一》篇中也提到了这些论点，但却成了批判的对象。韩非说：“曰‘不爱其身，安能爱君？’然则臣有尽死力以为其主者，管仲将弗用也。曰‘不爱其死力，安能爱君？’是欲君去忠臣

---

① 原文作“喙”，形近而误。颜涿聚，《淮南子》作颜啄聚，《韩诗外传》作颜斲聚，《说苑》作颜烛趋……都是同音通假的关系。

也。且以不爱其身度其不爱其君，是将以管仲之不能死公子纠度其不死桓公也，是管仲亦在所去之域矣。”这种论点，正好与《十过》中的论点相反。韩非认为君臣之间也是利害关系。人情好利恶害，君主就可以用厚利来劝诱，使臣下竭尽死力效忠；用重罚来镇压，使臣下不敢违法作奸。显然，《难一》中的论点，确是韩非的基本观点，那么与此对立的《十过》篇中的论点，就不像是韩非的观点了。

韩君“内不量力外恃诸侯”的故事

这个故事，存在着两大疑点。

“内不量力，外恃诸侯者，则国削之患也。”这个论点，韩非在好几篇文章中提到过，但是这篇文章以韩失宜阳之事为例，则不见于他文。“宜阳益急，韩君令使者趣卒于楚，冠盖相望而卒无至者。宜阳果拔，为诸侯笑。”这就不大像是韩非的口气。因为韩非是忠于本国的宗室公子，看到自己国家的衰弱，曾有“主辱臣苦”(《存韩》)的慨叹，这里不应该对宜阳失守抱幸灾乐祸的态度，以嘲讽的口气出之。

令人更为奇怪的是，故事把历史上的一些基本事实搞错了。宜阳被秦攻陷，在韩襄王五年(前307)。《史记・韩世家》:“襄王四年，与秦武王会临晋；其秋，秦使甘茂攻我宜阳。五年，秦拔我宜阳，斩首六万。”《史记・甘茂列传》记秦武王欲容车通三川以窥周室，“因大悉起兵，使甘茂击之。斩首六万，遂拔宜阳。”这就是《定法》篇中所说的“惠王死，武王即位，甘茂以秦殉周”。这时张仪已死三年，何来“因张仪为和于秦”之事？《十过》中的这个故事其主角为公仲朋和陈轸，《史记・韩世家》记公仲与陈轸的斗智发生在韩宣惠王十六年(前317)，《战国策・韩策一》曰:“秦韩战于浊泽”，《战国纵横家书》二四“公仲倗谓韩王章”记作“秦韩战于蜀潢”，蜀潢亦即蜀泽，与《史记》同：说明战事并不发生在宜阳。韩国这次“内不量力，外恃诸侯”的事件，导致秦国的再次进攻，于是韩宣惠王十九年（前 314）又发生了岸门之战，韩国大败。这样，自公元前 317 年至前 314 年发生的这些大事，所参与的人物，公仲、陈轸、张仪之间的年代可以一致起来了，韩宣惠王与秦武王的年代也一致起来了。韩非对他本国不久之前发生的事，不可能误记；如果他对宜阳失陷这样的大事还会记得颠三倒四，那倒是不可思议的事了。

曹君“国小无礼不用谏臣”的故事

这个故事，并见《左传》僖公二十三年和二十八年、《国语·晋语四》、《吕氏春秋·离俗览·上德》、《淮南子·道应训》和《人间训》、《史记·晋世家》。故事中的“叔瞻”，《左传》《国语》均作“叔詹”，《吕氏春秋》作“被瞻”，《史记》作“叔瞻”，都说是郑文公的臣子，与《喻老》中的记载相合。《十过》中把叔瞻说成是曹国的臣子，不但与其他典籍上的记载不同，而且与《喻老》中的记载也不同，显系有误。

结　论

综上所言，《十过》十个故事中倒有五个故事是有问题的。其中不但夹杂着一些明显错误的历史事实，与其他篇中的故事或其他史书上的记载不合，而且思想上也有完全对立的地方。这样的一篇作品，就不大可能说是韩非的手笔了。《十过》应当是一篇夹杂进《韩非子》中去的他人的作品。

当涂之人——韩玘

韩非一生都在和当涂之人作斗争。《孤愤》篇中怒斥“重人”“贵重之臣”“当涂之人”，揭发他们的罪行，鲜明具体；勾勒他们的画像，呼之欲出；只是始终没有点出他们的名字。不但如此，整部《韩非子》中都没有提到过这批人中任何一个人的名字。所以如此，或许是因为韩国政治腐败，当涂之人势力太大，法术之士动遭迫害，故而韩非不便直呼其名。

考索史籍，得知韩国末年的当涂之人中的重要一员，叫做韩玘。

> 《史记·李斯列传》：“〔李斯上二世书曰：〕昔者司城子罕相宋，身行刑罚，以威行之，朞年遂劫其君；田常为简公臣，爵列无敌于国，私家之富与公家均，布惠私德，下得百姓，上得群臣，阴取齐国，杀宰予于庭，即弑简公于朝，遂有齐国：此天下所明知也。今〔赵〕高有邪佚之志，危反之行，如子罕相宋也；私家之富，若田氏之于齐也。兼行田常、子罕之逆道而劫陛下之威信，其志若韩玘为韩安相也。陛下不图，臣恐其为变也。”

李斯是韩非的同学，也是法家人物。这里他对历史人物作出的评价，与韩非的观点完全一致。秦、韩地理接近，而且韩非入秦之时，李斯作为秦臣出使过韩国，因此他对韩国的政治情况，那是很清楚的。他用司城子罕劫宋桓侯、田常劫齐简公和韩玘劫韩王安做类比，《孤愤》篇中就曾用田氏一事指斥当涂之人，可见韩非提到的不可两存之仇，就是指重人、贵重之臣、当涂之人韩玘。

韩国历史上似乎出现过两个韩玘，因而有人怀疑韩王安时是否确有韩玘其人。《史记·韩世家》："〔昭侯〕十年，韩姬弑其君悼公。"司马贞《索隐》："《纪年》'姬'亦作'玘'，并音羊之反。姬是韩大夫，而王邵亦云不知悼公何君也。"《六国年表》同年"韩姬弑其君悼公"下《索隐》亦同。《李斯列传》"韩玘"下《索隐》则曰："韩大夫弑其君悼公者。然韩无悼公，或郑之嗣君。案《表》，韩玘事昭侯，昭侯已下四代至王安，其说非也。"这种不必要的怀疑，根据后代残缺的史料妄图推翻当代人的明确记载，不免流于主观臆断，因而遭到了胡三省的驳斥。胡氏在《资治通鉴·秦纪》二世皇帝二年载李斯上二世书"韩玘"下注曰："余观李斯书意，正以胡亥亡国之祸近在旦夕，故指韩安，以其用韩玘而亡韩之事警动之。韩安之时，其臣必有韩玘者，特史逸其事耳。李斯与韩安同时，而韩安亡国之事接乎胡亥之耳目，所谓'殷鉴不远'也。《索隐》于数百载之下议其说为非，可乎？"这种义正辞严的驳斥，意见是可取的。韩玘的事迹确实不太清楚，但我们既已知道他是韩王安时代的当涂之人，那他的所作所为，就可用《孤愤》篇中的描写去坐实，韩玘就是这么一个得"四助"、乘"五胜"的奸邪之臣。

韩非对纵横家的批判

一

《说难》一篇，司马迁全文录入《史记·韩非列传》，前面并有说明："韩非知说之难，为《说难》书甚具，终死于秦，不能自脱。"传末又感慨地说："余独悲韩子为《说难》而不能自脱耳。"可见汉初的人对这篇文章的作者问题没有发生过疑问。

近代疑古之风大盛之时，容肇祖提出了新的看法，他在《韩非的著作考》中说："这篇说游说之难，疑出于纵横或游说家之手。韩非《五蠹》篇说：'今人主之于言也，说(悦)其辩而不求其当焉；其用于行也，美其声而不责其功焉；是以天下之众，其谈言者务为辩而不周于用。……故明主用其力不听其言，赏其功必禁无用。'从这种话看来，则《说难》所说的游说的方法，多方以求苟合，当然不是韩非所作。"①

这种理由似乎可以成立。韩非反对纵横家，曾在《五蠹》《用人》《忠孝》等篇中再三申述；在《五蠹》篇中，更把这批人列为蠹虫，那他自己又怎能写作一篇专门宣扬游说的论文呢？

二

韩非在《五蠹》篇中称纵横家为言谈者。这两个名词有相同之处，

---

① 载《古史辨》第四册"诸子丛考"，朴社1933年版。

也有不同之点。纵横家都是言谈者，并且专凭嘴上功夫，对说辞特别讲究，在这种意义上，韩非把言谈者作为纵横家的同义词。但讲究说辞可并非纵横家独具的特色。春秋战国之时，社会发生急剧变化，在封建制取代奴隶制的社会大变革时期，各个阶级都要提出自己的政治主张，这样作为各个阶级在思想领域中的代表的各个学派，也都要在政治上表达本阶级的要求。因此，学术上的百家争鸣，只是政治上阶级斗争的曲折反映，每一个学派都想尽可能完善地表达自己的观点，扩大本阶级的影响。他们尤其注意游说各国君主，争取他们的支持。为此，先秦诸子无不注意说辞，都在不同程度上具有游说之士的一些特点。

孔丘的门徒有四科之分，其中以“言语”著称的有宰我、子贡。《史记·仲尼弟子列传》上详记子贡游说诸侯的事，“故子贡一出，存鲁、乱齐、破吴、强晋而霸越；子贡一使，使势相破，十年之中，五国各有变”。这种记载容或有夸大失实之处，但《墨子·非儒》、《吴越春秋》卷五、《越绝书》卷七、《孔子家语·屈节解》中都有同样的记载，说明儒家也重视游说，并以此作为纵横捭阖的手段。韩非痛斥儒家，称之为愚学，他在《奸劫弑臣》中批判道：“且夫世之愚学，皆不知治乱之情，谰诶多诵先古之书，以乱当世之治；智虑不足以避阱井之陷，又妄非有术之士。听其言者危，用其计者乱，此亦愚之至大而患之至甚者也。俱与有术之士有谈说之名，而实相去千万也。”可知儒法两家在游说问题上也展开着激烈的斗争，但两家都负有“谈说之名”。

法家的游说，有一定的宗旨作指导，不专凭嘴上功夫。例如韩非本人，“非为人口吃，不能道说，而善著书”。因此他收集的材料是为阐明论点服务的，研究说辞是为宣传政治思想服务的。他写的政论文就是游说之辞。

三

法家也有“谈说之名”，那么韩非写作探讨谈说之术的《说难》，也就不足为怪了。

而在《说难》文章本身，也存在着法家思想的内证。文中称伊尹、百里奚为“圣人”，作为明法的榜样。伊尹帮助商汤建立奴隶制王朝，在政治上多所建树；百里奚帮助秦穆公称霸西戎，进行过社会改革。二人正是法家心目中的先驱者，但不是纵横家崇拜的对象。韩非在叙述这两个人的经历时，深情地说：“伊尹为宰，百里奚为虏，皆所以干其上也。此二人者，皆圣人也；然犹不能无役身以进，如此其污也！今以吾言为宰虏，而可以听用而振世，此非能仕之所耻也。”这就明确地表白了法家所以注意进说的根本原因。

法家是有政治理想的一个学派。战国时期，尽管新生的封建制仍在蓬蓬勃勃地兴起，但它的成长经历着艰难曲折的过程。当时守旧势力还很强大，很多著名的法家都在政治斗争中遭到迫害。这些事实，韩非深有所知，他在《和氏》等篇中一再提到吴起、商鞅被害的事，表达了愤激之情。但他可没有被旧势力的屠刀所吓退。作为一个新兴阶级的思想家，他觉得肩负着为全体民众谋利益的重任，应该为实现政治理想而奋斗。这种全民利益的想法只是一种心造的幻影，按历史发展的结果来说，甚至可以说是虚伪的，但在当时面临着巩固和发展新的社会制度，要求击破反动势力的干扰那样一个历史阶段，这种政治理想和责任感却给韩非以巨大的勇气。《问田》篇中记堂谿公以吴起、商鞅的惨痛先例恐吓韩非，要他放弃政治斗争，韩非断然回答说：“夫治天下之柄，齐民萌之度，甚未易处也。然所以废先王之教，而行贱臣之所取者，窃以为立法术，设度数，所以利民萌便众庶之道也。故不惮乱上暗主之患祸，而必思以齐民萌之资利者，仁智之行也。惮乱主暗上之患祸，而避乎死亡之害，知明夫身而不见民萌之资利者，贪鄙之为也。臣不忍向贪鄙之为，不敢伤仁智之行。”这种政治抱负，和《说难》中所表达的完全一致。

纵横家是一个流品很杂的学派。按其服务的对象而言，或助秦破纵，或助山东六国破横，政治态度也不一样。但是这一批人也有某些共同的特点，他们有共同钻研的典籍，有共同的思想作风。因此，他们与法家却也存在着明显的区别。这就是：纵横家没有明确的政治理想，在政治活动中不忘谋取私利。

就拿纵横家中的著名人物苏秦来说吧，先是游说旧制度的象征者周显王，不中；接着游说重法术的秦孝公和惠文王，不中；然后游说山东六国，与秦国作对。他的说辞很漂亮，然而缺乏明确一贯的政治主张；想要达到的目的，只是个人的高官厚禄。这在他开始学习纵横之术时已经树立下了明确的宗旨。当他第一次出游失败，兄弟嫂妹妻妾都讥笑他“释本而事口舌”时，他就进一步揣摩典籍，说是“夫士业已屈首受书，而不能以取尊荣，虽多，亦奚以为？”（《史记·苏秦列传》）及至真的取得了“金玉锦绣卿相之尊”时，也就踌躇满志，说什么“贫穷则父母不子，富贵则亲戚畏惧，人生世上，势位富贵，盖可忽乎哉！”（《战国策·秦策一》）把他从事政治活动的目的和盘托出了。

其他人物的情况也有类于此。他们不讲原则，专为个人争权夺利。如公孙衍与张仪倾轧，先谋仕魏反秦，后又入秦为约长；陈轸与张仪倾轧，先谋仕秦，不成则仕楚，而又为秦出谋划策。张仪的情况也是这样，先是游说山东六国，后又游说秦王，所谓朝秦暮楚，随形势的发展而选择有利于自己飞黄腾达的立场，用不着提出什么根本的政治方针，首要的是见风使舵的政治态度和动听的说辞。《史记·张仪列传》记张仪在楚遭掠笞，“谓其妻曰：‘视吾舌尚在不？’其妻笑曰：‘舌在也。'仪曰:'足矣!'"保全了口舌也就是保全了升官发财的资本。

历史上记载下了许多纵横家彼此勾心斗角的故事。他们相互攻讦,却把彼此的隐私都揭出来了。《战国策·赵策二》记苏秦诋横人曰:"夫横人者,皆欲割诸侯之地以与秦成。与秦成,则高台,美宫室,听竽瑟之音,察五味之和,前有轩辕,后有长庭,美人巧笑;卒有秦患而不与其忧,是故横人日夜务以秦权恐猲诸侯以求割地。"《战国策·魏策一》记张仪诋纵人曰:"且夫从(纵)人多奋辞而寡可信,说一诸侯之王,出而乘其车;约一国而反,成而封侯之基。是故天下之游士,莫不日夜搤腕瞋目切齿以言从(纵)之便,以说人主。"站在第三者的立场来看,也得承认这些揭露是有力的。

太史公在《史记·张仪列传赞》中说:"三晋多权变之士。夫言从(纵)衡强秦者,大抵皆三晋之人也。"因为三晋处在全国统一战争的前哨,不论山东六国的合纵,还是以秦为主的连衡,三晋之士都会受到触动而不得不考虑政治上的选择。就在这样的环境中,出现了两种截然不同的人物:具有明确政治观点的法家和追求个人私利的纵横家。

四

韩非站在法家的立场,既反对合纵,也反对连横。他在《五蠹》篇中详细地分析了纵横家的种种短处。"从(纵)者,合众弱以攻一强也;而衡者,事一强以攻众弱也:皆非所以持国也"。随后他举周、卫灭国之事为例,说明唯有法治才能挽救危亡,"使周、卫缓其从(纵)、衡之计,而严其境内之治,明其法禁,必其赏罚,尽其地力以多其积,致其民死以坚其城守,天下得其地则其利少,攻其国则其伤大,万乘之国莫敢自顿于坚城之下,而使强敌裁其弊也,此必不亡之术也"。这就提出了一种与纵横家根本不同的建国方针。

韩非是站在像当时的韩国这样的弱小国家的立场考虑问题的。即使韩国积弱至此，危在旦夕，但韩非认为只要坚定地实行法治，还是可以保存下来。《饰邪》篇中说："明于治之数，则国虽小，富；赏罚敬信，民虽寡，强。"他对法治的成效始终抱有坚定的信念。

韩非以法治为根本，也不排斥运用外交手腕，在《五蠹》内的上一段文字中就已分析到了各大强国之间的矛盾，以及如何利用矛盾来救亡图存。二者之间有主次之分：法治为主，外交手腕为辅。《忠孝》篇中说："故世人多不言国法而言从(纵)横。诸侯言从者曰：'从成必霸'；而言横者曰：'横成必王。'山东之言从横未尝一日而止也，然而功名不成，霸王不立者，虚言非所以成治也。王者独行谓之王，是以三王不务离合而正，五霸不待从横而察，治内以裁外而已矣。"立论是极为精辟的。

纵横家的作风与此相反。从他们之所以得名来看，也可以了解到这一批人是把外交活动放在第一位的了。他们的原则是：外交手腕为主，国事为次。苏秦说赵王曰："为大王计，莫若安民无事，请无庸有为也。安民之本，在于择交，择交而得则民安，择交不得则民终身不得安。"(《战国策·赵策二》)这是一种与法家针锋相对的政治观点，也是二者之间的根本差别之一。

韩非对这样的观点进行了深切的批判。他把单纯依赖外交手腕的做法称为亡国之征。《亡征》篇说："简法禁而务谋虑，荒封内而恃交援者，可亡也。""恃交援而简近邻，怙强大之救而侮所迫之国者，可亡也。"对此强烈表示否定。

从这样的前提下又派生出了二者之间的另一个根本差别：纵横家只讲策略，不务根本。

这里可举两家的言论来说明。

《韩非子·存韩》:“计者,所以定事也,不可不察也。”

《战国策·秦策二》:“〔陈轸曰:〕计者,事之本也;听者,存亡之机。计失而听过,能有国者,寡也。”①

前者把计谋看作办成某件具体事情的要着,后者把计谋看作国家兴亡的根本,二者看法截然不同。

这里还可举张仪与司马错的一场争论作为例证。《战国策·秦策一》记司马错与张仪争论于秦惠王前,“司马错欲伐蜀,张仪曰:‘不如伐韩。’”这是因为“下兵三川”之后,可以“临二周之郊”,所以张仪说:“臣闻争名者于朝,争利者于市。今三川周室,天下之市朝也,而王不争焉,顾争于戎狄,去王业远矣。”司马错则说:“不然。臣闻之:欲富国者,务广其地;欲强兵者,务富其民;欲王者,务博其德。三资者备而王随之矣。”表示要从根本上去培植国力。二者见识的高下,通过比较不难看出。

司马错是有法治思想的人。法家强调耕战,谋求富国强兵。秦惠王听从了他的建议,出兵伐蜀,扩大了国家的基础,为秦国往后的发展准备了更好的条件。张仪则不务根本而讲求策略。应该说,他在策略的运用上是下过一番功夫的。作为连横派的代表人物,在秦统一全国的漫长过程中,顺应历史发展潮流,也曾起过一定的作用。但从他所宣扬的那套理论中也不难看出,所谓“争名于朝,争利于市”,就是他们行动的信条。这样的思想境界,与司马错的远大眼光无法并论。

韩非在《五蠹》篇中揭露了纵横家以外交为手段谋取个人私利的

① 《汉书·蒯通传》:“通复说〔韩信〕曰:‘听者,事之候也;计者,存亡之机也。……计诚知之而决弗敢行者,百事之祸也。’”与陈轸的论点相同。可见这是纵横家的一种基本观点。

种种表现，“是故事强，则以外权士官于内；救小，则以内重求利于外。国利未立，封土厚禄至矣；主上虽卑，人臣尊矣；国地虽削，私家富矣。事成，则以权长重；事败，则以富退处”。他在《八奸》中称这种奸行为“四方”，并下定义说：“为人臣者，重赋敛，尽府库，虚其国以事大国，而用其威求诱其君；甚者举兵以聚边境而制敛于内，薄者数内大使以震其君，使之恐惧，此之谓‘四方’。”

《内储说下（六微）·说二》“利异外借”中有许多实例可以说明这种奸行，今摘引数则于下：

> 公叔相韩而又攻齐，公仲甚重于王，公叔恐王之相公仲也，使齐、韩约而攻魏。公叔因内齐军于郑，以劫其君，以固其位，而信两国之约。
>
> 翟璜，魏王之臣也，而善于韩。乃召韩兵令之攻魏，因请为魏王构之以自重也。
>
> 大成牛从赵谓申不害于韩曰：“以韩重我于赵，请以赵重子于韩，是子有两韩，我有两赵。”
>
> 吕仓，魏王之臣也，而善于秦、荆。微讽秦、荆令之攻魏，因请行和以自重也。
>
> 白圭相魏，暴谴相韩。白圭谓暴谴曰：“子以韩辅我于魏，我请以魏待子于韩，臣长用魏，子长用韩。”

上举诸人不一定都是纵横家，也不是都生活在战国后期，但他们从私利出发干的内奸勾当，却引起了韩非的警惕；特别是以上行为经常发生在韩国，更易引起韩非的警觉了。因此，韩非的批判纵横家，还有防止内奸的用意，而纵横家是很容易由求名求利只讲策略不讲原则而走上这条丑恶道路的。

历史异说琐谈

韩非的历史知识很丰富。他读过许多国家的史书，熟悉历史上的人物和事件；在他的文章里，记下了许多现在已经亡失了的材料，补充了许多值得参考的资料，提供了许多可以用来纠正其他史籍错误记载的史料。下面可以举出一些事例作为说明。

《韩非子》中有许多零章碎句的历史记载，价值却很重大。例如《难三》中说的"燕子哙贤子之而非孙卿，故身死为僇"；《饰邪》中说的"邹衍之事燕，无功而国道绝"；《难言》中说的"西门豹不斗而死人手"；《外储说左上·说二》中说的"〔兒说〕持'白马非马也'服齐稷下之辩者"；……都是不见其他典籍的珍贵史料。这些文字，看来不过寥寥数笔，然而能够补充历史上的多页空白，故而一直受到史学家的重视，不时加以引用。然而这些地方毕竟记得过分简单了，据此无法详细了解事件的细节，有人就以单文孤证为理由而断言这类记载不可信从，他们往往强调历史典籍上的完整记载而否定韩非书上的这类异说。作为一种历史观点，这是可以商榷的，应当郑重对待。

《说难》篇中提到过绕朝的事。"……故绕朝之言当矣，其为圣人于晋，而为戮于秦也"。这比《左传》等史书上的记载进了一步，说明绕朝虽然洞察士会的隐情，然而自己却不得善终。只是绕朝的结局在其他史书上得不到任何印证，因而这几句话无法确解。恰好马王堆三号汉墓中出土了一份佚名的古史帛书，里面记载着这次事件，说明士会回到晋国之后，用反间计，诬称绕朝和他有私约，因此秦国就把绕朝杀了。[1] 这样也就把《说难》中提到的“为圣人于晋，而为戮于秦”的内容给讲清了。可见《韩非子》中的许多“异说”本来都是有根有据的，可惜古史湮没的太多，现在又不可能有这样的条件，大量发现古籍和掘得古史帛简，像绕朝故事那样一一恢复其原状，从而把《韩非子》中的历史异说的内容给丰富起来。但据此也可说明这类异说不是轻易可以否定的。

有些人看到韩非记载的许多历史事实跟所谓正史上的记载不符，就想用“正史”上的记载来纠正韩非书中的记载，这是不科学的，需要具体分析。例如《史记·宋微子世家》中记载着宋国君主的世系，一脉相承，似乎是子姓一系的天下，这是因为司马迁将“辟公辟兵”与“剔成”误认为父子关系。据《竹书纪年》，知“辟兵”即宋桓侯，“剔成”即剔成肝，二人并非父子。剔成肝是宋国的大夫，弑君自立，因此后来的宋国君主实际上已经换了姓氏。而据《韩非子》中《二柄》《外储说右下·说一》《说疑》《五蠹》《人主》等篇的记载，得知剔成肝即司城子罕，剔成肝是司城子罕的误写。子罕戴姓，所以《忠孝》篇上记此事作“戴氏夺子氏于宋”，与《吕氏春秋·贵直论·壅塞》上的记载一致。《韩非子》上的记载，不但纠正了《史记》上的错误，而且纠正了传世的《竹书纪年》上的误写，这些地方倒是应该用《韩非子》来纠正“正史”，怎么可以反其道而行之呢？

有些历史事实更是复杂。《和氏》篇中记卞和献玉，先是献给楚厉王，不信，“刖其左足”；又献给武王，不信，“刖其右足”；最后献给文王，

---

① 见马王堆汉墓帛书整理小组《马王堆汉墓帛书〈春秋事语〉释文》中的“五、晋献公欲得随会章”，载《文物》1977 年第 1 期。

才算是得到了赏识。而据《史记·楚世家》，楚国这一段历史的王位继承次序是先有蚡冒熊眴，享国十七年；弟武王熊通继立，享国五十一年；子文王熊赀继立，享国十三年。这两种记载有很大的不同：《史记》认为楚国称王自武王始，前面没有厉王一代。时至今日，当然很难断言哪一种记载更为正确。但作为一种史料来看，《楚世家》本身存在着很多问题。楚国文化发达比较迟，早期的历史记载必然很疏略，而且春秋、战国时期各国的史书，经过秦始皇焚烧后，大都已残缺不全，司马迁记事时不可能掌握充分的材料。《左传》文公十六年"先君蚡冒"下杜预注："蚡冒，楚武王父"，《史记·楚世家》则以为蚡冒乃武王之兄，二者记载就有不同。孔颖达疏："《〔楚〕世家》之文多有纰缪，与经传异者非是一条，杜氏非不见其文，但见而不用耳。"说明《史记》中的记载未必可信。只是杜预也还没有重视韩非提供的这一重要材料。

关于"厉王"，汉代一些学者也有记载。东方朔《七谏》上说："楚人之和氏兮，献宝玉以为石，遇厉、武之不察兮，羌两足以毕斫。"刘向《新序·杂事第五》记卞和献玉给荆厉王、武王和成王，王充《论衡·变动》篇上也说："厉、武之时，卞和献玉，刖其两足，奉玉泣出，涕尽续之以血。"这些记载和韩非的记载是一致的，都认为武王之前还有厉王一代，楚国称王不自武王开始。看来这些记载比较可信。韩非去古未远，看到过楚国的古史，《外储说左上·说六》中还有楚厉王误击警鼓的记载，可见韩非认为楚国历史上有厉王一代是不成问题的。《史记·楚世家》中的记载，可能在武王之前漏掉了厉王一代；当然也有这种可能，蚡冒熊眴死后谥"厉"，而史籍上缺载了。

《有度》篇上说："燕襄王以河为境，以蓟为国，袭涿、方城，残齐，平中山；有燕者重，无燕者轻。襄王之氓(泯)社稷也，而燕以亡。"按诸史实，燕襄王当是燕昭王。然而史书中却没有燕昭王又称燕襄王的说法，世系上也没有燕襄王一代，因而又有人以为韩非误记了，但这个结论也不能轻易作出。

战国时代的君主常有双谥的现象，“襄”字常被用作另一谥号，如秦有昭襄王、庄襄王，楚有顷襄王，赵有悼襄王。《逸周书·谥法》曰：“辟地有德曰襄，甲胄有劳曰襄。”《左传》“襄公”杜预注引《谥法》：“因事有功曰襄。”这样的美称，燕昭王是当之无愧的，因此他的谥号中存在着增加“襄”字的可能。云梦睡虎地出土秦简《大事纪》上记载秦昭襄王和庄襄王时的事，只称“昭”“庄”而不用“襄”字，[①]而这些人也可单用“襄”字称呼，如楚国的顷襄王常是只称为襄王。这就说明：燕王职的谥号存在着三种可能，一称昭襄王，一称昭王，一称襄王。可巧马王堆三号汉墓出土的一份类似《战国策》的帛书上也有可资说明的材料，十九章中记有人劝说穰侯，使人谓燕相国曰：“因天下之力，伐仇国之齐，报惠王之耻，成昭襄王之功，除万世之害，此燕之利也。”[②]这样也就可以用来解决《韩非子》中出现的难题了。燕昭襄王，一般史籍作燕昭王，《有度》则记作燕襄王。这种记载符合战国称谥的常例，没有什么错误。

楚顷襄王不仅双谥，而且还有另一个谥号，叫做楚庄王。这也是《韩非子》中记下来的一种异说。《奸劫弑臣》上说：“楚庄王之弟春申君”，与《史记·楚世家》和《春申君列传》上的记载完全不同，似乎韩非又把事情记错了。但无独有偶，《喻老》中也有关于楚庄王的记载，说明这些地方不可能是传误的文字。

《喻老》上说：“楚庄王欲伐越，杜子谏曰：‘王之伐越，何也？’曰：‘政乱兵弱。’杜子曰：‘臣愚患之。智如目也，能见百步之外而不能自

---

① 《云梦秦简释文(一)》，载《文物》1976 年第 2 期。

② 见马王堆汉墓帛书整理小组编《战国纵横家书》第 81 页，文物出版社 1976 年版。

见其睫。王之兵自败于秦、晋，丧地数百里，此兵之弱也；庄蹻跻为盗于境内而吏不能禁，此政之乱也。王之弱乱，非越之下也，而欲伐越，此智之如目也。’王乃止。”据此可证楚庄王即顷襄王。

按春秋时楚国也有庄王，是为五霸之一，当时国势最为强盛，与《喻老》中说的情况不合。这里提到的“庄蹻跻为盗于境内”，则是指楚国的一次农民起义。庄蹻跻即庄跻。这事发生过很大的影响，《商君书·弱民》、《荀子·议兵》、《吕氏春秋·季冬纪·介立》、《韩诗外传》卷四、《史记·礼书》中都曾提到。而据荀况的记载，更可证明这事发生在战国。《荀子·议兵》谈楚兵之利，“然而兵殆于垂沙，唐蔑死。庄跻起，楚分而为三四”。可与史书上的其他记载相印证。《史记·楚世家》：“〔楚怀王〕二十八年，秦乃与齐、韩、魏共攻楚，杀楚将唐昧，取我重丘而去。”唐昧即唐蔑。楚怀王在位三十年，唐蔑死时已在怀王晚年，那么庄跻起时，当然是在顷襄王时了。

楚国历史上还有一个叫做庄跻的将军，曾经率兵开拓过西南地区。《后汉书·西南夷列传》上说：“楚顷襄王时，遣将庄豪从沅水伐夜郎，军至且兰，椓船于岸而步战。既灭夜郎，因留王滇池。”庄豪即庄跻。他的留滇称王，据说是不得已的，因为秦国发兵攻取了黔中地，断绝了他的归路；而秦国先后两次夺取黔中，都在顷襄王时。有关庄跻王滇的记载很多，《后汉书》上的记载最为可信。《汉书·地理志》“牂柯郡”下颜师古注引《华阳国志》亦云“楚顷襄王时，遣庄跻伐夜郎……”与此正合。

这个农民起义的领袖庄跻和楚国将军庄跻是不是同一个人，自古以来争论不休，迄今尚无定论。① 限于材料，可能也很难作出令人满意的解释。但不管怎样，庄跻是顷襄王时的人，则是可以肯定下来的。

由上可知，楚国历史上曾有两个楚庄王，《喻老》篇中就同时记载

① 关于庄跻，云南大学《思想战线》1975年1期、5期上有讨论，可以参看。

着他们的事。“楚庄王莅政三年”，指春秋时的楚庄王；“楚庄王欲伐越”，指战国时的楚庄王。这个与庄跻同时的楚庄王也就是《奸劫弑臣》中与春申君同时的楚庄王，即顷襄王。那位谏楚庄王的杜子，《荀子·议兵》篇杨倞注引作庄子，此人当即庄辛，是顷襄王的臣子。《战国策·楚策四》“庄辛谓楚襄王”下注曰：“《荀子》，庄辛谓楚庄王。”[①]也可用以说明楚顷襄王即楚庄王。

钱穆《先秦诸子系年》一书中也有“楚顷襄王又称庄王”之说。今从思想史的角度着眼，根据一些思想家的活动年代，证明楚庄王即楚顷襄王。

韩非在《外储说左上·经二》中批判了一系列的思想家，“〔是以〕论有迂深闳大，非用也，故魏、长、瞻、陈、庄皆鬼魅也。”这些都是战国时期的道家人物，活动年代相去不远。

詹和与魏牟同时，《庄子·让王》和《吕氏春秋·开春论·审为》中都记载有二人讨论“重生则轻利”的事。关于道家人物魏牟的年代，古代有不同的记载，实际上却不难确定。《说苑·敬慎》载魏公子牟东行，穰侯送之；《战国策·赵策三》载公子牟离秦，辞应侯：则是魏牟与魏冉、范雎相交往，其活动年代正当秦昭襄王时，亦与楚顷襄王同时。《庄子·秋水》载公子牟和公孙龙讨论庄子之言，《列子·仲尼》记公子牟悦赵人公孙龙，而据《史记·平原君列传》，公孙龙曾为平原君的门客；据《吕氏春秋·审应览》，公孙龙曾与赵惠王议偃兵：说明魏牟与赵惠文王同时，亦与楚顷襄王同时。

---

① 钱穆同样引用了这条材料，但他把《战国策》中的文字给读错了。钱文说：“《楚策》：‘庄辛谓楚襄王曰：’高诱注《荀子》，作‘庄辛谓楚庄王’。”这里他把《荀子》连上读，成了高诱注《荀子》了。据《隋书·经籍志》，高诱注过《战国策》《吕氏春秋》《淮南子》，又高氏《吕氏春秋序》曰：“诱正《孟子章句》，作《淮南〔解〕》《孝经解》毕讫。”但都没有提到他注过《荀子》。

由此可证：詹和的生活年代正当楚顷襄王时。

《吕氏春秋·审分览·执一》载楚王与詹和议论为身与为国之道，《淮南子·道应训》和《列子·说符》则记作楚庄王与詹和之间的议论。联系上述几位思想家的活动年代，一起来加以考察，更能说明这个楚庄王就是楚顷襄王。

战国时的谥法很混乱，有些现象难于作出解释，楚国的情况尤为特殊，熊横三谥的情况就是这样。《史记·楚世家》上记："熊渠曰：'我蛮夷也，不与中国之号谥。'"这种奇特的礼俗，似乎一直延续到战国。《史记·项羽本纪》记项梁为楚立后，"乃求楚怀王孙心民间，为人牧羊，立以为楚怀王"。或许仍是这种礼俗的又一表现。

《韩非子》中记下了丰富的奇异的材料，可供探讨之需。阅读这类材料，要有冷静的态度，不能一见到它与众不同，就轻率地加以否定。尤其是顷襄王和春申君的事，按常理来说，韩非也不可能把他们搞错，因为楚、韩二地紧邻，春申君是著名的贵公子，与韩非年代相当，对于这样一个著名的人物，韩非无论如何也不至于把他看作是春秋时楚庄王的弟弟。

但读《韩非子》时也要注意一种情况，韩非往往通过某种历史材料阐明某种法治观点，他所援引的历史事件，有的经过加工，已经不大像是事实，只能说是编写过的历史故事了。这样的历史材料，只有仅供参考的价值。

《外储说右上·说三》记载晋文公明法而霸的事，说是晋文公"令田于圃陆，期以日中为期，后期者行军法焉。于是公有所爱者曰颠颉后期，吏请其罪，文公陨涕而忧。吏曰：'请用事焉。'遂斩颠颉之脊，以徇百姓，以明法之信也。而后百姓皆惧"。这个故事与"正史"上的记载完全不同。据《左传》，颠颉是随文公流亡在外十九年的从难大臣，后因违令烧掉有恩于晋文公的曹国大夫僖负羁之家，所以"公杀颠颉以徇于师”。比较之下，可以看出《外储说右下》故事中的加工成份很多，似乎已经重作剪裁，面目全非了。但是韩非的记载实际上代表着一派人的记叙和看法。《商君书·赏刑》中有与此相似的记载。法家人物用这个故事说明法治的先驱者晋文公如何明法图霸，经过多次改写，逐渐形成了一种自成体系的历史故事。可见韩非的这类写法也是有所承袭而来的。

《韩非子》中记载着孔丘的有些言行，反映了法家一派的观点，例如《内储说上(七术)·说二》记“鲁人烧积泽”，孔丘采取“徒行罚”的手段督促救火，也是一个不见其他记载的历史故事。这里的孔丘形象，执法严酷，俨然是法家的典型，与历史上孔丘的面貌差别很大。这样的历史故事，可能也是法家人物陆续编写成的，不能作为信史材料看待。

当然，韩非书中也有记载错误的地方。如《内储说上(七术)·说一》记晏子聘鲁，见到了鲁哀公，事实就有错误，因为二人年代不相及，当依《晏子春秋·内篇问下》作昭公。又如《难一》记孔丘称赞赵襄子“善赏”，与事实不符，因为孔丘死在晋阳之战以前，无法逆料后事而预作评论。又如《说林上》记“魏文侯借道于赵而攻中山，赵肃侯将不许”，也不合事实，因为二人相去殆六十年，不可能有交往。又如《外储说左下·说一》记“孔子相卫”事，恐怕也不是事实，因为孔丘生平若有这样的大事，儒家之徒不会轻易放弃这段史实而不去记载。一般说来，“内、外”《储说》和《说林》“上、下”中的历史材料需要考核的地方比较多，因为这些东西原是杂抄各种典籍而成的，有些材料未必经过细心地查对，难免有误。因此，我的意思只是说，读《韩非子》而涉及书中记载的历史事件时，应该具体问题具体分析。遇到一些不常见的记载时，不要先入为主地立即加以否定；但也不要因为它是先秦古籍，一切信以为真。如果我们合适地利用这些材料，有时反而可以补充或纠正现存史书的不足。

论商鞅

《史记·商君列传》上说：

公孙鞅闻秦孝公下令国中求贤者，将修缪公之业，东复侵地，乃遂西入秦，因孝公宠臣景监以求见孝公。孝公既见卫鞅，语事良久，孝公时时睡，弗听。罢而孝公怒景监曰："子之客妄人耳，安足用邪！"景监以让卫鞅。卫鞅曰："吾说公以帝道，其志不开悟矣。"后五日，复求见鞅。鞅复见孝公，益愈，然而未中旨。罢而孝公复让景监，景监亦让鞅。鞅曰："吾说公以王道而未入也，请复见鞅。"鞅复见孝公，孝公善之而未用也。罢而去。孝公谓景监曰："汝客善，可与语矣。"鞅曰："吾说公以霸道，其意欲用之矣。诚复见我，我知之矣。"卫鞅复见孝公。公与语，不自知膝之前于席也。语数日不厌。景监曰："子何以中吾君？吾君之欢甚也。"鞅曰："吾说君以帝王之道比三代，而君曰'久远，吾不能待。且贤君者，各及其身显名天下，安能邑邑待数十百年以成帝王乎？'故吾以强国之术说君，君大说(悦)之耳。"

韩非在《奸劫弑臣》中有一段文字可以与此互证。

治国之有法术赏罚，犹若陆行之有犀车良马也，水行之有轻舟便楫也，乘之者遂得其成。伊尹得之，汤以王；管仲得之，齐以霸；商君得之，秦以强。……汤得伊尹，以百里之地立为天子；桓公得管仲，立为五霸主，九合诸侯，一匡天下；孝公得商君，地以广，兵以强。

把上面的文字联系起来考察，可以了解到，战国之时的政治领域中流传着三种治国的理论，这就是：王道、霸道和强国之术。《荀子·王制》篇上对此也有介绍，并论述道："王夺之人，霸夺之与，强夺之地。夺之人者臣诸侯，夺之与者友诸侯，夺之地者敌诸侯。"这就是说：王道着眼于争取人心，然而可以一统天下；霸道着眼于争取与国，结果可以当上会盟的霸主；强道着眼于兼并战争，最后只能是树敌于诸侯。显然，荀况是反对强国之术的。所以他又说："臣诸侯者王，友诸侯者霸，敌诸侯者危。"这些地方反映出了儒家中的革新者荀况和法家之间还有不同。

但荀况着重理论探讨，不从事实际政治活动，而在当时的政治舞台上，这三种治国的方案却都有它的代表人物在鼓吹。经过历史潮流的冲刷和淘汰，商鞅的理论代表着正确的方向，终于为有政治眼光的新兴地主阶级的君主秦孝公所接受，取得了巨大的成就。

韩非依据他的历史观点肯定了这三种治国之道所起过的作用，并且认为伊尹、管仲、商鞅都是在不同的条件下实行了法治才取得了成功。他重视耕战，在现实政治中宣扬的是强国之术。那些"王道""霸道"的信徒，却是头脑僵化，片面地理解过去的历史经验，妄图把历史的车轮倒转。

鼓吹王道最卖力的，是儒家的代表人物孟轲。梁惠王问他说："晋国，天下莫强焉，叟之所知也。及寡人之身，东败于齐，长子死焉；西丧地于秦七百里，南辱于楚，寡人耻之，愿比死者壹洒之，如之何则可？"孟轲立即鼓其如簧之舌，乘机贩卖他的王道之说，曰："地方百里而可以王。王如施仁政于民，省刑罚，薄税敛，深耕易耨，壮者以暇日修其孝弟忠信，入以事其父兄，出以事其长上，可使制梃以挞秦、楚之坚甲

利兵矣。”(《孟子·梁惠王上》)

这种理论,显然太不切合实际了。战国时代,战争的规模急遽扩大,战略战术上也有很大的提高。一般大国都有甲士数十万,使用的是强弓硬弩和先进的铁制武器。一次巨大的战役,往往要动员几十万军队,经历数年的时间,才能决一胜负。孟轲对当时处在水深火热中的人民也不能说没有一点同情之心,为此还曾发表过一些关怀人民生活的意见,但他对飞速发展的现实总是缺乏认识,又提不出解决政治问题的先进方案,只能空谈什么“仁政”和“孝悌忠信”,叫百姓拿木制的大棒去抵抗秦、楚的坚甲利兵。这样的高论,甚至像梁惠王这样的人也觉得无法接受,于是孟轲只能带着一大批门徒到其他地方去游说诸侯了。

梁惠王是战国时第一个称王的诸侯。他的称王,只是表示自己很强大,并不表示自己想行王道。他也知道,“地方百里而可以王”,只在殷、周时代才有可能,春秋之时已经无法实现。春秋时代最烜赫的,是当天下的盟主。所谓“九合诸侯,一匡天下”,挟天子以令诸侯;既有尊王的美名,又有驱使天下的实利。因此,他所向往的,是“霸道”。

于是他在魏国国力最为强盛时发起了几次盟会,内有周显王二十五年(前344)著名的逢泽之会。

> 《战国策·秦策四》:“魏伐邯郸,因退为逢泽之遇。乘夏车,称夏王,朝为天子,天下皆从。”

逢泽在今河南省开封市南,正在魏都附近。这是在本国国境内举行的一次会盟,参加的有韩、宋、卫、鲁、秦等国。《战国策·秦策五》:“梁君伐楚胜齐,制赵、韩之兵,驱十二诸侯以朝天子于孟津。”可能就是逢泽之会会盟内容的一项具体节目。

梁惠王还在周天子京畿举行臼里之盟。

《说林上》:“魏惠王为臼里之盟,将复立(位)于天子。彭喜谓郑(韩)君曰,‘君勿听。大国恶有天子,小国利之。若君与大不听,魏焉能与小立之?’”

臼里,《战国策·韩策三》作“九里”。程恩泽《国策地名考》卷一据《史记·周本纪》张守节《正义》引《括地志》,定九里为洛阳近郊之地,说明梁惠王这次本想在周天子的境内主持盟会的。但臼里之盟看来没有举行得了,因为韩国等起而反对,此事可能就告吹了。

如果说,春秋之时的周天子已经名存实亡,那么战国时代的周天子已是不值一顾的历史遗蜕了。所谓战国七雄,都在培植自己的力量,通过兼并战争酝酿着再次的全国统一。梁惠王“复立于天子”的谋算,妄图抬出政治上的僵尸来招魂,是逆历史潮流而动的不得人心的错误措施。况且大家都已看清了他这种笨拙手法背后的用心,力量强大的国家当然不愿就范,于是许多国家起而与之抗争,魏国反而成了群起而攻之的对象。

好景不长,梁惠王的“霸道”迷梦很快就破灭了。这时商鞅已在秦国执政。这位杰出的法家人物运用了灵活的策略,利用“大”国之间的矛盾,用“强道”击破了“霸道”。

《战国策·齐策五》:“昔者魏王拥土千里,带甲三十六万,其强而拔邯郸,西围定阳,又从十二诸侯朝天子,以西谋秦。秦王恐之,寝不安席,食不甘味,令于境内,尽堞中为战具竟为守备,为死士置将以待魏氏。卫鞅谋于秦王曰:‘夫魏氏其功大而令行于天下,有十二诸侯而朝天子,其与必众,故以一秦而敌大魏,恐不如。

王何不使臣见魏王，则臣请必北魏矣。'秦王许诺。卫鞅见魏王曰：'大王之功大矣，令行于天下矣。今大王之所从十二诸侯，非宋、卫也，则邹、鲁、陈、蔡，此固大王之所以鞭箠使也，不足以王天下。大王不若北取燕，东伐齐，则赵必从矣；西取秦，南伐楚，则韩必从矣。大王有伐齐、楚心而从天下之志，则王业见矣。大王不如先行王服，然后图齐、楚。'魏王说(悦)于卫鞅之言也，故身广公室，制丹衣，柱建九斿，从七星之旟：此天子之位也，而魏王处之。于是齐、楚怒，诸侯奔齐，齐人伐魏，杀其太子，覆其十万之军。"

战国初期，魏是首屈一指的军事强国。它把很大的精力放在训练士卒上。《荀子·议兵》篇上说："魏氏之武卒，以度取之，衣三属之甲，操十二石之弩，负服矢五十个，置戈其上，冠軸带剑，赢三日之粮，日中而趋百里。中试则复其户，利其田宅，是数年而衰而未可夺也，改造则不易周也。是故地虽大，其税必寡，是危国之兵也。"可见它的武力虽一时强盛，但是它的政策却是错误的。由于片面地发展军队，却削弱了农耕和国本。不像实行耕战政策的秦国，"忸之以庆赏，鳍之以刑罚，使天下之民所以要利于上者，非斗无由也；陒而用之，得而后功之，功赏相长也；五甲首而隶五家，是最为众强长久，多地以正，故四世有胜，非幸也，数也"。秦国由于执行兼顾耕战的正确政策而国富兵强，荀况的分析是符合事实的。

总体来说，魏国实行单纯军事路线而日益衰弱，秦国实行完整的耕战政策而日益兴旺。其结果是：强调军事的魏国，以其兵士的素质来说，也比不上秦国，"魏氏之武卒不可以遇秦之锐士"。结果魏国由四出挑衅而四面楚歌，政治地位一落千丈，历史终于公正地宣判了"霸道"的彻底破产。

商鞅的"强国之道"却在秦国迅速取得成效。"强道"的内容，韩非也有详细的记叙。

公孙鞅之治秦也，设告相坐而责其实，连什伍而同其罪，赏厚而信，刑重而必。是以其民用力劳而不休，逐敌危而不却，故其国富而兵强。(《定法》)

商君教秦孝公以连什伍，设告坐之过，燔《诗》《书》而明法令，塞私门之请而遂公家之劳，禁游宦之民而显耕战之士。孝公行之，主以尊安，国以富强。(《和氏》)

商鞅用“强道”在秦国变法，是一场严重的阶级斗争。奴隶主贵族和儒家之徒，极力反对；社会上的一些保守势力，也对新法多方抵制；这是因为商鞅实行的新法严重地动摇了他们的根本利益。他废除了奴隶主贵族的世卿世禄制度，剥夺了他们的世袭特权，规定只有立过军功的人才能取得爵位，鼓励人们去打仗立功。他禁止游手好闲的人扰乱社会法纪，打击工商业奴隶主势力，奖励农耕，发展小农经济。他把分散居住的民众按严格的组织形式编制起来，实行中央集权制度，加强地主阶级专政，防止人民的反抗。他还严格地禁止儒家之徒进行说教，焚毁他们的典籍，彰明法令，废弃仁义，信赏必罚。对当时的地主阶级来说，这是一种适合战国时期政治需要的方针。在这种方针的推动下，秦国终于由后进国一跃而为最先进的强国。

正确方针的推行决不可能一帆风顺。商鞅变法之所以取得成功，根本原因之一，在于获得了秦孝公的极度信任和大力支持。秦孝公坚定地执行“强道”的国策，坚决支持商鞅变法，表现出宽宏的气魄和坚毅的精神。

古秦之俗，君臣废法而服私，是以国乱兵弱而主卑。商君说秦孝公以变法易俗而明公道，赏告奸，困末作而利本事。当此之时，秦民习故俗之有罪可以得免，无功可以得尊显也，故轻犯新法。于是犯之者其诛重而必，告之者其赏厚而信，故奸莫不得而被刑者众，民疾怨而众过日闻。孝公不听，遂行商君之法。民后知有罪之必诛，而告私奸者众也，故民莫犯，其刑无所加。是以国治而兵强，地广而主尊。(《奸劫弑臣》)

把秦孝公对商鞅的态度和梁惠王对商鞅的态度加以比较，可以更进一步看出二人水平的高下。秦孝公是既否定“王道”又不满足于“霸道”的人，因而能够坚决支持实行“强道”的商鞅。梁惠王是不赞成“王道”而热中于“霸道”的人，对商鞅的雄才大略自然无法了解。《史记·商君列传》上记载：“鞅少好刑名之学，事魏相公叔痤，为中庶子。公叔痤知其贤，未及进。会痤病，魏惠王亲往问病，曰：‘公叔病，有如不可讳，将奈社稷何？’公叔曰：‘痤之中庶子公孙鞅年虽少，有奇才，愿王举国而听之。’……惠王既去，而谓左右曰：‘公叔病甚，悲乎！欲令寡人以国听公孙鞅也，岂不悖哉！’”此说并见《吕氏春秋·仲冬纪·长见》。从梁惠王这些自以为是的话中，也可看出这位时代的落伍者跟先进的法家人物多么格格不入。

时代无情地冲刷着一切，把头脑停留在过去的保守分子抛在一边，把顺应历史潮流的先进人物推到时代的前列。但是新事物的成长也得付出代价。秦孝公一死，秦国的守旧势力就进行反扑，商鞅遭到了杀害。但商鞅开创的事业却在秦国继续实施。《定法》曰：“及孝公、商君死，惠王即位，秦法未败也。”因为它符合历史发展潮流，已在社会生活和政治领域中牢牢地扎下了根子。马克思说：“黑格尔在某个地方说过，一切伟大的世界历史事变和人物，可以说都出现过两次。他忘记补充一点：第一次是作为悲剧出现，第二次是作为笑剧出现。”

(《马克思恩格斯选集》第1卷,第603页)从个人的命运来说,推行"强道"的商鞅就是以悲剧出现的人物,实行"霸道"的梁惠王就是以笑剧出现的人物。至于鼓吹"王道"的孟轲,尽管也说过一些民为邦本的话,为统治阶级的根本利益着想,不斤斤计较于一时的得失,但仍被认为迂阔而远于事情,故而他的政治理论在现实生活中没有产生多大影响。

《亡征》史实例证

《亡征》一文，提出了四十七种亡国的征兆，对许多国家兴衰存亡的原因作了全面的总结，说明韩非的法治理论是有丰富的历史经验作为基础的。

先秦史籍残佚的情况很严重。韩非提到的有些“亡征”，已经很难找到恰切的事例来说明，但大部分的“亡征”还是可以举出相应的例证来，在韩非本人的著作中就保留着这方面的许多例子。当然，韩非提出的某一“亡征”，也不一定就指某一具体事件，这里可能概括着许多同类的例子，后人自然无法一一追溯他的本意。但是这篇文章既然包含着丰富的历史经验，那么若能把历史事实一一注释出来，想来对于理解文章总是有所帮助的。

〔原文〕

凡人主之国小而家大，权轻而臣重者，可亡也。① 简法禁而务谋虑，荒封内而恃交援者，可亡也。② 群臣为学，门子好辩，商贾外积，小民右仗者，可亡也。③ 好宫室台榭陂池，事车服器玩，好罢露百姓，煎

① 如叶都大而国小，民皆有背心。见《难三》。《爱臣》曰：“昔者纣之亡，周之卑，皆从诸侯之博大也。”

② 如浑罕言郑逼于晋、楚而无法，“政不率法而制于心”，故断其先卫而亡。见《左传》昭公四年。鲁穆公使众公子或宦于晋，或宦于荆，犁钼以为远水难救近火。见《说林上》。

③ 待考。

靡货财者，可亡也。[1] 用时日，事鬼神，信卜筮，而好祭祀者，可亡也。[2] 听以爵不待参验，用一人为门户者，可亡也。[3] 官职可以重求，爵禄可以货得者，可亡也。[4] 缓心而无成，柔茹而寡断，好恶无决而无所定立者，可亡也。[5] 饕贪而无餍，近利而好得者，可亡也。[6] 喜淫辞而不周于法，好辩说而不求其用，滥于文丽而不顾其功者，可亡也。[7] 浅薄而易见，漏泄而无藏，不能周密而通群臣之语者，可亡也。[8] 很刚而不和，愎谏而好胜，不顾社稷而轻为自信者，可亡也。[9] 恃交援而简近邻，怙强大之救而侮所迫之国者，可亡也。[10] 羁旅侨士，重帑在外，上

---

① 如吴王筑如皇之台，掘渊泉之池，为越所伐。见《外储说左上·说三》。

② 如燕将剧辛凿龟数策攻赵，无功而社稷危。见《饰邪》。玄都废人事而事天，“龟策是从”，神巫执政，卒亡其国。见《逸周书·史记》。

③ 如赵襄主听王登之言而举中章、胥己，中牟之人弃其田耘、卖宅圃而随文学者邑之半。见《外储说左上·说四》。郑子都以庆建为贤而受蒙蔽，燕子哙以子之为贤而危及国家。见《难四》。

④ 如齐、魏之君不明，駏、孱乃费金璧而求入仕。见《外储说左下·说四》。

⑤ 如《国语·鲁语上》“莒太子仆弑纪公”下韦昭注：“纪公生仆及季佗。既立仆，又爱季佗而黜仆，仆故弑纪公也。”赵武灵王立子何为王，又欲复立故太子章为王，犹豫未决，以至父子俱死。见《史记·赵世家》。

⑥ 如智伯索地韩、魏，仍不满足，又索地于赵，三国乃联合灭之。见《十过》。

⑦ 如邹衍用阴阳家说败坏燕国政治，造成燕之中衰。见《饰邪》。

⑧ 如智伯泄漏智过之言于魏宣子、韩康子，不听忠言而覆国。见《十过》。《三守》曰：“人臣有议当途之失、用事之过、举臣之情，人主不心藏而漏之近习能人，使人臣之欲有言者不敢不下适近习能人之心；而乃上以闻人主。然则端言直道之人不得见，而忠直日疏。”

⑨ 如齐桓公不听管仲谏告，独行其意，信用竖刁、易牙与卫公子开方，因而被害。见《十过》。

⑩ 如曹恃齐而不听宋，齐攻荆而宋灭曹；荆恃吴而不听齐，越伐吴而齐灭荆；许恃荆而不听魏，荆攻宋而魏灭许；郑恃魏而不听韩，魏攻荆而韩灭郑。见《饰邪》。《晏子春秋·内篇问上》：“彼晋者，周之与国也。鲁近齐而亲晋，以变小国，而不服于邻，以远望晋，灭国之道也。”

间谋计，下与民事者，可亡也。[①] 民信其相，下不能其上，主爱信之而弗能废者，可亡也。[②] 境内之杰不事，而求封外之士，不以功伐课试，而好以名问举错，羁旅起贵以陵故常者，可亡也。[③] 轻其适正，庶子称衡，太子未定而主即世者，可亡也。[④] 大心而无悔，国乱而自多，不料境内之资而易其邻敌者，可亡也。[⑤] 国小而不处卑，力少而不畏强，无礼而侮大邻，贪愎而拙交者，可亡也。[⑥] 太子已置，而娶于强敌以为后妻，则太子危，如是则群臣易虑；群臣易虑者，可亡也。[⑦] 怯慑而弱守，蚤见而心柔懦，知有谓可，断而弗敢行者，可亡也。[⑧] 出君在外而国更置，质太子未反而君易子，如是则国携；国携者，可亡也。[⑨] 挫辱大臣而狎其身，刑戮小民而逆其使，怀怒思耻而专习则贼生；贼生者，可亡

---

① 待考。

② 如齐人归附田成子而不附齐景公，景公不知用势以除之。见《外储说右上·说一》。

③ 如魏惠王不用公孙鞅。见《难言》。楚怀王不听陈轸忠告而受欺于张仪。见《战国策·秦策二》。

④ 如陈哀公轻悼太子师而欲立公子留，酿成内乱，哀公自杀，留立为陈君，卒为楚所灭。见《史记·陈杞世家》。

⑤ 如吴王夫差政治腐败而自以为强，不听伍子胥忠谏，无视越国之威胁，北上争霸，卒为越所袭。见《国语·吴语》。

⑥ 如曹伯信公孙彊之言，背晋犯宋，为宋所灭。见《左传》哀公七年、八年。

⑦ 如郑庄公已立太子忽，又娶宋雍氏女生公子突，郑卿祭仲乃逐忽而立突。见《史记·郑世家》。

⑧ 待考。

⑨ 如卫世子蒯聩出奔，卫灵公死，更立蒯聩之子辄，酿成祸乱。见《史记·卫康叔世家》。

也。[①] 大臣两重，父兄众强，内党外援以争事势者，可亡也。[②] 婢妾之言听，爱玩之智用，外内悲惋而数行不法者，可亡也。[③] 简侮大臣，无礼父兄，劳苦百姓，杀戮不辜者，可亡也。[④] 好以智矫法，时以行杂公，法禁变易，号令数下者，可亡也。[⑤] 无地固，城郭恶，无畜积，财物寡，无守战之备而轻攻伐者，可亡也。[⑥] 种类不寿，主数即世，婴儿为君，大臣专制，树羁旅以为党，数割地以待交者，可亡也。[⑦] 太子尊显，徒属众强，多大国之交，而威势蚤具者，可亡也。[⑧] 变褊而心急，轻疾而易动发，心悁忿而不訾前后者，可亡也。[⑨] 主多怒而好用兵，简本教而

---

① 如卫献公约大臣孙林父、宁殖共食，耽于演射而使二卿受饿；使师曹教嬖妾琴艺，鞭打师曹而仍使之主歌；结果为孔林父所逐。见《左传》襄公十四年。《八经》曰："僇辱之人近习曰狎贼，其患发忿疑辱之心生。"

② 如齐简公两用田成、阚止而被杀，魏国两用犀首、张仪而西河之外亡。见《说林上》。《逸周书·史记》："南氏有二臣贵宠，力钧势敌，竞进争权，下争朋党，君弗能禁，南氏以分。"考二南乃商代诸侯古国之名。《水经注·江水二》："按韩婴叙诗云：其地在南郡、南阳之间。"详见马瑞辰《毛诗传笺通释》卷一"周南召南考"。卫州吁重于卫，拟于君，卒杀其君而夺之政。见《内储说下(六微)·说五》。《八经》曰："大臣两重提衡而不踦曰卷祸，其患家隆劫杀之难作。"

③ 如楚怀王信幸姬郑袖与左右靳尚之言，不听忠告，为秦所破。见《史记·楚世家》。

④ 如纣囚西伯昌，杀王子比干，有炮格之法，为酒池肉林。见《史记·殷本纪》。

⑤ 如齐襄公政令无常，民起慢易之心，鲍叔牙逆断变乱将作。见《左传》庄公八年。

⑥ 如莒恃其陋而不修城廓，浃辰之间而楚克其三都。见《左传》成公八年、九年。

⑦ 待考。

⑧ 如楚太子商臣起宿营之甲攻杀楚成王。见《内储说下(六微)·说五》。

⑨ 如邾庄公卞急而中阍人之计，废于铲炭，烂，遂卒。见《左传》定公二年、三年。

轻战攻者，可亡也。[①] 贵臣相妬，大臣隆盛，外藉敌国，内困百姓，以攻怨仇，而人主弗诛者，可亡也。[②] 君不肖而侧室贤，太子轻而庶子伉，官吏弱而人民桀，如此则国躁；国躁者，可亡也。[③] 藏怨而弗发，悬罪而弗诛，使群臣阴憎而愈忧惧，而久未可知者，可亡也。[④] 出军命将太重，边地任守太尊，专制擅命，径为而无所请者，可亡也。[⑤] 后妻淫乱，主母畜秽，外内混通，男女无别，是谓两主；两主者，可亡也。[⑥] 后妻贱而婢妾贵，太子卑而庶子尊，相室轻而典谒重，如此则内外乖；内外乖者，可亡也。[⑦] 大臣甚贵，偏党众强，壅塞主断而重擅国者，可亡也。[⑧] 私门之官用，马府之世绌，乡曲之善举，官职之劳废，贵私行而贱公功者，可亡也。[⑨] 公家虚而大臣实，正户贫而寄寓富，耕战之士困，末作

---

① 如宋康王欲霸之亟成，屡起兵衅，为齐、魏、楚所灭。见《战国策·宋策》。

② 如公叔相韩而亲齐，恐王之相公仲，乃使齐、韩约而攻魏，纳齐军以劫其君。见《内储说下(六微)·说二》。

③ 如齐景公之弟公子尾、公子夏得齐民，拟于公室。见《外储说左上·说一》。

④ 如卫侯出欲刖褚师声子，褚师乃与群臣作乱逐卫侯。见《左传》哀公二十五年。《难四》曰："明君不悬怒，悬怒，则罪臣轻举以行计，则人主危。"《八经》曰："藏怒持罪而不发曰增乱，其患侥幸妄举之人起。"

⑤ 如韩上党守冯亭不听主命，私将土地纳于赵国，遂启长平之祸。见《战国策·赵策一》。

⑥ 如秦王政母宣太后嬖幸嫪毐，培植另一势力，事无大小皆决于毐。见《史记·秦始皇本纪》。

⑦ 如定姜责卫献公曰："舍大臣而与小臣谋，一罪也；先君有冢卿以为师保而蔑之，二罪也；余以巾栉事先君，而暴妾使余，三罪也。"卫献公由是而去国。见《左传》襄公十四年。

⑧ 如司城子罕掌刑杀之威，一国归焉，遂劫宋君而夺其政。见《外储说右下·说一》。

⑨ 待考。

之民利者，可亡也。① 见大利而不趋，闻祸端而不备，浅薄于争守之事，而务以仁义自饰者，可亡也。② 不为人主之孝，而慕匹夫之孝，不顾社稷之利，而听主母之令，女子用国，刑馀用事者，可亡也。③ 辞辩而不法，心智而无术，主多能而不以法度从事者，可亡也。④ 亲臣进而故人退，不肖用事而贤良伏，无功贵而劳苦贱，如是则下怨；下怨者，可亡也。⑤ 父兄大臣禄秩过功，章服侵等，宫室供养大侈，而人主弗禁，则臣心无穷；臣心无穷者，可亡也。⑥ 公婿公孙与民同门，暴慠其邻者，可亡也。⑦

亡征者，非曰必亡，言其可亡也。夫两尧不能相王，两桀不能相亡；亡、王之机，必其治乱、其强弱相踦者也。木之折也必通蠹，墙之坏也必通隙。然木虽蠹，无疾风不折；墙虽隙，无大雨不坏。万乘之主，有能服术行法以为亡征之君风雨者，其兼天下不难矣！

---

① 待考。

② 如宋襄公与楚人战于涿谷上，标榜仁义，不乘有利时机攻击敌人，为楚所败。见《外储说左上·说五》。

③ 如宋之少主慕孝名，由母执政，宋令尹见有机可乘而谋常用宋。见《说林下》。

④ 如酆舒主潞之政，恃其隽才而多行不法，卒为晋所灭。见《左传》宣公十五年。

⑤ 如平州之臣功大而不赏，谄臣日贵，功臣日怒而生变，平州之君以出走。见《逸周书·史记》。

⑥ 如楚公子围威仪似君，僭用君主章服，卒弑君子麇而自立。见《左传》昭公元年。

⑦ 待考。

周主·周君·周天子

战国中、后期，在中国的中部，韩国和秦国的包围圈中，残存着一个小小的王国，这就是曾经君临天下的正统王朝的最后代表——周王室。作为当年大一统王朝的末代，比起他们的祖先来，非但可以说是可怜，而且可以说是可笑了。《汉书·诸侯王表》上说："自幽、平之后，日以陵夷，至虖阸区河、洛之间，分为二周。有逃责（债）之台，被窃铁之言，然天下谓之共主。"

"窃铁"的内容难以确说，"逃债"之事则尚见记载，《太平御览》卷一百七十七引《帝王世纪》曰："周赧王虽居天子之位，为诸侯所侵逼，与家人无异。贳于民，无以归之，乃上台以避之，故周人因名其台曰'逃债台'。故洛阳南宫簃台是也。"可见其时周天子地位之低微和处境之落拓。

《史记·周本纪》裴骃《集解》引徐广曰："周比亡之时，凡七县：河南、洛阳、谷城、平阴、偃师、巩、缑氏。"但周天子在这些地方也已丧失了控制权，因为它们都被属下称为西周君和东周君的两个封君所瓜分了。其中西周君分得三县：河南、缑氏、谷城，东周君分得四县：洛阳、平阴、偃师、巩。周天子只是寄人篱下，先后居住在他们的封邑之内，非但声势全无，而且连生活都似乎发生了问题。

王室的力量衰落到了这样的地步，也就不太有人注意这一地区之内发生的动静，但从若干残存的史料之中，还是透露出了这个小朝廷内发生着激烈的倾轧和争夺。周天子属下"分为二周"，乃是长期纷争的结果。只是这些记载之中存在着很多混乱的情况，应该进行一些考辨，例如《史记·周本纪》上说："考王封其弟于河南，是为桓公，以续周公之官职。桓公卒，子威公代立。威公卒，子惠公代立。乃封其少子于巩以奉王，号东周惠公。”裴骃《集解》引徐广、张守节《正义》引郭缘生《述征记》都说东周惠公为西周惠公之子，这种说法就是错误的，应当用《韩非子》上的记载来纠正。

《韩非子·说疑》上说：“故周威公身杀，国分为二。”关于“国分为二”的事，《韩非子》中有不见其他典籍的材料。

> 《内储说下(六微)·说五》：“公子朝，周太子也，弟公子根甚有宠于君。君死，遂以东周叛，分为两国。”
>
> 《难三》：“公子宰，周太子也，公子根有宠，遂以东州(周)反，分而为两国。”

《史记·周本纪》司马贞《索隐》引《世本》曰：“西周桓公名揭，居河南；东周惠公名班，居洛阳。”西周与东周的地理位置是很清楚的。河南即周之王城，位于今河南洛阳市，而在战国时之洛阳西边，故称西周。战国时之洛阳即成周，亦即汉魏时之洛阳，位于今白马寺东；因在河南之东，故称东周。二地相距很近，所以《战国策·东周策》上有“东周欲为稻，西周不下水，东周患之”的记载。《周本纪》上还说东周惠公“封于巩以奉王”，看来此公的情况有些像是西周桓公封于河南“以续周公之官职”，巩只是封地，而他为了履行类似“周公”的职责，自己一直住在成周(战国时之洛阳)。

《汉书·古今人表》于“东周惠公”名下注曰：“威公子。”这与其他记载可以沟通。《史记·周本纪》张守节《正义》引郭缘生《述征记》记周显王二年(前367)始分东、西周，《史记·赵世家》：“〔成侯〕八年，与韩分周以为两。”裴骃《集解》引徐广曰：“显王二年。”这种记载是可信的。《吕氏春秋·先识览》记“威公薨，肂九月不得葬，周乃分为二”。

说明显王二年威公死而东、西周分，西周惠公和东周惠公都是威公的儿子，二人实为兄弟而非父子，《韩非子》中的记载就是指兄弟二人争夺公位的事。

这样，一些奇怪的现象也就可以解释了。二人同谥“惠公”；两国都有钱币流传下来，《古泉汇》等书录西周与东周的环币，形制几无差别。兄弟二人亦步亦趋地干，无非是想争取正统地位罢了。

而当东、西周这两个封国分裂时，周天子住在东周境内。看来东周力量较强。或许当年周威公偏爱少子，又想像他的上代一样，把位子传给少子，但赵、韩等国却支持长子姬宰，于是小小的王朝之内又分而为两个小诸侯国。

根据《战国策》等书中的零星资料来看，东、西二周起哄时，韩国常站在西周一边。韩非的立场，与他国家的政治态度是一致的。而且韩非主张立国以嫡，反对“枝大本小”，因此他对东周君和西周君的身份地位必然有所轩轾。《说疑》中有一段总结性的意见，“故曰：孽有拟适（嫡）之子，配有拟妻之妾，廷有拟相之臣，臣有拟主之宠。此四者，国之所危也。故曰：内宠并后，外宠贰政，枝子配适（嫡），大臣拟主，乱之道也”。他是坚决维护地主阶级的嫡长子继承制度，反对庶子与嫡子争夺君位的。

韩非称呼周王朝系统的统治者有周主、周君、周天子三种名义。从他对君主儿子的名份观念来看，从先秦时期一些名义称号的习惯用法来看，可以断定，这是指东周君、西周君和周天子。

东周君是周威公分封出去的卿大夫，所以韩非正称之曰周主。《周礼·夏官·大司马》“家以号名”下郑玄注：“家谓食采地者之臣也。”东周君的采地在巩，巩为其私家所在，而家臣称其主子卿大夫为主。《周礼·天官·太宰》“主以利得名”下郑玄引郑司农云：“主谓公卿大夫，世世食采不绝。”《韩非子》中“主”字的用法与此相合，如，《喻老》《外储说左上·说四》《外储说左下·说一》称赵襄子为赵襄主,《十过》《外储说左下·说二》《外储说右下·说一》和《说五》称赵简子为赵简主,《外储说左下·经四》称韩宣子为韩宣主,《外储说左下·经四》称魏君为魏主。这里则称东周君为周主,借此和正规的诸侯西周君区别开来。

西周君是周考王分封出去的诸侯,所以韩非正称之曰周君。这和《韩非子》中称呼其他诸侯的用词是一致的,如《说林上》之称邹君,《内储说下(六微)·说六》之称郤君,《外储说右上·说一》之称鲁君,《内储说上(七术)·说一》之称卫嗣君,《内储说下(六微)·庙攻》之称秦惠文王为惠文君,《外储说右下·说三》之称〔卫文公〕辟疆为卫君,《二柄》等文之称宋桓侯为宋君……都是。

命名的原则既已清楚,我们就可应用这些原则来检验材料了。

> 《外储说左上·说二》:"客有为周君画策者,三年而成。君观之,与髹策者同状。周君大怒。画策者曰:'筑十版之墙,凿八尺之牖,而以日始出时加之其上而观。'周君为之,望见其状,尽成龙蛇禽兽车马,万物之状备具,周君大悦。"
>
> 《说林上》:"严遂不善周君,患之。冯沮曰:'严遂相,而韩傀贵于君。不如行贼于韩傀,则君必以为严氏也。'"

这里提到冯沮其人,顾广圻《韩非子识误》以为即《战国策·东周策》中的冯且,①此人为西周君之臣,可知上二文中的周君即指西周君。

① 此据鲍彪《战国策注》本,见卷二《东周策》。读未见书斋重雕剡川姚氏本作"冯旦"。鲍本是。

> 《内储说上(七术)·说五》:“周主亡玉簪,令吏求之,三日不能得也。周主令人求而得之家人屋间。周主曰:‘吾之吏之不事事也。求簪,三日不得之;吾令人求之,不移日而得之。’于是吏皆耸惧,以为君神明也。”
>
> 《内储说上(七术)·说六》:“周主下令索曲杖,吏求之数日不能得。周主私使人求之,不移日而得之。乃谓吏曰:‘吾知吏不事事也。曲杖甚易也,而吏不能得,我令人求之,不移日而得之,岂可谓忠哉!’吏乃皆悚惧其所,以君为神明。”

这里的周主应当是指东周君了。这个东周君只是卿大夫的身分,而自立为诸侯。它与东周王朝的“东周”二字容易混淆,应该严格地区别开来。韩非如此正名,看来他对东周君自立为诸侯之事还是不以为然的。

《韩非子》中还有一些故事,光知道发生在周地而未标国名,似乎难于确指其所在;但如用其他材料参证,也就可以了解它发生的地点。

> 《说林上》:“温人之周,周不纳客。问之曰:‘客耶?’对曰:‘主人。’问其巷人而不知也,吏因囚之。君使人问之曰:‘子非周人也,而自谓非客,何也?’对曰:‘臣少也诵《诗》曰:“普天之下,莫非王土;率土之滨,莫非王臣。”今周君天下,①则我天子之臣也。岂有为人之臣而又为之客哉?故曰:主人也。’君使出之。”

这个故事并见《战国策·东周策》,可知文中的“周”乃指东周。这里使用的“君”字,只是泛指一地之长,已是战国时人的习惯用法。它

---

① 原文作“今君天子”,文义难通,据《战国策·东周策》改。

与“周君”二字连用后的涵义是大不相同的。

《说林下》:“韩咎立为君,未定也。弟在周,周欲重之,而恐韩咎不立也。綦毋恢曰:‘不若以车百乘送之。得立,因曰为戒;不立,则曰来效贼也。’”

綦毋恢为西周君之臣,见《战国策·西周策》与《楚策一》,可知文中所指的“周”乃指西周。

西周、东周之上,驾临着那个徒有虚名的周天子。《史记·周本纪》曰:“王赧徙都西周”,在赧王延①之前的周显王扁和慎靓王定,则一直都于东周。因为这些末代周王的力量过于微弱,政权落在拥有三县之地的西周与拥有四县之地的东周手里,所以几乎无声无息,后代的历史记载甚至把他们和西周君、东周君混淆起来了。《史记·周本纪》裴骃《集解》引宋衷说以为王赧即西周武公,鲍彪注《战国策》则以为《西周策》记周王朝事,其说皆误。这点韩非区别得很清楚,周天子只能指那个曾经君临天下而当时已经沦落潦倒的周王朝的末代子孙。

《备内》:“大臣比周,蔽上为一,阴相善而阳相恶,以示无私,相为耳目,以候主隙,人主掩蔽,无道得闻,有主名而无实,臣专法而行之,周天子是也。”

---

① 周赧王之名,《史记·周本纪》作“延”,张守节《正义》引《帝王世纪》作“诞”。

郭偃之法

《南面》中说："管仲毋易齐，郭偃毋更晋，则桓、文不霸矣。……人主者，明能知治，严必行之，故虽拂于民，必立其治。说在商君之内外而铁殳，重盾而豫戒也。故郭偃之始治也，文公有官卒；管仲始治也，桓公有武车：戒民之备也。"韩非书中，郭偃之名仅此一见；在其他典籍中，郭偃的事迹也不多见。但从残存的一些记载中，可以了解到，此人在政治思想史上理应占有一席之地。

齐桓、晋文都是早期具有法治思想的政治家。他们之所以列名五霸，在政治上取得成就，原因之一，在于能够任用法家的先驱人物执政。管仲帮助齐桓公改革政治，史书上记载较详；郭偃帮助晋文公改革政治，在《春秋》三传中没有记载，但从一些子书的零星材料中，可以看出他的重要地位。

《墨子·所染》篇曰："齐桓染于管仲、鲍叔，晋文染于舅犯、高偃，楚庄染于孙叔、沈尹，吴阖闾染于伍员、文义，越句践染于范蠡、大夫种。此五君者，所染当，故霸诸侯，功名传于后世。"王念孙《读书杂志》卷九、梁玉绳《吕子校补》卷一从字形和字音上证明高偃即郭偃。《吕氏春秋·仲春纪·当染》篇则作"晋文公染于咎犯、郄偃"，"郄"为"郭"的误字，《太平御览》卷六百二十引文正作"郭偃"。凡此均足证明郭偃是晋文公的重要助手。此人曾在晋国的政治革新中起过重大作用。

郭偃不是晋文公的从难大臣，而是自晋献公至文公时代的大夫。《国语》中记载着他的几段言论。《晋语一》记载他评献公纳骊姬一事曰："吾闻以乱得聚者，非谋不卒时，非人不免难，非礼不终年，非义不尽齿,非德不及世,非天不离数。”《晋语三》记载他评“惠公入而背外内之赂”时说:“夫众口,祸福之门,是以君子省众而动,监戒而谋,谋度而行,故无不济。内谋外度,考省不倦,日考而习,戒备毕矣。”评惠公改葬太子申生一事说:“夫人美于中必播于外,而越于民,民实戴之,恶亦如之,故行不可不慎也。”评惠公杀里克而悔时说:“不谋而谏,不忠;不图而杀,不祥。不忠,受君之罚;不祥,罹天之祸。受君之罚,死戮;罹天之祸,无后。志道者勿忘,将及矣。”都是带有总结历史经验性质的言论。也可以说,这是一些总结统治经验的政治理论。除此之外,还有一些预测性的意见,说明他有远见。这也是《左传》《国语》等书中常见的渲染手法。①《国语·晋语四》中记载着他与晋文公的问答。“文公问于郭偃曰:‘始也,吾以治国为易,今也难。’对曰:‘君以为易,其难也将至矣;君以为难,其易也将至焉。’”则是很深刻的政治见解。

这样的人物,看来确是一个政治理论家。他还有法书留存,后人称为“郭偃之法”。他是一个早期的法治理论家。

《商君书》和《战国策》中提到了“郭偃之法”。《战国策·赵策四》作“燕郭之法”,据姚宏说,曾巩本作“郭偃之淫”(“淫”是“法”的误写),“燕”与“偃”通,则是“燕郭”二字实为误倒。“燕郭之法”应正读之曰“郭偃之法”。把“郭偃之法”和韩非的文章比较,可以看出,韩非受到郭偃很大的影响。

郭偃之法曰:“论至德者不

夫不变古者,袭乱之迹;适

---

① 郭偃,一说即卜偃。《史记·晋世家》裴骃《集解》引贾逵曰:“卜偃,晋掌卜大夫郭偃。”《国语·晋语二》韦昭注同。卜偃历仕献公、惠公、文公、襄公数朝,《左传》《国语》上记载着他根据人名、地变、童谣、山崩、柩鸣以预言祸福的话,看来他只是一个迷信职业的卜者。因此,《国语》上郭偃、卜偃并见,两不相混。看来汉人的说法并不可信。

和于俗，成大功者不谋于众。”（《商君书·更法》）

燕郭之法有所谓“桑雍”者。……所谓桑雍者，便辟左右之近者，及夫人优爱孺子也。此皆能乘王之醉昏而求所欲于王者也。是能得之乎内，则大臣为之枉法于外矣。（《战国策·赵策四》）

故日月晖于外，其贼在于

民心者，恣奸之行也。民愚而不知乱，上懦而不能更，是治之失也。人主者，明能知治，严必行之，故虽拂于民，必立其治。（《韩非子·南面》）

故举士而求贤智，为政而期适民，皆乱之端，未可与为治也。（《韩非子·显学》）

一曰在同床。何谓“同床”？曰：贵夫人，爱孺子，便僻好色，此人主之所惑也。托于燕处之虞，乘醉饱之时，而求其所欲，此必听之术也。为人臣者内事之以金玉，使惑其主，此之谓“同床”。二曰在旁。何谓“在旁”？曰：优笑侏儒，左右近习，此人主未命而唯唯，未使而诺诺，先意承旨，观貌察色以先主心者也。此皆俱进俱退，皆应皆对，一辞同轨以移主心者也。为人臣者内事之以金玉玩好，外为之行不法，使之化其主，此之谓“在旁”。（《韩非子·八奸》）

故日月晕围于外，其贼在

内。谨备其所憎，而祸在于所爱。（《战国策·赵策四》）	内，备其所憎，祸在所爱。（《韩非子·备内》）

两相比较，可以看出韩非的文字几乎全同于“郭偃之法”。这就说明韩非不但继承了商鞅、申不害、慎到等人的学说，而且继承了早期的法治理论家郭偃的学说。韩非确是称得上先秦法家思想的集大成者。

郭偃对晋国的社会变乱作了理论上的总结。所谓“桑雍”，当是一个比喻，鲍彪注：“雍，痈同。桑中有蠹，则外碨磈，如人之痈。”吴师道正之曰：“桑中有蠹，以膏液流于外，如痈溃然。”它指的是隐藏在内部的蠹虫，则显然是以晋献公宠信骊姬之事为背景的。骊姬和优施等人合谋，迷惑晋献公，杀太子申生而立奚齐，酿成几十年的大乱。这是深刻的历史教训，郭偃对此加以总结而列入法书，作为历史借鉴，具有理论价值。韩非为了巩固新兴地主阶级政权，总结历史上的经验教训，对此当然会加以注意。《备内》篇中说：“为人主而大信其妻，则奸臣得乘于妻以成其私，故优施傅丽（骊）姬杀申生而立奚齐。”就提到了这次历史事件。《八奸》《备内》中发挥的思想，看来受“郭偃之法”中的“桑雍”之说的影响很大。

《南面》中说到“商君之内外而铁殳，重盾而豫戒”，是说商鞅变法时，为了预防旧贵族的暗害，采取了严密的戒备措施。《史记·商君列传》记赵良说商鞅，“君之出也，后车十数，从车载甲，多力而骈胁者为骖乘，持矛而操阘戟者旁车而趋。此一物不具，君固不出。”这是必要的预防措施。为了革新政治，必须提高警惕，防备敌人的捣乱。商鞅也是受到郭偃之法影响的法家。他的这种戒备措施，可能也是接受了“郭偃之法”的影响。“郭偃之始治也，文公有官卒。”因为晋文公回国执政时，惠公、怀公馀党几次谋害他，为此秦国还曾支援他卫士三千人，用以保障安全。郭偃当时曾经有过提防戒备的建议或措施，并且从理论上加以阐述，所以商鞅引为借鉴，韩非看作君人“南面”的一项重要措施了。

战国时代的法书

“立辟”“国律”“奉法”是战国时期的三部法律

《饰邪》中说：“当魏之方明立辟从宪令之时，有功者必赏，有罪者必诛，强匡天下，威行四邻；及法慢，妄予，而国日削矣。当赵之方明国律从大军之时，人众兵强，辟地齐、燕；及国律慢，用者弱，而国日削矣。当燕之方明奉法审官断之时，东县齐国，南尽中山之地；及奉法已亡，官断不用，左右交争，论从其下，则兵弱而地削，国制于邻敌矣。故曰：明法者强，慢法者弱。”这段文字似乎容易读通，但真正读通了的人却又很少，关键在于其中的“立辟”“国律”“奉法”数词难于确定其含义，注释家们对此没有作出过什么解释。然而这几个词又属法家的常用词汇，勉强读去似乎也可以读通，因此绝大多数的人采取的是囫囵吞枣的读法，处在一种非懂似懂的状态之中。

今按：“立辟”“国律”“奉法”是战国时期的三部法书。《艺文类聚》卷五十四引晋张斐《律序》曰：

> 律令者，政事之经，万机之纬。
>
> 郑铸“刑书”，晋作“执秩”，赵制“国律”，楚造“仆区”，并述法律之名。申、韩之徒，各自立制。

可知《国律》乃是赵国的一部法律。由此又可推知：《立辟》是魏国的法律，《奉法》是燕国的法律。

这样,《饰邪》中的上述文字才能真正读通。

“刑书”“执秩”“仆区”是春秋时期的一些法律

自从阶级社会产生以后,统治阶级为了巩固政权,必然会制订出一些法律,作为大家遵循的准则。古籍中曾经提到“皋陶之刑”,那是后人的托古之词,不足凭信。所谓“夏有乱政而作‘禹刑’,商有乱政而作‘汤刑’,周有乱政而作‘九刑’”。则是说明三代之时已有刑书出现。只是由于年代久远,这些刑书的内容已经难以了解清楚,《左传》文公十八年载太史克曰:“先君周公……作誓命曰:毁则为贼,掩贼为藏,窃贿为盗,盗器为奸。主藏之名,赖奸之用,为大凶德。有常无赦,在‘九刑’不忘。”则又说明“九刑”的内容主要是为防止奴隶主阶级内部出现篡窃权柄和财富者而拟定的。这些原则后人一直信守弗逾。《国语·鲁语上》载里革对鲁宣公之言,就是根据“九刑”中的这些原则处理了弑父来奔的莒太子仆的问题。

张斐《律序》中提出的几种“法律”,史书上有较具体的记载。

《左传》僖公二十七年记晋文公“大蒐以示之礼,作‘执秩’以正其官”。杜预注:“执秩,主爵秩之官。”则是这种法律或许是为防止贵族之间逾越等级秩序而作出的一些规定。《左传》昭公七年记芋尹无宇曰:“周文王之法曰:‘有亡荒阅’,所以得天下也。吾先君文王作‘仆区之法’,曰:‘盗所隐器,与盗同罪。’”杜预引服虔曰:“仆,隐也;区,匿也:为隐匿亡人之法也。”这种法律反映了当时认为极其重要的一件大事,即任何奴隶主不得收容逃亡的奴隶。这是维护奴隶主阶级利益的重要原则。韩非书中则记载着楚国的另一种法律:

荆庄王有茅门之法,曰:“群臣大夫诸公子入朝,马蹄践霤者,廷理斩其辀，戮其御。”于是太子入朝，马蹄践霤，廷理斩其辀，戮其御。太子怒，入为王泣曰：“为我诛戮廷理。”王曰：“法者，所以敬宗庙，尊社稷。故能立法从令尊敬社稷者，社稷之臣也，焉可诛也？”（《外储说右上·说三》）

以上事实表明，战国之前出现的一些法律，大都比较零星片段，只是阐明了一些奴隶主阶级必须遵循的原则，更多的是关于某项具体事情的律令。这些法律起着调节统治阶级内部关系的作用。①

到了春秋后期，情况有了很大的变化，有些国家公布了成文法。《左传》昭公六年上说：“郑人铸刑书。”昭公二十九年记赵鞅、荀寅“赋晋国一鼓铁以铸刑鼎，著范宣子所为刑书焉”。这样的“刑书”，可以铸在一只鼎上，想来条文很少，文字是不太多的。但这种做法却有重大的意义，因为这类刑书之中似乎已经包括进了处理贵族之外人物的一些规定，而且法律公开，大家可以根据案情参酌条文作出自己的判断，奴隶主生杀予夺的权限或多或少地要受到一些约束，因此引起了保守

① 这里要对《尚书·吕刑》中的问题作些探讨。此文相传作于周穆王时，但里面有很多疑点。西周之时已有墨、劓、剕、宫、大辟五刑，并且规定了赎刑之法，这是完全可能的，因而也是可信的。但若说到其时有“墨罚之属千，劓罚之属千，剕罚之属五百，宫罚之属三百，大辟之罚其属二百：五刑之属三千”。则似乎过于系统化了。这些刑法又是针对谁而拟制的呢？要说是为奴隶主这一边而拟制，则条例不会如此苛细，而且按照当时社会上可能出现的问题来看，似乎也用不到作出如此繁杂的规定；要说是为奴隶一边而拟制的吧，那也不必，因为奴隶主对待奴隶，犹如对待牲口一样，生杀予夺，用不到严格地依据什么周密的成文法上的规定。奴隶主阶级似乎用不到为那些丝毫无权支配自身命运的奴隶制订如此完备的刑律。《周礼·秋官·司刑》记“司刑掌五刑之法以丽万民之罪：墨罪五百，劓罪五百，宫罪五百，刖罪五百，杀罪五百”。《孝经·五刑》章中说“五刑之属三千”。与《吕刑》之说完全一致或极为类似，说明《吕刑》一文应当经过后来的儒者润色过，里面有很多理想化了的成份。

派的反对。为郑铸刑鼎，叔向移书责问子产；为晋铸刑鼎，孔丘慨叹“贵贱无序，何以为国？”表示了极大的不满和担心。

以上各种法律都产生于战国之前，都是奴隶主阶级所制订的法。

时至春秋末年，有的法律之中似乎已经出现了新的成份。《左传》定公九年上说：“郑驷歂杀邓析而用其竹刑。”杜预注：“邓析，郑大夫。欲改郑所铸旧制，不受君命而私造刑法，书之于竹简，故曰竹刑。”邓析是早期的名家，善于分析事理，拟制刑书，必然条分缕析，内容要比铁铸的刑书丰富得多，故而只能书之于竹简之上。然而根据《列子·力命》篇中的记载，邓析立论常使郑国执政者为难，或许邓析意在改变郑国“旧制”，“竹刑”之中包括了一些新时代的要求，顺应历史发展潮流，曾为头脑清醒的郑卿所吸收，但总因恶其异端，故而遭到杀身之祸的吧。

《立辟》是李悝《法经》的原名

时代进入战国之后，各诸侯国的朝廷内仍然拥有一些维护统治阶级的基本原则的宪令。《战国策·魏策四》载“安陵君曰：‘吾先君成侯受诏襄王以守此地也，手受大府之宪。宪之上篇曰：子弑父，臣弑君，有常不赦。国虽大赦，降城亡子，不得与焉。’”不难看出，这种“大府之宪”与前代“九刑”等刑书在精神上是一致的。

但从魏文侯起，新兴地主阶级开始制订并颁布完整的刑法了。李悝的《法经》，成了我国第一部反映地主阶级意志的法律。

《唐律疏义》上说：“魏文侯师于李悝，集诸国刑典，造《法经》六篇。”说明李悝拟制此法时，吸收了好多国家的统治经验，对前代的法典也当有所继承。关于《法经》的内容，明董说《七国考》卷十二引桓谭《新论》有较详细的介绍。

> 魏文侯师李悝著《法经》，以为王者之政莫急于盗贼，故其律始于“盗”“贼”。盗贼须劾捕，故著《囚》《捕》二篇。其轻狡、越城、博戏、假借不廉、淫侈逾制，为《杂律》一篇。又以《具律》具其加减，所著六篇而已。卫鞅受之，入相于秦，是以秦、魏二国深文峻法相近。正律略曰：杀人者诛，籍其家及其妻氏。杀二人，及其母氏。大盗戍为守卒，重则诛。窥宫者膑，拾遗者刖，曰为盗心焉。其《杂律》略曰：夫有一妻二妾，其刑聝；夫有二妻则诛，妻有外夫则宫，曰“淫禁”。盗符者诛，籍其家；盗玺者诛，议国法令者诛，籍其家及其妻氏，曰“狡禁”。越城一人则诛，自十人以上夷其乡及族，曰“城禁”。博戏罚金三市，太子博戏则笞，笞不止则特笞，不止则更立，曰“嬉禁”。群相居一日以上则问，三日四日五日则诛，曰“徒禁”。丞相受金，左右伏诛。犀首以下受金则诛。金自镒以下罚，不诛也，曰“金禁”。大夫之家有侯物，自一以上者族。其减律略曰：罪人年十五以下，罪高三减，罪卑一减。年六十以上，小罪情减，大罪理减。武侯以下守为□法矣。

这里记载下的一些条文，还只是概括的“略”说，但与前比较，则可看出它在各个方面都规定得详细多了。上述引文之中个别文字容有可疑处，但与《晋书·刑法志》中对李悝《法经》的介绍，大体上是吻合的。李悝“撰次诸国法”而成《法经》六篇，比之前时，内容自然要丰富得多。法网森严，说明地主阶级的统治比之前代更为严密；但从另一种角度来看，则又说明它对统治阶级中人无法无天的特权作出了较多的限制。

桓谭在《新论》中说魏国一直沿用李悝的《法经》，韩非在《饰邪》中介绍魏国的历史则又表明它一直沿用《立辟》这部法书，可证《法经》即《立辟》。“辟”即“法”，从字义来说，《立辟》也就是《法经》。一般说来，典籍称“经”，往往是后人追加的。此“法”原名《立辟》，本无“经”称，地主阶级的法学家推崇李悝在法书上的贡献，故而一称《立辟》为《法经》。这种假设应当是切合实际情况的。假如说二者并非一书，那《立辟》也定然是由《法经》发展而来，内容和格局应当基本相同。

《国律》《奉法》的内容则应当类似于《立辟》。

“商君之法”对《法经》的发展

后代地主阶级的法律一直以《法经》为基础，结合现状损益而成。《魏书·刑罚志》曰：“商君以《法经》六篇入说于秦，议参夷之诛，连相坐之法。”后面两项内容就是他的新创了。后来的秦法又是根据商君之法再加增损而编成的。1975年冬，湖北省云梦县睡虎地十一号秦墓中发现了一大批秦简，内有“秦律十八种”“效律”“秦律杂抄”“法律答问”“封诊式”“为吏之道”等多方面的内容，比之“商君之法”有了更进一步的发展。杜甫《述古三首》之二曰：“秦时任商鞅，法令如牛毛。”观云梦秦简而益信。但可看出秦法仍是继承《法经》而来的。①

但“商君之法”与《法经》之间的不同主要不表现在增加了“参夷”“连坐”等内容，而是增加了《法经》中缺少的另一种成份。《法经》的着眼点，偏于防止人们触犯地主阶级心目中的正常秩序，故而重点在限制，在镇压，使用的是“罚”的一手。后起的法家则已注意到了“赏”的作用，故而主张“赏”“罚”两手并用。《韩非子·心度》中说：“故明主之治国也，明赏则民劝功，严刑则民亲法。”商鞅在“法”上的新创，是在“赏”的方面作了很多具体规定。他对“连坐”问题中的告密者就施加

---

① 这批竹简由睡虎地秦墓竹简整理小组整理成书，名《睡虎地秦墓竹简》，文物出版社1978年11月第1版。

奖励，而论功行赏效果最为显著的地方，则是在耕战政策中广泛地实施了奖励制度。

《史记·商君列传》上说："僇力本业，耕织致粟帛多者复其身，事末利及怠而贫者，举以为收孥。"《韩非子·定法》中说："商君之法曰：'斩一首者爵一级，欲为官者为五十石之官；斩二首者爵二级，欲为官者为百石之官。'官爵之迁与斩首之功相称也。"秦国的强盛得力于此者为多。后人一直责备秦国用兵的残酷，称之为"上首功之国"，但这并不是秦国独有的做法，《荀子·议兵》篇中说："齐人隆技击。其技也，得一首者，则赐赎锱金。"可见当时好多国家都有关于杀敌立功的奖励办法。只是秦国的法制比较完备，贯彻得比较彻底罢了。

总的看来，战国时期各国都很重视法制的建设。《战国策·楚策》记"吴与楚战于柏举，三战入郢"，蒙谷"遂入大宫，负'鸡次之典'以浮于江，逃于云梦之中。昭王反郢，五官失法，百姓昏乱。蒙谷献典，五官得法，而百姓大治"。鲍彪于"鸡次之典"下注："楚国法也。'鸡'一作'离'，是所以治离局者。"看来这是春秋时期楚国的一部政典，不是纯粹意义上的法律。《史记·屈原列传》："楚怀王使屈原造为宪令，屈平属草稿未定，上官大夫见而欲夺之，屈平不与，因谗之曰：'王使屈平为令，众莫不知，每一令出，平伐其功，曰以为"非我莫能为"也。'王怒而疏屈平。"则是楚国虽已不满足于前代的政典，但似乎仍未修订出完备的法令。《史记·田敬仲完世家》："淳于髡曰：'大车不较，不能载其常任；琴瑟不较，不能成其五音。'驺忌子曰：'谨受令，请谨修法律而督奸吏。'"这里只是着重于协调与整饬官僚队伍，因此齐国的法律是否很完备，也有问题。这与齐、楚二国后来得不到重大的发展当有关系。韩非书中记载着很多国家执法的情况。魏、赵、燕三国都曾制订过完备的法律，而且一度显示出很好的效用，只是后来执行不力，随之国家也就陷于衰落。韩国的法律叫做《三符》，出之于申不害之手，但他在制订时就存在着问题，新旧内容杂糅，奸臣可以上下其手，国家也就大受其害。秦国的法制最为完备，执行得又坚决，因而国势蒸蒸日上，这是“商君之法”一直在起着作用的缘故。

《战国策·秦策五》记司空马问赵王：“‘金钱粟孰与之富’，曰：‘弗如。’‘国孰与之治？’曰：‘不如。’‘相孰与之贤？’曰：‘不如。’‘将孰与之武？’曰：‘不如。’‘律令孰与之明？’曰：‘不如。’司空马曰：‘然则大王之国，百举而无及秦者。大王之国亡。’”说明秦国法治之佳，山东六国都自愧不如。

韩非对李悝的看法

韩非书中还记载着李悝的两个故事。

《内储说上(七术)·说三》：“李悝为魏文侯上地之守，而欲人之善射也，乃下令曰：‘人之有狐疑之讼者，令之射的，中之者胜，不中者负。’令下而人皆习射，日夜不休。及与秦人战，大败之，以人之善射也。”

《外储说左上·说六》：“李悝警其两和曰：‘谨警敌人，旦暮且至击汝。’如是者再三而敌不至，两和懈怠，不信李悝。居数月，秦人来袭之，至几夺其军，此不信患也。

一曰：李悝与秦人战，谓左和曰：‘速上，右和已上矣。’又驰而至右和曰：‘左和已上矣。’左右和曰：‘上矣。’于是皆争上。其明年与秦人战，秦人袭之，至几夺其军，此不信之患。”

法家的特点是注重实效。有些人急功好利，不顾什么原则，不守什么信用，也就成了鼠目寸光只顾眼前利益的实用主义者。李悝的情况就有类于此。他虽拟制过《法经》，但当遇到“狐疑之讼”时，却不按法判断，而用与此无关的射技来作裁夺是非的准则。韩非对此虽无直接评价，只是这种处理问题的方式却颇使人哭笑不得。至于使用谎言来鼓舞士气，更是手段低拙，难免招致失败。因此，韩非对李悝的《法经》持肯定的态度，但对李悝本人则无好评。韩非虽是政治理论家，但不是学术中人。他的评价人物，只根据政治上的表现，从不考虑其人在学术(如某一方面的理论建设)上的贡献，书中对李悝的看法也反映出了这一特点。

韩非作品写作年代的推断

读先秦诸子的文章，感到困难的问题之一，就是写作年代不能确定。由于这个难题的存在，也就引起了其他一系列的问题，如：在同一部著作中，有许多观点相矛盾的文章，里面有没有真伪之分？各种不同观点的出现，又是怎样联系和发展的？……可见解决作品的断代问题，对于阅读和研究工作都有很大的好处。研究先秦思想史的专家可以在这方面作些努力。

韩非的情况也一样。由于绝大多数的作品写作年代不能确指，因此很难勾勒出他的思想发展线索，并且一些作品的真伪似乎也成了问题。我在阅读《韩非子》的过程中，感到可以从下列几个方面着手作些探讨。今将一些粗浅的看法提供如下。

一、根据作品的内证确定写作年代

韩非的有些作品记载着历史上的重大事件，可以根据这些材料推断写作年代。

《五蠹》猛烈地批判纵横家，并举周、卫二国依赖合纵、连横而亡国的事例作证明。“故周去秦为从（纵），期年而举；卫离魏为衡，半岁而亡。是周灭于从，卫亡于衡也”。前者指公元前256年秦灭西周。《史记·周本纪》：“〔周赧王〕五十九年，秦取韩阳城、负黍。西周恐，倍秦，与诸侯约从，将天下锐师出伊阙攻秦，令秦无得通阳城。秦昭王怒，使将军摎攻西周。西周君奔秦，顿首受罪，尽献其邑三十六，口三万。”这年末代天子周赧王也去世了，故称“周灭”。后者指公元前254年魏杀卫怀君而兼并了卫的土地。这也是常平之战的余波。魏乘秦国战败的时机，向参预连横的卫国用兵，灭掉了卫国。《吕氏春秋·审应览·应言》："秦虽大胜于常平，三年然后决。士民倦，粮食□。当此时也，两周全，其北存。魏举陶削卫，地方六百。"其时正当安釐王二十三年（前254）。可见《五蠹》篇作于公元前254年之后，距离韩非去世之时至多二十一年。假如说韩非享年五十上下的话，《五蠹》的写出大约已在三十岁之后，可以算是中期以后的作品。

《有度》之中详记安釐王的战功。"魏安釐王攻燕救赵，取地河东；攻尽陶、魏之地，[①]加兵于齐，私平陆之都；攻韩拔管，胜于淇下；睢阳之事，荆军老而走；蔡、召陵之事，荆军破；兵四布于天下，威行于冠带之国；安釐王死而魏以亡。"这里不但提到了魏灭卫事，而且一直叙述到魏安釐王之死，写作时间也是明确的。魏安釐王享国三十四年，死在公元前243年，《有度》作于是年之后，已是韩非晚期的作品了。

《饰邪》也提到了好多历史事件，其中说到"赵又尝凿龟数策而北伐燕，将劫燕以逆秦，兆曰'大吉'。始攻大梁而秦出上党矣；兵至厘而六城拔矣；至阳城，秦拔邺矣；庞援揄兵而南，则鄣尽矣"。《史记·赵世家》："〔悼襄王〕九年，赵攻燕，取貍、阳城。兵未罢，秦攻邺，拔之。"《六国年表》同年记"秦拔我阏与、邺，取九城"。《饰邪》所记就是这事，时在公元前236年，下距韩非之死仅三年。由此可以推断《饰邪》的写作年代当在公元前236年—前233年之间。

《存韩》的写作年代最清楚。这是一篇上秦王书，规劝秦王不要去攻打韩国。据《史记·韩非列传》："秦王见《孤愤》《五蠹》之书，曰：'嗟

---

① 魏国攻尽陶、魏之地，从逻辑上说，似乎不通。实则后一魏字指卫。卫国长期依附魏国，后又为魏所灭，所以韩非书中常用魏代卫。这一点可参看松皋圆《韩非子纂闻》中的《有度》篇注。

乎！寡人得见此人与之游，死不恨矣。'李斯曰：'此韩非之所著书也。'秦因急攻韩。韩始不用非，及急，乃遣非使秦。"《六国年表》记韩非使秦在韩王安六年、秦王政十四年，而在这一年韩非也就死去了。因此《存韩》只能作于是年，即公元前233年。

此外，《难一》《难二》《难三》《难四》应当也是韩非晚期的作品，因为里面几则故事反映的观点，与《吕氏春秋》中的观点针锋相对，显然是看到了吕书之后才写作的。《吕氏春秋》成书于秦王政八年（前239），即韩非死前六年。因此，《难一》《难二》《难三》《难四》反映的是韩非晚期完整的法治思想。关于韩非与《吕氏春秋》的关系，另有专论。

二、把对孔丘的不同评价作为区分的标准

《五蠹》是一篇反儒的著名论文。韩非把儒家作为五种蠹虫的首恶，用最大的篇幅作集中的批判，其中有一段文字提到了孔丘的活动。

> 仲尼，天下圣人也，修行明道以游海内，海内说（悦）其仁、美其义而为服役者七十人。盖贵仁者寡，能义者难也。故以天下之大，而为服役者七十人，而仁义者一人。鲁哀公，下主也，南面君国，境内之民莫敢不臣。民者固服于势，势诚易以服人，故仲尼反为臣而哀公顾为君。仲尼非怀其义，服其势也。故以义则仲尼不服于哀公，乘势则哀公臣仲尼。今学者之说人主也，不乘必胜之势，而务行仁义则可以王，是求人主之必及仲尼，而以世之凡民皆如列徒，此必不得之数也。

韩非用发展的观点证明儒家学说的不合时宜，对仁义道德的说教

作了深刻的批判。他对孔门弟子作了尖锐的嘲弄，但对孔丘本人则并不一笔否定。这种态度，尤其可以从孔丘和鲁哀公的对比中看出来。《五蠹》是韩非的代表作，他对儒家的这种态度说明了很多问题。

韩非是从荀况受业的。荀况是从儒家阵营中出来的思想家，由于荀况具有这样的个人特点，因此他的作品也有鲜明的特色。他喜欢谈礼，主张尚贤，极度推崇孔丘，这是他从儒家阵营中沿袭下来的旧习；而他用等级度量讲礼，规划了一整套封建政权的原则和制度，则又反映了时代的要求。实际说来，荀况这位地主阶级思想家还未做到与早期的儒家体系决裂。

韩非已是纯正的法家人物，但他的有些作品还推崇孔丘，称赞孔丘的忠实门徒曾参之流，可能就与荀况的思想状态有关。看来韩非的思想也经历着发展的过程。参照《五蠹》篇中所反映的情况来看，他的思想应当有前后期的不同。他的早期思想，或许还受荀况的影响，认为孔丘是一个贤人；到他晚期，法家思想进一步发展之时，也就彻底否定孔丘这样一位儒家的祖师了。这样分析，可以解释韩非书中评价孔丘的混乱情况。

这里可以举出一组文字先加以讨论。

《韩非子》中有些文章主题相同，而对儒家的态度不一样，可以根据上述原则区分为前后期的作品。

《难言》和《说难》主题相同，都是论述进说困难的文章。《难言》是一篇上韩王书，文中希望愚暗的君主能够豁除进言的障碍，从历史上忠国之士惨遭祸害的悲剧中吸取教训，言辞很恳切，文笔也还生动，但结构很简单，在韩非的作品中算是一篇浅近的作品。比起《说难》那样缜密透彻的论文来，只能算是尚未成熟的作品了。

《难言》中有许多吹捧儒家人物的话，如说“仲尼善说而匡围之”，称孔丘为“贤”“大夫”；又说“宓子贱”“不斗而死人手”，“宰予不免于田常”，认为他们都是“世之仁贤忠良有道术之士也”。他还提到进说之时“殊释文学，以质信言，则见以为鄙；时称诗书，道法往古，则见以为诵”。认为这也是《难言》中的一些不正常情况。这样评价儒家人物，在韩非书中还是少见的。应该说，这是韩非早期的思想，那时他还没有与儒家彻底决裂，因而留下了这些旧的痕迹。《难言》应该是他的早期作品。《说难》则不然，通篇已无儒家思想的痕迹，而且文中明言进说的目的在于让君主“听用而振世”，“明割利害以致其功，直指是非以饰其身”，表达了法家的抱负和理想。无论从写作技巧或思想水平来说，都已完全成熟了。因此，《说难》应当是韩非后期的作品。

上面已经说过，根据作品的内证，《难一》《难二》《难三》《难四》应当是韩非晚期的作品。从文章的内容看，《难一》批判孔丘“不知善赏”，《难二》以为仲尼之言不及郑长者之论，《难三》指出“仲尼之对，亡国之言也”，这些文章都对孔丘作了彻底的否定。因此，这里如以作品中对孔丘的评价为准则而划分写作年代，也可得出与上一致的结论。

下面可以根据这项原则再对某些作品的写作年代作些判断。《安危》中有句云：“治世使人乐生于为是，爱身于为非，小人少而君子多。故社稷常立，国家久安。奔车之上无仲尼，覆舟之下无伯夷。故号令者，国之舟车也。安则智廉生，危则争鄙起。”这里是把孔丘作为智者的典型而加以肯定。《六反》篇中说：“上治儒而行修者，曾、史也”，《守道》篇中说：“盗跖与曾、史俱廉”，这里是把曾参看作高尚的典型而加以肯定：这些作品或许都产生于早期。

《说林》“上、下”和“内、外”《储说》中有好几则故事吹捧孔丘的言行和治绩，这可不能用来证明文章的写作年代，因为这些作品中的故事，韩非大都是从其他材料中直接摘引过来的，不能完全代表他对儒家的正式评价。

三、以儒家思想影响的有无作为区分的标准

《韩非子》中有些作品还有儒家思想的影响，这点也可运用和上节相同的原则作些区分。

《解老》《喻老》也是同一主题的一组作品，但二者之间存在着一些异点。《喻老》用历史传说故事作为比喻解释《老子》中的哲理，纯属法家思想体系。《解老》则不是这样，陈澧《东塾读书记》卷十二"诸子"曰："其解'仁''义''礼'三字之义，则纯乎儒者之言，精邃无匹。"这样说当然是不妥的。法家与儒家往往同用一个词汇而涵义各别，他们在论述某种道德观念时，往往各自赋予本阶级的理解。因此有人想用陈澧同样的观点否定韩非对《解老》的著作权，理由不够充分。但也不可否认，《解老》中的这几段文字无论从用词造语或解说方式等方面看，还没有跟儒家划清明确的界限，不能清楚而具体地灌注进法家的思想，用法家独有的词汇加以表达，因此才会有这样混淆不清的事发生。据此可以推断，《解老》可能是韩非早期的作品，《喻老》应当是韩非后期的作品。

《用人》篇有句云："君人者不轻爵禄，不易富贵，不可与救危国。故明主厉廉耻，招仁义。昔者介子推无爵禄而义随文公，不忍口腹而仁割其肌，故人主结其德，书图著其名。"韩非书中有从法家观念出发而对仁义作出的解释，但这么集中地以"廉耻""仁义"并提，作为最高的道德规范，书中是很少见的，应当说是儒家思想尚未扫除干净的结果。《用人》或许作于早期。

《亡征》篇有句云："不为人主之孝，而慕匹夫之孝，不顾社稷之利，而听主母之命，女子用国，刑馀用事者，可亡也。"这里说的"人主之孝"和"匹夫之孝"，有儒家影响的嫌疑。《孝经》中《诸侯》《卿大夫》《士》

《庶人》四章分论诸侯之孝、卿大夫之孝、士之孝与庶人之孝，这里似乎套用了儒家的用语。孝是儒家特别重视的道德规范，一般说来，先秦的纯正法家不大谈论孝道，这或许也是《亡征》作于早期的缘故。

四、以尚贤与否作为区分的标准

法家反对“尚贤”，主张“任法”。他们认为法是治国的最高准则，智者愚者都得按法办事，因此上至君主下至匹夫，都用不到凭借个人的聪明智巧。《商君书·开塞》篇说：“上贤者，以道相出也；而立君者，使贤无用也。”反映了法家否定贤治的主张。

韩非完整地表达了这种观点。他认为君主尚贤，臣下就会利用“贤”来弑君篡位。《忠孝》篇中说：“今夫上贤任智无常，逆道也，而天下常以为治。是故田氏夺吕氏于齐，戴氏夺子氏于宋。此皆贤且智也，岂愚且不肖乎？是废常上贤则乱，舍法任智则危。故曰：上法而不上贤。”

他在《难势》篇中则从理论上论证了贤治的不能凭靠，只有法治才能确保国家长治久安。他假托第三者反驳尚贤观点时说：“且夫尧、舜、桀、纣千世而一出，是比肩随踵而生也。世之治者不绝于中，吾所以为言势者，中也。中者，上不及尧、舜，而下亦不为桀、纣。抱法处势则治，背法去势则乱。……夫弃隐栝之法，去度量之数，使奚仲为车，不能成一轮。无庆赏之劝，刑罚之威，释势委法，尧、舜户说而人辨之，不能治三家。夫势之足用亦明矣，而曰‘必待贤’，则亦不然矣。”也是一种完整的尚法而不尚贤的观点。

这种观点，应该是在彻底摆脱了荀况的影响和完整地建立了法治思想之后才能提出的。《饰邪》篇说：“凡败法之人，必设诈托物以来亲，又好言天下之所希有，此暴君乱主之所以惑也，人臣贤佐之所以侵也。故人臣称伊尹、管仲之功，则背法饰智有资；称比干、子胥之忠而见杀，则疾强谏有辞。夫上称贤明，下称暴乱，不可以取类，若是者禁。”这里把现实政治中贤治说的危害彻底揭露出来了。“人臣贤佐”假托伊尹、管仲、比干、子胥而进行阴谋活动，破坏法治，对新建的封建国家是很大的威胁，必须提高警惕。《论衡·卜筮》篇曰：“韩非《饰邪》之篇，明已效之验，毁卜訾筮，非世信用。”可见汉人所见的《韩子》已有《饰邪》其文，所说的情况和今本内容正合，可证《饰邪》一文的可靠性。因此，《饰邪》中的论点，可以看作韩非的晚年定论，那么与此观点一致的《忠孝》《难势》等文，应当也是韩非的后期作品了。

寓言漫谈

一

客谓梁王曰："惠子之言事也，善譬。王使无譬，则不能言矣。"王曰："诺。"明日见，谓惠子曰："愿先生言事则直言耳，无譬也。"惠子曰："今有人于此而不知弹者，曰：'弹之状何若？'应之曰：'弹之状若弹。'则谕乎？"王曰："未谕也。""于是更应曰：'弹之状如弓，而以竹为弦。'则知乎？"王曰："可知矣。"惠子曰："夫说者固以其所知谕其所不知，而使人知之。今王曰无譬，则不可矣。"王曰："善。"(《说苑·善说》)

这是一个有趣的故事，能够说明很多问题。惠施是先秦哲学家，曾经提出过著名的"历物十论"，这些学说都很玄妙，如果平铺直叙地解说，旁人就很难理解，必须运用生动的譬喻，用形象的语言来表达，把抽象的道理具体化，才能使人领会。由此可知，惠施答复梁惠王的这一番话，实在是他深有体会的经验之谈。

先秦诸子都是哲学家。这些著名人物，都是奔走四方大力宣传自己的理论主张的活动分子，不像后代那种关在书斋中的学者。他们像惠施一样，为把自己所构拟的理论表达清楚，必须注意运用譬喻。《荀子·非相》篇说"谈说之术"，"分别以喻之，譬称以明之"；《墨子·小取》篇把"辟、侔、援、推"四种论辩术中的"辟(譬)"列在首位；足见"譬喻”这种手段在他们的宣传活动中起着重要的作用。

古代研究文学理论的人很早就对“譬喻”这种手段进行研究了。所谓“诗有六义”之说，其中的“比、兴”两项，都与譬喻有关。宋代陈骙著《文则》，对“喻”作了综合的研究，认为“取喻之法，大概有十”。其中值得注意的有“博喻”一项。陈氏说：“博喻：取以为喻，不一而足。《书》曰：‘若金，用汝作砺；若济巨川，用汝作舟楫；若岁大旱，用汝作霖雨。’《荀子》曰：‘犹以指测河也，犹以戈舂黍也，犹以锥飧壶也。’此类是也。”这种手段对后代的诗文写作和文学理论影响很大，例如韩愈和苏轼的诗就以“博喻”著称。

先秦诸子都喜欢用博喻，如《孟子·离娄上》曰：“离娄之明，公输子之巧，不以规矩，不能成方圆；师旷之聪，不以六律，不能正五音；尧舜之道，不以仁政，不能平治天下。”《庄子·外物》曰：“筌者，所以在鱼，得鱼而忘筌；蹄者，所以在兔，得兔而忘蹄；言者，所以在意，得意而忘言。”《韩非子》中也有同样的例子，如《奸劫弑臣》曰：“托于犀车良马之上，则可以陆犯阪阻之患；乘舟之安，持楫之利，则可以水绝江河之难；操法术之数，行重罚严诛，则可以致霸王之功。治国之有法术赏罚，犹若陆行之有犀车良马也，水行之有轻舟便楫也。乘之者遂得其成。”其他一些学派的代表人物，凡以文采著称者，无不注意大量使用譬喻。

《文心雕龙·诸子》上说：“韩非著博喻之富。”这就值得探讨：先秦诸子都有博喻之风，为什么刘勰要以韩非为代表呢？如以上面介绍的那种单纯的明喻而言，《荀子·劝学》篇的成绩尤为突出。全文用排比句法，譬喻层出不穷，而且文采斐然，如“积土成山，风雨兴焉；积水成渊，蛟龙生焉；积善成德而神明自得，圣心备焉”一段，差不多全用精彩的譬喻组成，读后确有辞采缤纷令人目不暇接之感。《文则》中所举“博喻”的例子，就是出于《劝学》篇中的。但刘勰不称荀况而举韩非，原因何在？

考察起来，韩非所以负有“博喻”的盛名，其主要原因，应当是他在《喻老》等文的故事写作上取得了出色的成就。

《喻老》一文，和《解老》类似，都是解释《老子》的名篇，但二者之间却也存在着明显的区别。顾名思义，可知《解老》的特点是在“解”上，《喻老》的特点是在“喻”上。“解”和“喻”是不同的，前者通过理论分析，后者通过形象譬喻，各尽其妙地对《老子》的哲理作了阐发。

玄应《一切经音义》卷六引《苍颉篇》曰：“喻，譬谏也。”《说文・言部》：“谕，告也。”“谕”同“喻”，说明“喻”是运用譬喻这种手段把道理明白告晓读者的。《老子》的文句很简练，理论很深奥，用形象化的“喻”来解说，确实可以收到良好的效果。例如韩非解释《老子》六十三章“图难于其易也，为大于其细也”，“天下之难事必作于易，天下之大事必作于细”一段，就一连运用了三个“喻”。前面两个“喻”，“千里之堤以蝼蚁之穴溃，百尺之室以突隙之烟焚。故白圭之行堤也塞其穴，丈人之慎火也涂其隙”。没有什么情节可言，只能说是两个单纯的譬喻。最后一个“喻”，也就是扁鹊治病的故事，则是情节生动层次丰富的故事了。连读这三个“喻”，对于《老子》六十三章中的这几句话，定然能够掌握住要领。

细细分析起来，这三个“喻”所起的作用也不相同。前面两个喻，仍然起着“以其所知谕其所不知”的作用；后面一个喻，已经不是简单的譬喻，而是在用生动具体的事实证明“图难于其易也”这个命题的正确性。因此，前面两个喻起着说明的作用，后面一个喻起着提供例证的作用。

“内、外”《储说》的情况也一样。“经”中提出了一种理论，“说”中就用许多故事加以证明。和《喻老》不同的是，《喻老》证明的是哲学思想，“内、外”《储说》证明的是政治理论，但论证的方式则是相同的，只是《储说》中的格式更整齐了。这里韩非是用文学上的手段创造了一种理论文的新形式。下面举《内储说上(七术)》中的《经一》"众端参观"为例以说明之。

观听不参则诚不闻,听有门户则臣壅塞。(命题)

其说在侏儒之梦见灶,哀公之称莫众而迷。故齐人见河伯,与惠子之言亡其半也。(例证)

其患在竖牛之饿叔孙,而江乙之说荆俗也。嗣公欲治不知,故使有敌。是以明主推积铁之类,而察一市之患。(反证)

经文开端提出命题,然后用大量的故事作例证,"其说"之下的几个故事起着正面教育的作用,用以证明论点的正确。这些例证都是从现实生活中产生的历史故事和民间故事,具有很大的真实性。读者如果承认了这些故事是可信的,那就得承认命题的正确,因此这种论证方式具有很强的逻辑力量。"其患"之下的几个故事则从反面进行教育。韩非运用正反两方面的例证作为证明,读者很自然地会由此得出结论,这个结论也就是经文开端时提出的命题。这样的命题,自然具有很强的说服力。①

上述例证中有"明主推积铁"一项,缺乏完整的故事情节,只能说是一个譬喻,它与用作例证的故事不同,所以作者在这譬喻之后还要加上"故彼以尽备之不伤,此以尽敌之无奸也"两句,把它和经文中的内容联系起来。

以上事实说明:韩非用许多民间故事和历史故事证明一种抽象的

---

① 参看王瑶《说喻》,载《国文月刊》第二八、二九、三〇期合刊,开明书店1944年出版。

道理，这就是他写作上“博喻”的特点。

《墨子》《孟子》中的譬喻，一般都还停留在“以其所知谕其所不知”的阶段，后来的一些子家，用“喻”之法有所不同，但都没有像韩非使用的这样广泛，而且很少用完整的历史故事和民间故事作为例证。在用“喻”的问题上，可以和韩非媲美的，大约只有庄子一家了。《庄子》中也有连用几个故事说明一种道理的作风，但刘勰为什么不把“博喻”的美名奉献给它呢？

《庄子》书中曾经总结过本学派写作上的一些特点。《天下》篇说庄周“以谬悠之说，荒唐之言，无端崖之辞，时恣纵而不傥，不以觭见之也。以天下为沈浊，不可与庄语，以卮言为曼衍，以重言为真，以寓言为广，独与天地精神往来，而不敖倪于万物，不谴是非，以与世俗处”。《寓言》篇中则介绍了上述三种写作手法的使用情况和写作特点，所谓“寓言十九，重言十七，卮言日出，和以天倪”。《经典释文》解释“寓言”说“以人不信己，故托之他人”；解释“重言”说“谓为人所重者之言也”；解释“卮言”时引王叔之云：“夫卮器满即倾，空则仰，随物而变，非执一守故者也，施之于言而随人从变，已无常主者也。”说明“卮言”只是《庄子》中的一种滑头作风，“寓言”“重言”则是这种滑头作风应用的两种表达手段；而“重言”一项，按其实质而言，又可以归入“寓言”一项的。所以《史记·老庄申韩列传》上说庄周“其著书十余万言，大抵率寓言也”。

正因为《庄子》中有这种自编故事的作风，所以书中虽然记载着许多历史人物和历史事件，但却很难把它作为可以依据的材料。例如《盗跖》篇中的所谓“柳下跖痛骂孔老二”故事，本是呵佛骂祖的一则寓言，目的只在表明及时行乐的老庄哲学思想。前人早已考证清楚，孔丘与柳下惠不同时，因此这则编造的故事正可以作为“寓言”理论的例证。“四人帮”出于篡党夺权的反动目的，竟然把这虚假的故事当作第一手史料运用，这是他们一贯不讲科学的实用主义的丑恶面目的大暴露，充分表明了这一伙政治流氓兼学术骗子的专横武断。

《庄子》用喻的手法和韩非用喻的手法有着实质上的不同，因此他们的作品给人的感受也是不一样的。《庄子》好像也用“历史故事”和“民间故事”作例证，证明哲学上的某一命题，例如《养生主》中的开头一段，乃全文主旨之所在，后面则连用五个“喻”作例证。这样的体例，和“内、外”《储说》相同。但不难看出，《庄子》中的这几个故事（或单纯的譬喻），有的虽然假托古人，似乎是历史上发生的真事，实际上却出自他本人的编写，并不是从生活中汲取来的。尽管里面有着“庖丁解牛”等著名的寓言故事，机智地说明了老庄学派的人生哲学，而且能够给人艺术上的享受，但它毕竟是智者的玄谈，已经超脱于生活基础，因此人们凭着个人的生活经验不一定会立即接受这种故事中内涵的道理。这样的寓言实际上不能起到有力的例证的作用。

总体来说，《韩非子》和《庄子》二书都喜欢用故事作譬喻阐明他们的理论，但二者之间存在着明显的区别。韩非运用的故事，一般都是现成的民间故事和历史故事；《庄子》运用的寓言，一般都是自编的带有玄妙色彩的故事。韩非把这种借现成事例阐述理论的做法，自名曰“喻”；《庄子》把这种用自编故事阐述理论的做法，自名曰“寓言”。韩非笔下的故事，描摹人情世态，生动具体，细节丰富，是现实生活的客观反映；《庄子》笔下的寓言，自抒胸臆，构思奇幻，想象丰富，使人有出世之感。这两种文学给人的感受也有不同：阅读韩非“博喻”的作品，从大量的例证中可以自然地得出和命题一致的结论，这里主要依靠逻辑思维的力量；阅读《庄子》“博喻”的作品，通过一系列的寓言领会深奥的哲理，主要通过联想的作用，作品充分显示出形象思维的特点，读者也要有丰富的想象力才能领会。这两种文学对后代的影响也有不同：《韩非子》对现实主义文学创作的影响很大，《庄子》对浪漫主义文学创作的影响很大。

二

按照人类学家和文艺史家的研究，寓言故事中要以动物故事的产生为早。动物作为题材，出现于壁画或故事中，是人类早年的事。人们在狩猎或畜养的过程中，对动物的特点有了深刻的认识，他们把自己的思想感情加在动物身上，构拟出许多生动有趣的故事。这样的动物故事，除《战国策》等书中有记载外，就要数到《韩非子》和《庄子》中的记载为丰富了。例如《说林下》中的“三虱食彘”故事，《庄子·秋水》中的“鹓雏与鸱”故事，都是脍炙人口的寓言，能够恰切地反映该学派的思想。

就以动物故事而言，《韩非子》和《庄子》的做法也有不同。《说林》是韩非搜辑创作上的原始材料的一组作品，“三虱食彘”当是他采集到的一个通行的故事。《庄子·徐无鬼》中也有相似的文字，“濡需者，豕虱是也。择疏鬣，自以为广宫大囿；奎蹏曲隈，乳间股脚，自以为安室利处。不知屠者之一旦鼓臂布草，操烟火，而己与豕俱焦也”。这里着重抒发的，已是作者个人的想象和主观的陈述，和韩非的同类故事有所不同。

《说林下》还有一个简单的故事。“虫有蚘者，一身两口，争食相龁也。遂相杀，因自杀。人臣之争事而亡其国者，皆蚘类也”。“蚘”是“虺”的古字。古代本有虺多口的传说，《楚辞·天问》曰：“雄虺九首，倏忽焉在？”可见韩非也是采用了社会上的现成说法，构成他的寓言故事。《庄子》不然，书中也有类似的故事，但显然不是民间传说，而是编撰出来的。《则阳》篇曰：“有国于蜗之左角者，曰触氏；有国于蜗之右角者，曰蛮氏。时相与争地而战，伏尸数万，逐北，旬有五日而后反

(返)。”这是一种浪漫主义的文学小品，充满了虚幻的想象与奇异的夸张，它直接影响到了唐人小说中某些浪漫主义文学作品的写作。

我国动物故事得不到发展，应当说与儒家思想有关。因为孔丘“不语怪力乱神”(《论语·述而》)，因此虫鱼鸟兽、花草树木都能谈论和行动的故事也就遭到否定。儒家的典籍中就没有一则动物故事出现。刘宝楠《论语正义》曰：“书传言夫子辨木石水土诸怪及防风氏骨节专车之属，皆是因人问答之，非自为语之也。至日食、地震、山崩之类，皆是灾变，与怪不同，故《春秋》记之独详。”这种解释，符合儒家思想的实际情况。《春秋》语灾变，无异给迷信思想以法定的理论根据，因而汉代兴起了谶纬之学，后代语灾变者承受弗衰。孔丘辨怪异，则是把一些神话传说用后代人的意识加以曲解，这就像是成年人用老气横秋的思想状态去改编想象丰富构思奇幻的儿童故事一样，结果是神话的性质变了，寓言中的动物故事也遭到了池鱼之殃。

这里可以孔丘论夔之语为例以说明之。

夔是一种神兽。《山海经·大荒东经》上说：“东海中有流波山，入海七千里，其上有兽，状如牛，苍身而无角。一足，出入水则必风雨。其光如日月，其声如雷，其名曰夔。黄帝得之，以其皮为鼓，橛之以雷兽之骨，声闻五百里，以威天下。”这样的夔，就是所谓木石之怪。它是神话中的东西，决不是人世间物。因为神话故事中有黄帝用它的皮蒙鼓的事，而鼓在音乐中又占重要的地位，所以后来又形成了夔作乐或夔为乐师的传说。《初学记》卷十五引《世本》曰：“夔作乐。”《尚书·舜典》则记舜命夔“典乐”。在这故事演变的过程中，可能就经过孔丘以人事解释神话这一环节。

《外储说左下·说二》：“〔鲁〕哀公问于孔子曰：‘吾闻夔一足，信乎？’曰：‘夔，人也，何故一足？彼其无他异，而独通于声，尧曰：

"夔一而足矣。"使为乐正。故君子曰:"夔有一足,非一足也。"'"

这个故事,并见《吕氏春秋·慎行论·察传》,应当是可信的。可以想见,古代的神话传说经过儒家中人这么解释之后,原来绚烂奇异的色彩也就荡然无存,以动物为中心的文学作品受到了很大的破坏,动物的神话故事逐渐被取消了,通过动物进行譬告的寓言故事也就受到了很大的打击。况且古代处在上位的奴隶主贵族和封建贵族都讲求所谓"庄重",通过动物进行劝诫或讽谕,似乎有失身份,因此这种生动活泼的写作方式也就遭到了扼杀。《韩非子》中还有一些动物故事存在,或许当时的地主阶级还在早年阶段,思想上还没有完全陷于僵化,但这样的作品其数量已是很少的了。

三

现在有些人把韩非记载的故事都叫做"寓言",这就掩盖了《韩非子》中的故事和《庄子》中的故事二者之间存在着的不同。名词是实际的反映。为了用词精确,似乎可以就"寓言"一词作些分析。

下面先引用几种词典中的解释。

《汉语小词典》:"〔寓言〕文学作品的一种体裁。用比喻的手法,通过简短的故事,说明一定的道理,带有教育和讽刺的意义。如柳宗元的《黔之驴》、《伊索寓言》中的《农夫与蛇》。"①

《四角号码新词典》:"〔寓言〕用假想的故事或对事物作拟人

① 《汉语小词典》,上海辞书出版社 1979 年 10 月第 1 版。

化的描写，来说明某种道理，以达到教育和讽刺目的的文学作品。”①

一提到寓言，大家就会想到希腊古代著名的《伊索寓言》。根据有些人的介绍，这类东西希腊古代只称为故事，只是后来才被用作譬喻，寄托教训。其实寓言经历这样的演变过程也是很自然的。故事本身不能不含有一些意义，后人利用这点进行劝喻或讽刺，也是很自然的事，因此上述词典中所下的定义还是恰当的。林琴南用《庄子》中的这个名词翻译伊索的故事，虽然和《庄子·寓言》中的定义还有一些出入，但从字义来看，或是和《庄子》中的寓言故事比较，还是有其相通之处。但后人给寓言下定义时，似乎也不必过于强调其“假想”的一面，因为民间故事的产生，并不一定都是假想的。

《韩非子》中故事很多，大体上可以分为三类：一是动物故事，二是民间故事，三是历史故事。《说林下》中的三虱食彘，就是动物故事；《五蠹》中的守株待兔，就是民间故事；《外储说左上·说五》中的涿谷之战，就是历史故事。其实动物故事就是民间故事，这里单独列为一项，也只是沿用过去的成说。

这三种类型的故事，古代都叫做“喻”。其中一、二类故事，可以称为寓言，第三类故事，不能称为寓言。一、二类故事，属于文学的范畴，作者掇取生活中的某一事件，突出描写其中的一点，用以寄寓某种道理，达到惩劝的作用。第三类故事则是过去曾经发生过的某一具体事实，属于历史的范畴；虽然故事本身也很生动有趣，读后也有启发意义，但是它跟文学作品中的寓言毕竟不同，应该区别开来。当然，民间

---

① 《四角号码新词典》，1977 年修订重排本，商务印书馆 1978 年 2 月第 1 版。

故事和历史故事之间有时也很难区别，如《喻老》中的宋人献玉故事，似乎只是一则民间故事，但它见之于《左传》襄公十五年，可知这是历史上曾经发生过的一桩具体事情。韩非书中这类情况很多，其中很多故事可以作为基本史料运用。《庄子》书中的故事也可以包括以上这三类，但它们大都出之于文学手法的创造，因而不能作为基本史料运用。这一些"喻"都可以叫做"寓言"。

我国古代的文学家都很重视"喻"。因为这能增加文学作品的形象性，而且作者构思巧妙，联想丰富，也能使人增加阅读上的愉快。因此，陆机《文赋》把"言拙而喻巧"的作品仍然认为可取的成功之作，而钟嵘《诗品》评颜延之曰"情喻渊深"，把它作为优秀作品的创作特点看待。我国古代的政治家也重视"喻"，他们注意历史的借鉴作用，因此前人写作政论文时，总是引用过去发生的同类历史事件作为例证，所谓"前事不忘，后事之师"，可以起到以古喻今的作用。这样的"喻"，用得恰当与否，常被用作区分文章水平高下的准则。《文心雕龙·檄移》篇上说"相如之难蜀父老，文晓而喻博"，这是用喻成功的例子；诸葛亮《出师表》上则提到要防止"引喻失义"，说明用喻不当会起很坏的政治影响。这样的喻，就决不可能是动物故事或民间故事的了。这样的"喻"，不能用"寓言"一词来借代。

韩非与“百国春秋”

刘知几《史通·六家》曰：“《春秋》家者，其先出于三代。案《汲冢琐语》记太丁时事，目为《夏殷春秋》。……《琐语》又有《晋春秋》，记献公十七年事。《国语》云：晋羊舌肸习于《春秋》，悼公使傅其太子。《左传》昭二年，晋韩献子来聘，见鲁《春秋》，曰：周礼尽在鲁矣。斯则《春秋》之目，事匪一家，至于隐没无闻者，不可胜载。又案《竹书纪年》，其所纪事，皆与《鲁春秋》同。孟子曰：晋谓之《乘》，楚谓之《梼杌》，而鲁谓之《春秋》，其实一也。然则《乘》与《纪年》《梼杌》，其皆《春秋》之别名者乎？故墨子曰：‘吾见百国春秋’，盖皆指此也。”可见“春秋”一名，就是史书的代称。

“墨子曰吾见百国春秋”之语，《隋书·李德林传》中的“重答魏收书”中也曾引述。这在《墨子》书中也有可资印证的地方。《墨子·明鬼下》记杜伯之鬼射周宣王于车上，“著在周之《春秋》”；庄子仪之鬼击燕简公于车上，“著在燕之《春秋》”；祩子敲观辜于坛上，“著在宋之《春秋》”；羊触中里徼于盟所，“著在齐之《春秋》”；……可见墨翟看到的“百国春秋”，就是指的各国史书。

但是这些史书后代大都看不到了。《史记·六国年表》说：“秦既得意，烧天下《诗》《书》，诸侯史记尤甚，为其有所刺讥也。《诗》《书》所以复见者，多藏人家，而史记独藏周室，以故灭。惜哉，惜哉！”我们认为，韩非书中却还保留着“百国春秋”的一鳞半爪。因为韩非生当秦火之前，又是韩国的公子，地位优越，能够看到当时所能见到的各国史书。他的好些篇章，直接摘录原文，这样也就保留着原来史书的一些痕迹，可以由此探索下去而确定这些材料的来源。下面先附带讨论古代最早的两部历史文献，然后分别讨论各国史书。

尚　书

《韩非子》中申明引用的《尚书》原文，只有一处。《说林上》："《康诰》曰：'毋彝酒'者；彝酒，常酒也。"这句现存《尚书·酒诰》中。王先慎据扬雄《法言·问神》篇，以为汉时《酒诰》已佚，后人纂辑《酒诰》，把《康诰》中的佚句也给辑进去了。这种看法是错误的。刘向校中秘书时，《酒诰》只脱去一简，见《汉书·艺文志》，说明汉时《酒诰》没有散佚。扬雄说的"《酒诰》之篇俄空"，是说《百篇书序》里面没有《酒诰》的"序"。段玉裁《古文尚书撰异·书序》曰："杨子《法言·问神》篇曰：'昔之说书者序以百，而《酒诰》之篇俄空焉，今亡夫。'谓《书序》有百，而《酒诰》则无序，非谓《尚书》阙《酒诰》也。"孙诒让《尚书骈枝》说韩非所见古本《康诰》《酒诰》《梓材》同篇，分上、中、下，通名《康诰》。因此，《说林》中的这项材料反而可以提供证据，恢复《尚书》的本来面目。

《有度》："先王之法曰：臣毋或作威，毋或作利，从王之指；无或作恶，从王之路。"与《洪范》中的几句句子近似。《洪范》曰："无偏无陂，遵王之义；无有作好，遵王之道；无有作恶，遵王之路。"按先秦古籍中出现的类似的句子还有好几处，《吕氏春秋·孟春纪·贵公》篇称其为《鸿范》之文，《韩非子·有度》篇则称之为"先王之法"，而《洪范》这篇名的意思就是大法。因此，韩非所引用的可能就是《洪范》中的文字。

周　书

《说林上》："《周书》曰：'将欲败之，必姑辅之；将欲取之，必姑予之。'"

《说林下》:"……此《周书》所谓'下言而上用者,惑也'。"

《难势》:"……故《周书》曰:'毋为虎傅翼,将飞入邑,择人而食之。'"

《说疑》:"……故《周纪》曰:'无尊妾而卑妻,无孽适(嫡)子而尊小枝,无尊嬖臣而匹上卿,无尊大臣以拟其主也。'"

《解老》:"周公曰:'冬日之闭冻也不固,则春夏之长草木也不茂。'"

上引诸文所提到的都是《周书》。王应麟《玉海》卷五十七论《周纪》即《周书》,就引《说疑》这篇文章为证。《吕氏春秋·离俗览·适威》篇高诱注:"《周书》,周公所作。"这种说法当然不足凭信,但古代有人就是这么看的,所以《解老》篇径称之曰"周公"。《汉书·艺文志》:"《周书》,七十一篇。"原注:"周史记。"颜师古曰:"刘向云:周时诰誓号令也。"看来这书内容很杂,当是一部古代的史料汇编,并非儒家系统的史书。这书后来散佚很多,韩非引用的文章,只有《难势》中引用的一段话还见于《寤儆》篇中。但从韩非引用的其他几段文字也不难看出,这书对后代影响很大。《老子》三十六章"将欲歙之,必固张之;……"数语,很明显,就受到了《周书》的影响。

《周纪》中的那一段话,强调等级名分的不可逾越,这在阶级社会中是重要的原则,所以奴隶主阶级和地主阶级都从本阶级的需要出发而采择了这些论点。《公羊传》僖公三年阳谷之会时齐桓公就申明过这样的原则,《穀梁传》僖公九年和《孟子·告子下》记葵丘之会的盟辞中也有同样的论点和言辞。后代好多学派的典籍,如《管子·君臣下》、《慎子·德立》、《吕氏春秋·审分览·慎势》、马王堆汉墓出土帛书《称》中,都有类似的记载。

《说疑》中还有一段文字:"故曰:内宠并后,外宠贰政,枝子配适(嫡),大臣拟主,乱之道也。"和《左传》桓公十八年和闵公二年所记辛伯的谏词相同。这些论点是和《周书》中的精神一致的，可能也是受到了《周书》的影响。

又《饰邪》篇有句曰："先令者杀，后令者斩。"似亦出于《周书》。《荀子·君道》篇引《书》曰："先时者杀无赦，不逮时者杀无赦。"韩非的文字看来是从这里变化出来的。荀况的引文现存《尚书·胤征》中，但《胤征》传世者乃后出伪作，不可信。《韩诗外传》卷六："《周制》曰：先时者死无赦，不及时者死无赦。"《汉书·艺文志》"儒家"中有"《河间周制》十八篇"，原注："似河间献王所述也。"这应当是刘德阐述《周制》的一部著作。《周制》应当源出《周书》，或为其佚文中的一篇，而韩非在《饰邪》中的这两句话或许也源出《周制》。当然，《周制》也有可能属于《汉书·艺文志》中归入"儒家"的《周政》六篇或《周法》九篇中的一篇。

鲁春秋

《内储说上(七术)·说二》："鲁哀公问于仲尼曰：'《春秋》之记曰："冬十二月贯霜不杀菽。"何为记此？'"

《外储说右上·说一》："子夏曰：'《春秋》之记臣杀君、子杀父者，以十数矣。皆非一日之积也，有渐而以至矣。'"

《备内》："上古之传言，《春秋》所记，犯法为逆以成大奸者，未尝不从尊贵之臣也。"

《奸劫弑臣》："……故《春秋》记之曰：'楚王子围将聘于郑，未出境，闻王病而反。因入问病，以其冠缨绞王而杀之，遂自立也。齐崔杼其妻美，而庄公通之，数如崔氏之室。及公往，崔子之徒贾举率崔子之徒而攻公。公入室，请与之分国，崔子不许；公请自刃于庙，崔子又不听。公乃走，逾于北墙。贾举射公，中其股，公坠，崔子之徒以戈斫公而死之，而立其弟景公。'近之所见：李兑之用赵也，饿主父百日而死；

卓齿之用齐也，擢湣王之筋，悬之庙梁，宿昔而死。故厉虽痈肿疕疡，上比于《春秋》，未至于绞颈射股也；下比于近世，未至饿死擢筋也。”

《韩非子》中提到《春秋》的地方，只有上述四处，而这四处《春秋》一词的涵义却有很大的不同。

《内储说上》中提到的《春秋》，所引文句见僖公三十三年，今本作“陨霜不杀草，李梅实”，与韩非所记载的文字不同，足见韩非提到的是未经孔丘修改过的鲁《春秋》，也就是后人所说的“不修春秋”。这是孔丘改易鲁国编年史册的又一重要证据，可惜前人对这条材料注意得不够。

子夏称说的《春秋》，该指孔丘修改过的那部《春秋》了吧，但是这里也还存在着疑点，因为子夏说的这一番话有些像是先秦时人常说的口头禅。《易·文言》：“臣弑其君，子弑其父，非一朝一夕之故，其所由来者渐矣。”《战国策·东周策》：“《春秋》记臣弑君者以百数。”《管子·法法》：“……故《春秋》之记，臣有弑其君、子有弑其父者矣。”旧注：“《春秋》即周公之凡例，而诸侯之国史也。”可见不论当时的人或是后来的人，大家都不把记录“臣弑君”之类史实的典籍只归结为孔丘所修订的一种，因为这些都是客观存在人所共知的历史事实，当时各种史籍中都会有类似的记载。因此，子夏提到的《春秋》，与其说是孔丘修改过的那部《春秋》，还不如说它与《备内》篇中提到的《春秋》一样，只是史书的泛称。

《奸劫弑臣》中提到的两件事，楚王子围弑兄子麇自立事见《左传》昭公元年，崔氏之徒弑齐庄公事见《左传》襄公二十五年。这里说的《春秋》，实指《左氏春秋》。

《史记·十二诸侯年表序》中说韩非等人“各往往捃摭《春秋》之文以著书”，就孔丘经手过的这本《春秋》来说，这话是不确实的。韩非没有引用过孔丘笔削过的这部《春秋》。但韩非确曾大量引用过鲁《春秋》系统内的史料，特别援用过《左氏春秋》中的一些史料。

下面的一些记载和《左传》上的记载情节基本相符。

《难四》记高渠弥含憎惧死而弑郑昭公事，见《左传》桓公十七年，只是《难四》中的“子亶”“公子圉”，《左传》作“子亹”“公子达”。

《喻老》记晋献公假道于虞以伐虢事，见《左传》僖公二年、五年和《公羊传》《穀梁传》僖公二年。

《外储说左上·说三》记蔡女荡舟为齐桓公所出事，见《左传》僖公三年，但《左传》未载管仲之谋。

《内储说下(六微)·说五》记晋献公杀太子申生而立奚齐，见《左传》僖公四年、五年。

《难三》记晋文公接纳寺人披事，见《左传》僖公四年、五年、二十四年，惟“惠窦”一名《左传》作“渭滨”。

《外储说左上·说五》记宋襄公与楚人战于涿谷上，见《左传》《公羊传》《穀梁传》僖公二十二年，惟战地《左传》作“泓”，《公羊传》作“泓之阳”，《穀梁传》作“泓水之上”。右司马购强其人，《左传》作“大司马固”，《穀梁传》作“司马子反”，《公羊传》则泛言“有司”。

《十过》记曹君无礼于晋公子重耳，曹臣谏而不从，因而绝世，见《左传》僖公二十三、二十四、二十八、三十年。叔瞻为郑人，《十过》此文错误地以为曹国臣子，非但与《左传》上的记载不合，而且，和《喻老》上的记载也不合。《十过》疑非韩非之作。

《外储说左上·说三》记咎犯夜哭事，见《左传》僖公二十四年，但《左传》作子犯“以璧授公子”，不言夜哭。

《外储说左上·说六》记晋文公攻原事，见《左传》僖公二十五年，只是《外储说左上》作“裹十日粮”，《左传》作“三日粮”。

《内储说下(六微)·说五》记商臣与傅潘崇合谋弑楚成王事，见《左传》文公元年。《内储说下》上说“起宿营之甲而攻成王”，《左传》作起“宫甲”。

《难一》记郤献子为韩献子分谤事，见《左传》成公二年。

《饰邪》记竖谷阳行小忠而贼大忠事，见《左传》成公十六年，只是《饰邪》中的“竖谷阳”，《左传》作“谷阳竖”。《左传》记事较略。

《内储说下(六微)·说一》记胥僮、长鱼矫劝晋厉公诛戮大臣事，见《左传》成公十七、十八年，只是《左传》持责难厉公的态度，以胥僮、长鱼矫为小人。

《难四》记卫孙文子聘鲁无礼事，见《左传》襄公七年。

《喻老》记宋之鄙人得玉而献之子罕事，见《左传》襄公十五年。

《奸劫弑臣》记崔子之徒弑齐庄公事，见《左传》襄公二十五年，只是《左传》记作庄公登台避难，与《奸劫弑臣》中说的“入室”避难不同。崔子之徒贾举，《左传》作庄公侍人。

《奸劫弑臣》记楚王子围弑兄子麇自立事，见《左传》昭公元年，《左传》只说“缢而杀之”，没有提到用“冠缨”缢杀。

《难二》记齐景公赐晏子宅事，见《左传》昭公三年，《难二》中提到宅地为“豫章之圃”，《左传》中没有记得这么详细。

《内储说上(七术)·说一》记叔孙信谗而“子父为人僇”，见《左传》昭公四年，只是《左传》作逐仲壬，“奔齐”，与《内储说上》中记载的“杀壬”不同。

《十过》记楚灵王无礼诸侯而亡身事，见《左传》昭公四年、十三年。《左传》上没有“执”宋太子“狎”徐君的记载，《春秋》上只作“执徐子”。而且《左传》记此事始末前后达十年之久，与《十过》中所记“居未期年”不合。

《说林下》记吴使沮卫、蹶融犒于楚师事，见《左传》昭公五年，二者情节相同而文辞有异，《说林下》中的“蹶融”，《左传》作“蹶由”。

《内储说上(七术)·说二》记子产告游吉执政要宽猛相济事，见

《左传》昭公二十年,惟《左传》不用"游吉"一名而用"子太叔"之称。

《内储说下(六微)·说二》记三桓合力逐昭公事,见《左传》昭公二十五年。《左传》记叔孙氏之御作"司马鬷戾",《内储说下》则光记职务而不名。

《内储说下(六微)·说三》记费无极进谗杀郄宛事,见《左传》昭公二十七年。《内储说下》此文似是摘取了《左传》中的一段而写成的。

《内储说下(六微)·说三》记齐夷射粗暴地对待刖跪而受害事,与《左传》定公二年、三年所记邾庄公和夷射姑事情节上有类似处,但《左传》中的受害者是邾庄公,与《内储说下》所记有很大的不同。

《难四》记鲁阳虎奔齐事,见《左传》定公九年。

章炳麟《丙午与刘光汉书》曰:"韩非采左氏说最多。"这话是对的。韩非是荀况的弟子,荀况是传《左传》的大师,韩非从师受学,熟悉《左传》,合乎情理。而且周代鲁国的文化发展得最高,"周礼尽在鲁矣",对于古代史事的记载最为详备,因此后人多征引一些鲁《春秋》系统的史册上记载的材料,也是完全可以理解的。但也不难看出,韩非记叙的史事与《左传》常有歧异,这可不能光用偶然误记作解释,应该说,这是韩非参考了其他史籍,综合了其他材料,才有这种现象出现。而在另外一些故事中,可以更明显地看出韩非所记叙的史实跟《左传》上的记载不同,如《用人》记介子推割肌侍奉文公事,《左传》僖公二十四年中就没有记载;《内储说下(六微)·说六》记叔向谗苌弘事,与《左传》哀公三年上的记载截然不同,叔向与苌弘年代不相及,说明韩非用的是另外一种传说。

晋　乘

韩、赵两国的编年史书今已只字无存,魏国的史书《竹书纪年》还有一些残存的文字流传。拿《竹书纪年》和《左传》等书比较，可以看到二者之间有很多相同之处，但也有某些不同之点。韩、赵、魏是从晋国分裂出去的小诸侯国，它们的史籍当然属于晋史的系统。《竹书纪年》继承着《晋乘》的传统。

《韩非子》中有一些不寻常的古史记载，和鲁《春秋》系统的史书上的记载不同。《说疑》中有言："舜逼尧，禹逼舜，汤放桀，武王伐纣。此四王者，人臣弑其君者也，而天下誉之。"《忠孝》中说："尧自以为明而不能以畜舜，舜自以为贤而不能以戴尧。"这和其他学派记载的尧、舜事迹不相同，而和三晋的一些史籍上的记载接近。《史记・五帝本纪》张守节《正义》和《路史・发挥五》引《竹书纪年》曰："昔尧德衰，为舜所囚也。""舜囚尧，复偃塞丹朱，使不与父相见也。"苏鹗《苏氏演义》引《竹书纪年》曰："舜篡尧位，立丹朱城，俄又夺之。"《史通・疑古》引《汲冢琐语》曰："舜放尧于平阳。"《竹书纪年》等汲冢遗书是魏国的史籍，所记古史应当源自晋《春秋》——《乘》。韩非是三晋的后裔，他所记载的史事应当主要依据三晋的史籍，只是古人写文章时不标出处，故而无法一一察知了。但从上述有关尧、舜的记载中可以推测到他引用过晋史的材料。

楚梼杌

《喻老》："楚庄王既胜，狩于河雍，归而赏孙叔敖。"这是楚人记事的语气，这段史料应该出自楚之《春秋》——《梼杌》。

"河雍"一作"衡雍"，这是一个重要的地方，因为它涉及春秋时期两次著名的战争。第一次是发生在公元前 632 年的城濮之战，晋国打败了楚国，遂得称霸中原。这是晋文公一生最大的胜利，因此他在战后曾经大大张扬过一番。《左传》僖公二十八年："〔四月〕甲午，〔晋师〕

至于衡雍,作王宫于践土。……五月丙午,晋侯及郑伯盟于衡雍。丁未,献楚俘于王,驷介百乘,徒兵千。”韩非书中也曾一再提到此事,《外储说右上·说三》曰:“……〔晋文公〕与荆人战城濮,大败荆人,返为践土之盟,遂成衡雍之义。”

这是楚国的一次大失败,遭受了很大的耻辱。楚庄王奋发图强,决心替他祖父成王报仇雪耻。公元前597年,邲之战发生了,这是晋楚争霸的第二次交锋,楚人大败晋人,夺得了霸主的地位,于是楚庄王照例也要张扬一番了。《左传》宣公十二年:“〔六月〕丙辰,楚重至于邲,遂次于衡雍。……祀于河,作先君宫,告成事而还。”这是楚庄王个人历史上的一件大事,《喻老》历数楚庄王的功绩时再一次地提到他“胜晋于河雍”。

城濮之战后,晋文公为博得尊王的名义,曾请周襄王到河雍来,率诸侯朝见,并行献俘礼,于是《春秋》上大书曰:“天王狩于河阳。”邲之战后,楚庄王也到了河雍。楚人一直把自己看成是和周天子平起平坐的“王”,这时也就带着敌忾和泄愤的口气写作“狩于河雍”了。“狩”是表示天子之尊的一个特定用词。韩非决不会替楚庄王用这个“狩”字,这里当是沿用了楚《梼杌》上的文字。《艺文类聚》卷五十一引文改“狩”为“晋”,乃是不明楚史本义的无识之举,然而后人却经常据此改动原文,也就远失《韩非子》之真了。

这里还可再讨论另外一部史书。

《备内》分析了后妃夫人盼望君主死去的原因,然后总结道:“故《桃左春秋》曰:‘人主之疾死者不能处半。’”《桃左春秋》之名古今只此一见,这到底是一部什么书呢?

现有三种有影响的解释。俞樾《诸子平议》以为“左”是“兀”的误写,《桃左春秋》即《梼兀春秋》,也就是楚之《春秋》。章炳麟《春秋左传读叙录》以为“桃”通“赵”,《桃左春秋》即《赵左春秋》,也就是赵人所传的《左氏春秋》。有人则以为墨子曾见“百国春秋”，后代亡佚的《春秋》很多，《桃左春秋》应当也是失传的古书之一，后人于此不必深究。这些说法都能言之成理，但还可再作些推敲。

考先秦古籍以《春秋》取名的很多，但也只有三种命名的情况：一种是记载国家历史的标以国名的“春秋”，如鲁《春秋》、燕《春秋》、齐《春秋》等；一种是以个人为名的国史著作，如《左氏春秋》；一种是以个人为名的政论著作，属子书范畴，如《晏子春秋》《虞氏春秋》《吕氏春秋》等就是。《桃左春秋》的情况和上面所说的三种“春秋”似乎都不相同，“桃左”既不像国名，也不像人名，所以它好像与墨翟看到的“百国春秋”不同，也不像是有关私人的著作。章炳麟的说法也颇牵强，韩非从来没有提到过什么《左氏春秋》，更不要说什么赵国所传的《左氏春秋》了。其他古籍中从来没有这种《春秋》名称的缩写法出现，韩非书中也从来没有与此同样的例子。

我们以为《桃左春秋》确是楚国的史书，但不像俞樾所说的那样，只是一个没有什么根据的所谓误写问题。“梼杌”一词，可能是译音。楚国方言和当时中原地区的语言差别很大。《韩诗外传》卷四：“楚之狂者楚言，齐之狂者齐言，习使然也。”可见楚国自有它的语言系统。陈振孙《直斋书录解题》卷十五引黄伯思《翼骚序》曰：“屈、宋诸骚，皆书楚语，作楚声，纪楚地，名楚物，故可谓之《楚辞》。若些、只、羌、谇、蹇、纷、侘傺者，楚语也；悲壮顿挫或韵或否者，楚声也；沅、湘、江、澧、修门、夏首者，楚地也；兰、茝、荃、药、蕙、若、芷、蘅者，楚物也。”可见楚国一直保持着很强的地方特色，尤其表现在它的方言口语之中。楚国的一些人名，如鬬穀於菟（见《左传》宣公四年），就是中原地区的人根据语音记下来的，和中原各国的人名有很大的差别。又如楚庄王时著名的令尹“孙叔敖”，《左传》宣公十一年记作“蒍艾猎”；《左传》宣公十七年中的“苗贲黄”，《说苑·善说》引作“釁蚠黄”；《左传》定公四年中的“申包胥”,《战国策·楚策一》记作“棼冒勃苏”:显然,前者是中原地区的人根据命名惯例记下的人名,后者则是中原地区的人根据楚语方言的语音记下的人名。

楚国的史书,按原来的意义讲,和别国的史书一样,也叫做《春秋》。《国语·楚语上》申叔时言教授太子要“教之《春秋》”可证。孟轲称楚《春秋》为《梼杌》,当是中原地区的人出于偏狭的种族文化偏见而特意挑选的一个恶名。《左传》文公十八年:“颛顼有不才子,不可教训,不知话言,告之则顽,舍之则嚚,傲很明德以乱天常,天下之民谓之梼杌。”《史记·五帝本纪》转录此文,裴骃《集解》引贾逵云:“梼杌,顽凶无畴匹之貌。”孟轲是有强烈的地域偏见的人,《孟子·滕文公上》记载他骂许行为“南蛮鴃舌之人”,就是从楚国方言着眼而作的侮蔑之辞。看来这里他是特意挑选了一个与楚国史书同音的坏名词来给“楚之春秋”命名的。

“桃左”之“左”与“梼杌”之“杌”只是声转之异。“左”字古音属歌部,“兀”字古音属寒部入声(“元”字从“兀”得声),入声与阴声互转,它们的主要元音是相同的。“桃”“梼”双声,上古韵部也相近。因此,“桃左”当是韩非根据“楚之春秋”的楚语方音而用另一组同音字记录下来的一个名词。关于上述古音声转的道理,可参看段玉裁《说文解字注》和桂馥《说文解字义证》中的“元”字注。

秦　纪

《内储说上(七术)·说四》:“三国至韩,王谓楼缓曰:‘三国之兵深矣!寡人欲割河东而讲,何如?’对曰:‘夫割河东,大费也;免国于患,大功也。此父兄之任也,王何不召公子汜而问焉?’王召公子汜而告之,对曰:‘讲亦悔,不讲亦悔。王今割河东而讲,三国归,王必曰:“三国固且去矣，吾特以三城送之。"不讲，三国也入韩，则国必大举矣，王必大悔。王曰："不献三城也。"臣故曰：王讲亦悔，不讲亦悔。'王曰：'为我悔也，宁亡三城而悔，无危乃悔。寡人断讲矣。'"这个故事，可能就是根据《秦纪》或者其他某一部秦国史书记录下来的。

这段文字，并见《战国策·秦策四》，只是开头几句作"三国兵攻秦，入函谷，秦王谓楼缓曰……"按此指公元前298年至公元前296年韩、魏、齐三国攻秦事。三国兵曾攻入函谷关，因此后代注释《韩非子》的人大都主张根据《战国策》来改动原文。实则韩非此文的记事方式正保留着秦国史书的原貌。因为文中的"王"指"昭襄王"，在秦国人来说，乃是不言自明的事，史官记事当然只称"王"而不称"秦王"了。这次秦兵败入函谷，函谷关临韩国的西境，史官讳言此事，故改称"三国至韩"。到了刘向等人编辑《战国策》时，则径依史实改写，秦国史书的原貌也就湮没了。

《史记·六国年表》上记秦烧天下诗书，特别注意焚烧诸侯史记，"独有《秦纪》，又不载日月，其文略不具，然战国之权变亦有可颇采者"。这个故事正是所谓"权变"的例子，记事的方式和司马迁所看到的情况也相合。

韩非写下的文章绝大部分的史料来源已经无法一一考索了，但从上面所探讨的几个部分来看，也可了解到他阅读过"百国春秋"，掌握了丰富的史料。这也说明，《韩非子》一书本身具有重要的史料价值。它所记载的许多历史事件，可以补正现存史书之不足，呈示古代史学领域内的一些原始面貌。

《战国策》与《韩非子》

《战国策》和《韩非子》中有许多相同的故事。我们说它们“相同”，并不是二者文字丝毫不差。古代文士征引他人文章时和现代人的作风不同，他们并不严格照录原文，而是按照自己的意思重作剪裁。特别是那些有故事情节的文字，经过改写，更会出现字句上的异同了。当然，这也并不排斥有人照录前人原文，文字基本趋于一致。

下面我们试列一表，介绍《战国策》和《韩非子》中的相同故事，并略示其异点。

《战国策》《韩非子》故事对照表

《战国策》篇名	故　事	《韩非子》篇名	和《战国策》中故事的不同处
东周策	温人之周，自称主人。	说林上	数处文字略有增减。
西周策	智伯致大钟与厹由而灭其国。	说林下	“厹由”作“仇由”。尚有赤章曼枝谏而不从出奔齐国等事，情节丰富。
秦策二	甘茂窃听秦王之语，诬害公孙衍而逐之。	外储说右上·说二	“秦王”作“秦惠王”，字句略有异同。
秦策四	三国攻秦，秦王与父兄议退兵之计。	内储说上（七术）·说四	《秦策》详，有“入函谷”“咸阳必危”等记载，说者为“公子池”。《七术》只称“王”而不称“秦王”，说者为“公子氾”。
秦策四	秦昭王轻韩、魏，中期进谏。	难三	《秦策》字句较完整。“中期推琴”，《难三》作“中期推瑟而对”。“魏桓子”，《难三》作“魏宣子”。

续表

《战国策》篇名	故　事	《韩非子》篇名	和《战国策》中故事的不同处
齐策一	靖郭君将城薛，客以“海大鱼”为喻以谏。	说林下	字句略有出入。
齐策一	靖郭君请齐王自理五官之计，乘间作弊。	外储说右下·说四	“靖郭君”作“田婴”。人有请王听终岁之计者，田婴乘王倦睡而令吏揄刀削其押券升斗之计。情节丰富，略异。
齐策三	薛公献七珥善其一而测齐王意之所属，劝立夫人。	外储说右上·说二	“齐王”作“齐威王”。《齐策》“七孺子”，《外储说右上》作“十孺子”。① 后者文字详赡得多。
楚策一	江乙谈楚人不议人善恶而楚王受蒙蔽。	内储说上(七术)·说一、内储说下(六微)·说一	二者字句稍有异同。《七术》作“江乞”谏“荆王”，并截去最后“州侯相楚”数句。“州侯相荆”左右为之隐事见《内储说下(六微)·说一》。
楚策一	范环说楚王置相于秦，不当举甘茂而应举公孙郝。	内储说下(六微)·说六	《六微》作干象说楚王不举甘茂而举共立。《楚策》有“王尝用〔邵〕滑于越而纳句章昧之难”一段，较详。
楚策四	郑袖诱使美人掩鼻，使之触怒楚王而受劓刑。	内储说下(六微)·说三	前半部分《战国策》稍详，后半部分《六微》稍详。
楚策四	有请昭鱼献五双珥而测楚王意之所属，劝立为后。	外储说右上·说二	“楚王”作“齐威王”。《楚策》与《齐策三》中之故事相同，而文字更简单。

① “七”字金文作“+”，最易与“十”混淆。此例古籍数见。《荀子·礼论》“故有天下者事十世”，杨惊注：“十当为七。《穀梁传》作‘天子七庙’。”王先谦注：“《大戴礼》《史记》皆作七。”《韩非子·定法》“七十年而不至于霸王者”，“七十”乃“十七”之误。由此也可证明《战国策》是先秦古籍。

续表

《战国策》篇名	故　事	《韩非子》篇名	和《战国策》中故事的不同处
楚策四	中射之士辩食不死之药无罪。	说林上	《说林》多二短句,馀全同。
赵策一	智伯胁迫韩、魏攻赵,赵使张孟谈约韩、魏共灭智伯。	十　过	二文记载都很详细,互有繁简处。
赵策一	魏文侯借道于赵而攻中山,赵利劝赵侯借道。	说林上	《说林》作赵刻劝赵肃侯借道,文字同,间有小异。
赵策三	复涂侦以梦灶为喻谏卫灵公,废雍疸、弥子瑕而立司空狗。	难四、内储说上(七术)·说一	二者情节相同。《赵策》文字稍详。《七术》只言"弥子瑕有宠",不言结局。《韩非子》中说者均为侏儒。
魏策一	智伯索地于魏桓子,任章劝桓子予之以骄智伯。	说林上	"魏桓子"作"魏宣子"。文字只有细小出入。
魏策一	韩、赵各索兵于魏,魏文侯不从而讲于对方,二国朝魏。	说林下	文字略有小异。
魏策一	乐羊食其子之肉,睹师赞进谗言,文侯赏乐羊之功而疑其心。	说林上	文字全同,只是个别虚字有变化。"睹"作"堵",乃同音通假。
魏策一	文侯与虞人期猎,虽饮酒乐、天雨,仍会期。	外储说左上·说六	《外储说左上》作"魏文侯与虞人期猎","天疾风",仍不"失信"。文字简省。
魏策一	张仪、惠施持论不合,人多为张仪言,惠施乃言"劫主者失其半者也"。	内储说上(七术)·说一	《七术》文字通顺,说理明晰,似已经过改写。
魏策二	惠子以杨为喻,劝田需善事魏王左右。	说林上	"田需"作"陈轸"。馀同,只个别虚字有小异。

续表

《战国策》篇名	故　事	《韩非子》篇名	和《战国策》中故事的不同处
魏策二	庞葱以市有虎为喻，劝魏王无听谗言。	内储说上（七术）·说一	“庞葱”作“庞恭”。《魏策》于故事结束时文字加详。
魏策四	宫他谓周肖必以有魏示齐王，然后能得齐王之助。	说林下	“周肖”作“周趮”，文字略有异同。
韩策一	大成午企图与申不害勾结而控制赵、魏政权。	内储说下（六微）·说二	“大成午”作“大成牛”，文字几全同。
韩策一	申不害使赵卓、韩鼂测试韩王态度然后进言。	内储说上（七术）·说四	“赵卓、韩鼂”作“赵绍、韩沓”。《韩策》以为“魏之围邯郸”事，《七术》记作“赵令人因申子于韩请兵，将以攻魏”。情节同，文字有异。
韩策一	申子请仕其从兄官，昭侯责其背弃前论。	外储说左上·说五	内容同。《韩策》将申子理论置于后，《外储说左上》将申子理论置于前。结构不同，文字有异。
韩策一	摎留以历史为鉴，劝宣王不两用公仲、公叔。	说林上、难一	《韩非子》作樛留劝韩宣王。《说林》文字几全同，《难一》用例不同，文字较简。
韩策一	韩王过听于陈轸，失计于韩明，为秦所败。	十　过	“公仲明”作“公仲朋”。《韩策》记作“秦韩战于浊泽”，《十过》记作韩失宜阳事，且较简。
韩策二	周恐韩咎入韩不立，故以车百乘送其弟而持两可之说。	说林下	中间几句文字有不同之处。
韩策二	严遂使聂政刺韩傀，兼中哀侯。	内储说下（六微）·说五	“韩傀”作“韩廆”。二文详略悬殊，然开头三句同，《六微》故事似从《韩策》中概括而来。

续表

《战国策》篇名	故　事	《韩非子》篇名	和《战国策》中故事的不同处
韩策三	魏王为九里之盟，房喜劝韩王勿从。	说林上	《说林》作“魏惠王为臼里之盟”，“彭喜谓郑君”，文字有异。
燕策一	苏代以齐国之事为喻，鹿毛寿以尧、禹禅让之事为说，劝燕哙立子之。	外储说右下·说三	“鹿毛寿”作“潘寿”。文字较详。
燕策三	燕之境吏捕得张丑，张丑诬称境吏吞其宝珠，境吏恐而赦之。	说林上	《说林》作子胥与边侯之事。《燕策》文字详尽生动。
宋　策	荆王许救宋甚劝，宋使臧子洞察其伪而忧。	说林上	“臧子”作“臧孙子”。文字小有异同。
宋　策	〔佚名者〕谓大尹，令楚贺君之孝，则可恃太后之宠而常用宋。	说林下	《说林》作“白圭谓宋令尹”。二文文字似均有残缺。
卫　策	卫嗣君以左氏易逃魏之胥靡。	内储说上（七术）·说二	《卫策》中之“百金”，《七术》作“五十金”。《卫策》载卫君之言曰：“教化喻于民，三百之城，足以为治；民无廉耻，虽有十左氏，将何以用之？”《七术》作“法不立而诛不必，虽有十左氏无益也；法立而诛必，虽失十左氏无害也。”似已经过改写。后者文字较详。
中山策	李疵为主父侦察中山，言其君举士朝贤，国必亡。	外储说左上·说四	二者文字颇有异同。《外储说左上》记事较详，且记主父灭中山为结局。

（《战国策》据读未见书斋重雕剡川姚氏本）

从《战国策》来看，和《韩非子》相同的故事有三十八则，其中《齐策三》和《楚策四》中的“献珥”故事情节相同，如果作为一个故事计算，则和《韩非子》相同的故事有三十七则。而从《韩非子》一书来看，《说林上》中有十则，《说林下》中有六则，《内储说上（七术）》中有七则，《内储说下（六微）》中有五则，《外储说左上》中有三则，《外储说右上》中有二则，《外储说右下》中有二则，《十过》中有二则，《难一》中有一则，《难三》中有一则，《难四》中有一则，与《战国策》相同的共有四十则。这里多出三则故事，则是因为《韩非子》中有重复出现同一故事的情况；两篇文章都记载着《战国策》中的同一个故事，而这种情况又出现了三次的缘故。

此外，《战国策·秦策一》中张仪说秦王的说辞就是《韩非子》中的《初见秦》篇，《战国策·楚策四》中的孙子答春申君书就是《韩非子·奸劫弑臣》中的最后一段文字。这些作品的作者究竟是谁，学术界争论不休，至今尚无定论。我们认为：前一篇文章既不可能是张仪的说辞，也不可能是韩非的作品。后一篇文章，很难说是韩非抄袭了荀况的文字；它是《奸劫弑臣》中有机的一个组成部分，应当是韩非的作品。

下面打算利用这张表格中的材料，探讨一些问题。

《说林》是为创作而准备的原始资料汇编

《说林》上、下两篇，在韩非书中，性质是很特殊的。韩非书中的许多文章，论点都很鲜明，援用的故事，都是为他的法治思想服务的。“内外”《储说》中的许多故事，有的观点不太鲜明，但是只要“经”说”并读，也就可以了解到作者的本意了。《说林》不然，好些故事明明不是法家的思想，读后不知作者原意何在。

《说林》中的故事来源是很复杂的。《说林上》中的“子圉见孔子于商太宰”一则，《说林下》中的“孔子谓弟子曰孰能导子西之钓名也”一则，吹捧孔丘，当是儒家系统的故事。《说林上》中的“杨子过于宋东之逆旅”一则，见《庄子·山木》篇；《说林下》中的“杨朱之弟杨布衣素衣而出”一则，并见《列子·说符》，而《列子》一书记载着很多先秦道家的资料，说明上面两则故事当是道家系统的故事。“内外”《储说》之中也曾引用过儒家系统和道家系统的原始资料，但韩非已把它们用来说明法家的观点，因此它与《说林》中的故事有所不同。

韩非著有《说难》一篇，详述进说君主的种种难处。他著有“内外”《储说》六篇，则是进说君主的资料宝库。这两篇《说林》，言其材料之多丰富若林，但也正像原始森林一样，只是一些未经斫削的素材。《说林》中的材料是没有经过处理的，它们是一些平时积累下来备用的原始资料。

有些材料已经使用上了，如《说林上》“樛留劝韩宣王不两用公仲、公叔”一则，已经用之于《难一》中；“纣为象箸而箕子怖”一则，已经用之于《喻老》中；《说林下》“鳣似蛇蚕似蠋”一则，已经用之于《内储说上（七术）·说三》中；“智伯将伐仇由而遗之以大钟”一则，已经用之于《喻老》中；“郑人有一子”一则，已经用之于《说难》中。于此可见，《说林》二篇确是韩非平时积累下来备用的原始资料汇编。

《战国策》中的故事，见之于《韩非子》中者竟达三十七则之多，说明作为《战国策》前身的那些史书，对韩非影响很大。韩非大量阅读了这些典籍，并且大量摘引了有关的材料。以《说林》而言，就曾录存了十六则故事，光《说林上》一篇就录存了十则之多。这些故事，如“智伯索地于魏宣子”“温人之周”“韩宣王谓樛留”“有献不死之药于荆王者”“乐羊为魏将而攻中山”……数则，简直可以说是照录原文；就是其他数则，也只是增加了一些人名地名，或是更改了一些人名地名。大约经过韩非的考证，认为原说有所不妥，因而作了一些文字加工罢了。当然，有些地方文字上的不同是由传写致误而引起的。

《说林》的性质已经清楚了，它既然是原始资料汇编，那么这些故事定然是从《战国策》系统的史书中引录过来的。由此可证，《战国策》里面的好些材料出之于韩非之前，《战国策》前身的那些史书确是先秦古籍。

蒯通著《战国策》说质疑

这里可以附带讨论一下蒯通著《战国策》之说了。

这在过去是一种影响很大的学说。三十年代初期，疑古之风大盛之时，有些人提出了《战国策》作始于蒯通之说。因为《战国策》的作者古代没有明确的记载，而史书上又有蒯通“论战国权变”之说，因此有人把《战国策》的著作权归于蒯通，旁人倒也很难举出有力的反证来驳掉它。这种学说，也就一直有人信从。我们认为，根据《韩非子》中的材料，结合近年新出土的材料，可以说明此说的不妥。

蒯通著《战国策》说的论者首先会遇到一个无法克服的困难：战国时代的韩非著书立论时，怎么可以引用汉初蒯通著作中的材料？

论者曾经后退过一步而重新作出过解释，承认《战国策》中确有很多先秦的原始资料，认为蒯通著书时录存了这些资料。但这里仍然存在着令人困惑的问题，蒯通书中的故事和《韩非子》中的故事是不是同出一源？如果是的，那么两人分头征引时竟然会有这么多材料不谋而合，岂不是太巧合了么？这里可以附带一提的是：蒯通的著作，不论是《蒯子》五篇，或是说《隽永》八十一首，篇幅都不大，很难设想其中光和《韩非子》相同的故事就曾录有三十七首上下之多。

而且上面这种说法事实上也已承认了先秦确有那么一些古书，记录着《战国策》系统的故事。蒯通著《战国策》说的论者实际上已经改变了论点，已经不把蒯通看作《战国策》的作者而看作早期的整理人了。但此说仍然不妥。《史记·田儋列传》上说:“蒯通者,善为长短说,论战国之权变,为八十一首。”《汉书·蒯通传》上说:“通论战国时说士权变,亦自序其说,凡八十一首,号曰《隽永》。”论是议论的意思。可见蒯通的这部著作《隽永》,只是在讨论先秦纵横家的活动,也加入了自己的一些意见。这书的性质,和《战国策》不同。它不是一部记事的书,只是表达游士蒯通个人看法的一部书。所以《汉书·艺文志》又把蒯通的著作记作《蒯子》五篇,把它列入“纵横家”中,看作表达蒯通个人学说的一部著作。而在同一部目录书《汉书·艺文志》中,则是把“《战国策》三十三篇”归入“《春秋》家”中的。

刘向《战国策书录》曰:“所校中《战国策》书,中书馀卷,错乱相糅莒,又有国别者八篇,少不足,臣向因国别者略以时次之,分别不以序者以相补,除复重,得三十三篇。”说明刘向着手整理此书时,汉代皇家图书室中藏有好几种本子,很杂乱。那些比较完整的本子,刘向把它叫做“中《战国策》书”;那些性质相同而记载不完整的本子,刘向把它叫做“中〔《战国策》〕书馀卷”。这些书籍,他还记下了名字,“中书本号,或曰《国策》,或曰《国事》,或曰《短长》,或曰《事语》,或曰《长书》,或曰《脩书》”。这可不是一种书的六个异名,而是六种书的六个名字。刘向整理《战国策》时,先把“有国别者八篇”作为底本,然后把其他本子上的材料按国别、年代排列进去。这“有国别者八篇”,应当就是《国策》了。所以刘向后来把这整理好了的书仍然叫做《战国策》。

1973年长沙马王堆三号汉墓出土帛书数种,中有类似《战国策》的古籍一种,很多地方和今本《战国策》相同。其中“秦韩战于浊潢”一章,与《战国策·韩策一》中的“秦韩战于浊泽”一章同,与《韩非子·十过》中的“秦之攻宜阳”一章也类似。这本后来取名为《战国纵横家书》的帛书中还有好多文字不见今本《战国策》,说明刘向在皇家图书室中也没有看到过这个本子,所以他在校《战国策》时没有把这些珍贵的材料吸收进去。但是由于这本古籍的发现,使我们对《战国策》的性质有了进一步的认识,所谓《国策》《国事》《短长》《事语》《长书》《脩书》,应该就是和这部帛书类似的本子。可见秦火之后典籍虽然散佚很多,但还是有不少史书流传了下来。先秦之时《战国策》系统的古籍流传很广,出现过好几种不同的本子,韩非阅读过并录存过的那些《国策》之类的书,也流传了下来。这样的书,并不一定要等汉初的游士蒯通出来才能加以记录。看来这位二三流角色的游士以一人之力也未必能写出《战国策》这样一部内容丰富的古史。

但论者还曾利用训诂证成己说。他们的逻辑是:纵横家的学说古称"长短术"。蒯通著《隽永》,"隽永"的意思可与"长短"相通,而《国策》一名《长书》……所以《隽永》也就是《战国策》。

这种解说仍然缺乏令人信服的坚实材料。而且从词义上来说,也有讲不通处。

刘向《战国策书录》言战国之时"孟子、孙卿儒术之士弃捐于世,而游说权谋之徒见贵于俗,是以苏秦、张仪、公孙衍、陈轸、代、厉之属生。纵横短长之说,左右倾侧"。这种风气汉代初年仍然很盛,《史记·田儋列传》说:"蒯通者,善为长短说。"《主父偃列传》说:"学长短纵横之术。"《酷吏(张汤)列传》说:"边通学长短。"说明那些玩弄纵横捭阖手腕的人都曾钻研"短长术"。何谓"短长(或长短)"?《史记·田儋列传》司马贞《索隐》:"言欲令此事长则长说之,欲令此事短则短说之,故《战国策》亦名曰《短长书》是也。"《汉书·张汤传》颜师古注:"应劭曰:'短长术兴于六国时,长短其语,隐谬用相激怒也。'张晏曰:'苏秦、张仪之谋,趣彼为短,归此为长,《战国策》名长短术也。'"这里点明纵横家在说长道短时有夸大失实的作风,词气之间寓有贬意。"隽永"的意思不同,《汉书·蒯通传》颜师古注:"隽,肥肉也;永,长也。言其所论甘美而义深长也。"说明"隽永"乃是一个褒义词,感情色彩截然不同。

而且"短长"实际上指利弊得失,"隽永"则言意味深长,词义不同,不能因为"永"可训"长"而把二者混为一谈。在考证工作中,应该防止训诂的滥用,因为这样做的结果可以闹到无所不通的地步。

但论者据此却作出了进一步的推断,认为《隽永》一名和《短长》《长书》《脩书》的意思相仿,和《国策》《国事》《事语》等都指同一部书。这就是说,蒯通作的《隽永》一书共有七个名字,这也未免太奇怪了吧。论者先提出了一个所谓"战国至汉初,无自己命名之书"的通例,用以说明这七个书名都是后人随便称呼的,但《汉书・蒯通传》上明明说他"亦自序其说","号曰《隽永》",这个具体的例子正可用来攻破前面提出的假说,《隽永》就是汉初的蒯通"自己命名之书"。古代确有一书异名的情况,但就是像论者提出的《史记》书名,或曰《太史公》,或曰《太史公记》,或曰《太史公书》,或曰《太史记》,总还是在"太史"二字上做文章,变化还是不大的。从来没有听到过一种书有七个异名,而且这些书名的变化又是这么大的。也很难设想皇家内府图书室中用了《隽永》的六个异名而偏偏丢下了本名。

班彪和班固都说司马迁作《史记》时采择过《战国策》中的材料。司马迁和蒯通年代相距不久,应该了解情况,但他没有提出过蒯通作《国策》之说。刘向校《战国策》时,能够看到很多材料,但他没有提出过曾用蒯通的《蒯子》或《隽永》作为整理工作的"基础蓝本",同时也没有提出过蒯通著《国策》之说。刘向在给这书定名时曰:"臣向以为战国时游士辅所用之国,为之策谋,宜为《战国策》。"可见刘向整理此书时一向认为他所掌握的材料是战国时纵横家的原始资料。后人根据一些字面上的迹象,把学习"短长术"的蒯通"论战国权变"的《蒯子》或《隽永》一书说成就是《国策》,理由是不充分的。应该说,二者实际上是性质不同的书。

总结上言,我们所作的结论是:蒯通不是《战国策》的作者。

韩非写作手法上的一些特点

先秦诸子都是哲学家。他们留下的一些著作，还以文采著称。可以说，哲学著作而有文学作品的长处，深奥的哲理而用美妙的文学手法来表达，是先秦哲学的一大特点，也是先秦哲学的一大优点。比起那些思辨哲学的论文来，容易引起兴味多了。从概念到概念的文章，读后使人疲倦，如入五里雾中，不易掌握要领；阅读先秦诸子那些有代表性的文章，总觉得论点鲜明，说理透辟，形象生动，铺叙有致，跟抽象说理的文章完全是两种味道。写作哲学论文，应该发扬这种传统的特色，把哲学论文写成优美的文学作品。

韩非也是写作上的能手。他的作品，自古以来受人重视。李涂《文章精义》曰："《韩非子》文章绝妙。"而他的那篇哲学小品《观行》，很能体现他在论说文写作上的一些特点，可以就此作些分析。下面先引原文，然后谈谈个人的一些体会。

古之人目短于自见，故以镜观面；智短于自知，故以道正己。故镜无见疵之罪，道无明过之怨。目失镜，则无以正须眉；身失道，则无以知迷惑。西门豹之性急，故佩韦以缓己；董安于之心缓，故佩弦以自急。故以有馀补不足、以长续短之谓明主。

天下有信数三：一曰智有所不能立，二曰力有所不能举，三曰强有所不能胜。故虽有尧之智而无众人之助，大功不立；有乌获之劲而不得人助，不能自举；有贲、育之强而无法术，不得长胜。故势有不可得，事有不可成。故乌获轻千钧而重其身，非其身重于千钧也，势不便也。离朱易百步而难眉睫，非百步近而眉睫远也，道不可也。故明主不穷乌获以其不能自举，不困离朱以其不能自见。因可势，求易道，故用力寡而功名立。时有满虚，事有利害，物有生死，人主为三者发喜怒之色，则金石之士离心焉。圣贤之朴深矣！故明主观人，不使人观己。明于尧不能独成，乌获不能自举，贲、育之不能自胜，以法术，则观行之道毕矣。

这篇文章的写作特点是很多的，下面提出三点来讨论。

排　比

韩非以前各家的文章，很少运用排比句，《孟子》《庄子》《荀子》中的绝大多数文章，都以单笔为主。只有《老子》是个例外，里面排比句很多，这从第一章中就可看出。“道，可道，非常道；名，可名，非常名。无名，天地之始；有名，万物之母。故常无，欲以观其妙；常有，欲以观其徼。……”，因此，有人认为《老子》这书不能出现太早。

比较起来，《老子》和其他子书中偶尔出现的排比句句式变化较少，不像《韩非子》中的排比句那样整齐而又富于变化。

就以《观行》第一段中的排比句来说，开头四句是顺叙，接着六句是逆转，再接着四句是举例，最后一句则是总结性的点题文字。寥寥数笔，就已显得波澜起伏，不像前此各家间或出现的那些排比句，只是一气直下仅以句子整齐为能事。

第二段中的排比句比较错落。自开头一句总提全文后，接着就是三句一组的排比句，然后用“尧之智”“乌获之劲”“贲、育之强”三种事例做证明。中间一段议论，穿插了很多单笔文字，而且减去了有关议论“尧”和“贲、育”的文字，增进了有关“离朱”的事例，显得与前后几组文字有所不同。但在最后总结全文时，则又围绕着“尧之智”“乌获之劲”“贲、育之强”展开讨论，从而与第二段文字的开头部分起到呼应的作用。

中国文学之有对偶排比，是由方块汉字的特点所决定的。韩非的文章，成了后代骈文的先导。关于骈文与散文的孰优孰劣，后代纷争不已，这种争论反映了文风的问题，牵涉到各个朝代的政治动向，情况比较复杂。一般说来，散文占文坛正统地位的时间比较长，骈文常是受到非议和贬斥。但是中国文字既有这方面的特点，那么掌握其规律而适当地加以运用，确也可以增加形式之美。例如律诗中的颔、颈二联就是最严格的对偶排比句，而律诗这种文体一直受到群众的喜爱，无非也是为了诗人在这方面的创造性活动体现了我国语言文字的形式之美。但是作者如果过分讲求对偶和排比，文章也会显得刻板。因此，就是后代的一些著名的骈文作者也都主张骈散兼行；在发表议论的过程中，于众多复笔之内穿插进若干单笔文字，使文章错综而多变化。他们常是在关键性的地方用上一两句单笔的慨叹句，使文章出现空灵的妙处，显得情韵悠远。像《观行》中的“圣贤之朴深矣”一句，就起到了这方面的作用。

齐梁之时骈文盛行，刘勰是写作骈文的能手，他对这方面的修辞现象作了深入的研究。《文心雕龙·丽辞》中说：“故丽辞之体，凡有四对：言对为易，事对为难，反对为优，正对为劣。言对者，双比空辞者也；事对者，并举人验者也；反对者，理殊趣合者也；正对者，事异义同者也。”可以说，《老子》中的排比句式大都属于“言对”“正对”一类，从写作手法上来说，还是比较简单的。韩非的文章中，“事对”和“反对”多了，文章显得生色不少，说明写作手法已经有了长足的进步。如“西门豹”和“董安于”四句，既是漂亮的“事对”，又是完美的“反对”，读后确是饶有兴味。这是因为：“凡偶辞胸臆，言对所以为易也；征人之学，事对所以为难也；幽显同志，反对所以为优也；并贵共心，正对所以为劣也。”要做好“事对”，平时就得积累材料。而一件事情，如能用正反两方面的典型例子加以说明，则不但能增加文章的说服力，而且显得思路开阔，文笔也摇曳多姿。

比　喻

比喻的用处，在于把抽象的道理具体化。哲学论文而能巧用比喻，则可取得深入浅出的妙处。韩非所用的比喻，出人意表而又在情理之中，特别生动有力。

《文心雕龙·诸子》中说：“韩非著博喻之富。”他在这方面取得的成就，可以分别举些例子来说明。

韩非猛烈地批判儒家，《外储说左上·说二》中说：“夫婴儿相与戏也，以尘为饭，以涂为羹，以木为胾，然至日晚必归饷者，尘饭涂羹可以戏而不可食也。夫称上古之传颂，辩而不悫，道先王仁义而不能正国者，此亦可以戏而不可以为治也。”这里他用小孩游戏作浅近的比喻，对儒家的空谈仁义作了绝妙的讽刺，而“尘饭涂羹”一词也就成了富有生命力的成语。又如《八说》中说：“不能具美食而劝饿人饭，不为能活饿者也；不能辟草生粟而劝贷施赏赐，不能为富民者也。今学者之言也，不务本作而好末事，知道虚圣以说（悦）民，此劝饭之说。劝饭之说，明主不受也。”后代“画饼充饥”这个成语，应当是从“劝饭”之说发展出来的。

韩非把比喻作为文章的有机组成部分。《说难》评论法家进说君主的困难，条分缕析，透辟入微，在写作技巧上达到了很高的水平。然而文章之妙还表现在最后用一个比喻作结。“夫龙之为虫也，柔可狎而骑也；然其喉下有逆鳞径尺，若人有婴之者，则必杀人。人主亦有逆鳞，说者能无婴人主之逆鳞，则几矣”。这是宕开一笔的写法，说明进说君主固有困难，然而能够避开这些分析到了的难处，犹如见到龙而不要去批他的逆鳞，那么进说君主也就无所谓困难了。这篇文章，有了最后这个比喻，不但把抽象说理化而成为可以捉摸的形象，而且犹如神龙掉尾一样活起来了。“逆鳞”一词还成了后代常用的成语。

《韩非子》中的比喻，不但用得巧，而且用得多。《奸劫弑臣》中论擅主之臣的危害，臣下不敢为君主尽忠，说：“故左右知贞信之不可以得安利也，必曰：‘我以忠信事上，积功劳而求安，是犹盲而欲知黑白之情，必不几矣；若以道化行正理，不趋富贵，事上而求安，是犹聋而欲审清浊之声也，愈不几矣。二者不可以得安，我安能无相比周、蔽主上、为奸私以适重人哉？’此必不顾人主之义矣。其百官之吏亦知方正之不可以得安也，必曰：‘我以清廉事上而求安，若无规矩而欲为方圆也，必不几矣；若以守法不朋党治官而求安，是犹以足搔顶也，愈不几也。二者不可以得安，能无废法行私以适重人哉？’此必不顾君上之法矣。”这一段文字也是采用了一长串的排比句，而一个论点之后紧接着一个比喻，则是为了使文章更多样和具体。

这些比喻，是从日常生活中提炼出来的，属于一般常识，容易为人理解和掌握。但比喻也不宜流于平淡，应该出之于日常生活而又出人意料之外，例如“以足搔顶”这一比喻，以拙为巧，别有奇趣，简直有些想入非非。这些地方，又可看出韩非的文章和后代士大夫文人道貌岸然的作风有所不同。

《观行》中的几个比喻也很生动有趣。他用“以镜观面”比喻“以道正己”，因为后者的道理比较抽象，需要用前者作形象化的说明。而韩非随即又发挥道：“故镜无见疵之罪，道无明过之怨。”则又把意思推进了一层。镜是客观存在，不以照镜者的意志为转移，是美是丑只能让它如实地反映出来。有人怪罪镜子照出了他的毛病，那是笑话，然而世上就有这样的蠢人。这种思想是很深刻的，后代一直有人运用这样的比喻说明主客观的关系。《观行》中还以"乌获轻千钧而重其身""离朱易百步而难眉睫"说明人的能力不可避免地有所局限,也是合情合理而又异想天开的生动比喻。试问:世上有哪一个大力士能抓住自己的头发而把自己提起来?因为这样的常识太浅显了,以致一般人不会去想到它,这里用它说明问题,反觉新鲜可喜。

结　构

写作论说文而讲究篇章结构,是从韩非才开始的。《论语》《孟子》等语录体作品,在问答之中自然也有层次问题,但它与专题论文毕竟不同,因为说话和作文本身就存在着差别。

《墨子》和《荀子》中的文章大都是标准的论说文。《墨子》的文章以逻辑谨严著称,《荀子》的论文以结构绵密著称,但如说到文采,则殊嫌不足。《墨子》的文笔,论它的长处,可以称之为朴实;论它的短处,则嫌变化不多,流于呆板。《荀子》也是先秦散文名著之一,铺陈排比,说理详尽周密。论它的长处,可以称之为浑厚;论它的短处,则嫌平铺直叙,流于平板。从篇章的安排来说,似乎还举不出特别成功的创造性的佳例。

《庄子》的文章,汪洋恣肆,舒卷自如,就其表达唯心主义的内容而言,确是达到了很完美的境界。书中一些著名作品,誉者称之为有神龙见首不见尾之妙。庄周及其后学是不受什么文章作法之类的框框所束缚的,但依严肃的理论文章来说,还是要求论点鲜明,逻辑谨严,分析透彻,层次清楚。因此,《庄子》中的文章总非正格。

一篇理论文章,总得有它的中心思想,全文围绕这个论题,细针密线,八面受敌,显出它的结构之妙。文章的形式美,可以更好地反映内容,从而吸引更多的读者。《韩非子》中的有些文章就有这方面的长处。当然,这也不是说韩非的每篇文章都能达到这样高的要求。

《说难》一文,结构上就很有功夫。文章首先提出进说者要了解君主的心理变化,接着列举进说时足以危身的种种困难,到了文章的第三大部分,也就归结到进言之术要就君主心理上的各种不同情况而采取相应的对策。下面一部分则举历史事实和民间故事为例证,最后举“逆鳞”的比喻结束全文。全文有分析,有例证,富有说服力。而从结构上来说,则是层次分明,起伏照应,首尾贯通,转折多姿。在这之前,似乎还没有出现过这么讲究结构的文章。

《观行》篇幅较小,用不到像篇幅大的文章那样更要注意结构上的功夫,然而从中还是可以看到韩非匠心独运之处。文章第一段讲君主如何“观己”,第二段谈君主如何“观人”。所谓“观行”,就包括“观人”和“观己”两方面的内容。韩非是君权至上论者,“观行”之道也得掌握在君主手里,所以他在文章结束时又补上了一句:“故明主观人,不使人观己。”最后则用“以法术,则观行之道毕矣”点题,体现他这位法家的本色。《观行》中用“故”字特多。文章的句法,总是前句铺开一层,后句用“故”字作一小结,这样步步铺开,层层总结,显得逻辑性强,作风严谨。这种写法本来是很容易流为板滞的,然而韩非运用了句法上的变化,意思上的转折,比喻、例证方面的穿插,使读者非但不感到沉闷,反而觉得错落有致。这样讲究层次的丰富和多样,在结构上下功夫的,在以前的论说文中也是不多见的。

《观行》全文仅三百馀字,而内容充实,形式完美,可供借鉴之处甚多。今不揣谫陋,缕述如上。

说图像

王逸《楚辞章句·天问·序》曰:“屈原放逐,忧心愁悴,彷徨山泽,经历陵陆,嗟号昊旻,仰天叹息。见楚有先王之庙及公卿祠堂,图画天地山川神灵,琦玮僪佹,及古圣贤、怪物行事。周流罢倦,休息其下。仰见图画,因书其壁,呵而问之,以渫愤懑,舒写愁思。”这段记叙,与《天问》的内容是吻合的。只是王逸生活的年代较晚,《天问》提到的问题又多,故而一直有人怀疑:先秦之时到底有没有这样的图画,王逸的记载是否出之于猜测?

读《韩非子》,得知先秦确有绘画“古圣贤”的制度。下面可以引用一些材料来说明。

韩非在《守道》篇中抒写了法家的理想。在他看来,世上出现忠主之臣和篡逆之臣,出现贤明之君和亡国之主,也就说明政治很不理想。相反,如果政治走上正规,君主推行法治,达到了完美无缺的境界,那社会上也就不会有忠臣、邪人之分,贤君、昏主之别。“度量信,则伯夷不失是,而盗跖不得非。法分明,则贤不得夺不肖,强不得侵弱,众不得暴寡。……如此,故图不载宰予,不举六卿;书不著子胥,不明夫差”。在这样的理想世界上,“故君人者无亡国之图,而忠臣无失身之画”。一切相对的好坏之分都归泯灭,大家都在法治的原则下各得其所。

这种政治理想,《大体》篇中也有生动的描写。“故至安之世,法如朝露,纯朴不散,心无结怨,口无烦言。……〔故〕豪杰不著名于图书,不录功于盘盂,记年之牒空虚”。

图书、盘盂、纪年之牒(史书)并提,说明先秦之时确有记录名臣于图画的制度。由此可证：庙堂上确是“君人者”有“亡国之图”，“忠臣”有“失身之画”。

这种图画制度，至迟到春秋时已经建立。韩非在《用人》篇中说：“君人者不轻爵禄，不易富贵，不可与救危国。故明主厉廉耻，招仁义。昔者介子推无爵禄而义随文公，不忍口腹而仁割其肌，故人主结其德，书图著其名。”介子推就是一个效忠于晋文公的“圣贤”，晋文公用“书图”记录于庙堂，以示褒扬。

《孔子家语》卷三“观周”中也有这方面的记载。“孔子观乎明堂，睹四门墉有尧、舜之容，桀、纣之象，而各有善恶之状，兴废之诫焉。又有周公相成王抱之负斧扆南面以朝诸侯之图焉”。因为《孔子家语》是后出的书，记载古代制度未可尽信，但参照上述韩非的说法，则也不能截然否定这种记载的真实性。

这种图画实物，后代自然失传了，但汉代孝堂山、武梁祠以及沂南汉墓等石刻上镌刻的古史故事，应当就是这种传统的体现。《汉书·霍光传》记武帝“使黄门画者画周公负成王朝诸侯以赐光”。《三国志·魏书·臧洪传》载臧洪答陈琳书曰：“昔晏婴不降志于白刃，南史不曲笔以求生，故身著图象，名垂后世。”统治阶级把前代的著名故事用图画的形式记载下来，作为历史的鉴诫，鼓励臣下效忠尽节，并且以此作为建筑上的装饰艺术。王延寿在《鲁灵光殿赋》中也记叙道：“上纪开辟，遂古之初，五龙比翼，人皇九头，伏羲鳞身，女娲蛇躯。鸿荒朴略，厥状睢盱。焕炳可观，黄帝、唐、虞，轩冕以庸，衣裳有殊。下及三后，淫妃乱主，忠臣孝子，烈士贞女，贤愚成败，靡不载叙。恶以诫世，善以示后。”可见这种把“圣贤”“豪杰”著名于图书的制度，源远流长，在整个封建社会里一直有所继承和发展。

《史记·留侯世家》记叙太史公的亲身闻见，“余以为其人计魁梧奇伟，至见其图状，貌如妇人好女”。张良生当汉初，汉承秦制，这种图像功臣的做法，当然是从先秦时代承袭下来的。后代于此也有著名的事例，如汉宣帝画功臣于麒麟阁，汉明帝画先朝列将于云台，唐太宗画功臣于凌烟阁……这些地方也可看到图画制度的源远流长。

不但如此，春秋、战国之时还有塑像的记载。《国语·越语下》记"〔越〕王命金士以良金写范蠡之状而朝礼之"。《战国策·燕策二》载苏子对齐王云："今宋王〔偃〕射天笞地，铸诸侯之象，使侍屏匽，展其臂，弹其鼻。"贾谊《新书·春秋(连语)》载："楚怀王心矜好高人，无道而欲有伯王之号，铸金以象诸侯人君，令大国之王编而先马，梁王御，宋王骖乘，周、召、毕、陈、滕、薛、卫、中山之君皆象使随而趋。"可见当时塑像的水平已经发展得很高。雕塑是图画的进一步发展，但后代发展得很不充分。

《韩非子》是反映社会现象极为广泛的一部著作，从中可以了解到很多战国时代的风俗人情文物制度，图像一项，也可借此而得其梗概。

《韩非子》版本小议

《韩非子》的版本很多，就以刻板年代较早的明朝来说，还曾留下好多种有代表性的本子。这里我们举《用人》篇为例，进行一些分析，希望通过典型解剖，阐明《韩非子》版本上的一些问题。当然，这也只能是概括性的介绍，仅供参考而已。

下面我们以吴鼒覆刻的宋乾道本为主，把其他本子上的不同文字列表说明。乾道本上的文字与其他本子有歧异者，用黑体印出，原缺的文字则用白框表示。

覆乾道本	藏	正	张	迂	赵	周	吴	凌	赵
外无**马**服之患				矫				矫	矫
故莫争**讼**				无讼字					
废尺寸而差**短长**				长短				长短	长短
君人者释三易之数，而行**之**一难知之□			无之字	无之字□作心字	无之字□作心字	无之字□作心字	无之字	无之字□作心字	无之字□作心字
则怒积于上**而**怨积于下									无而字
明主之表**易**见									异
故上**君**明而少怒				居	居	居	居	居	居
则私怨**立**				生	生	生		生	生
□见憎				□作民字	□作民字	□作民字	□作民字	□作民字	□作民字

续表

覆乾道本	藏	正	张	迂	赵	周	吴	凌	赵
以隙穴之臣而事独立之主	而	而							
虽中小不巧			而		而	而	而		而

上栏各种版本指的是：
覆乾道本（嘉庆二十三年吴鼒重刊宋乾道黄三八郎刻本）
藏（明正统年刻《道藏》本）
正（明正德年刻本）
张（明嘉靖四十年张鼎文刻本）
迂（明万历六年刻《韩子迂评》本）
赵（明万历十年赵用贤刻《管韩合刻》本）
周（明万历年周孔教刻本）
吴（明万历年吴勉学刻《二十子全书》本）
凌（明凌瀛初刻本）
赵（明天启五年赵世楷刻〔赵如源王道焜同校〕本）

这张表格能够说明什么问题呢？它似可表明：

（一）万历之前，即《迂评》本和赵用贤本出现之前，一些《韩非子》的早期刻本，文字上常有缺漏和错误，可以用各种本子互相补充和纠正。这些本子看来都没有经过什么文人学士的校勘，因此，留有错字和字句不通处，这在阅读时固然不便，但却不像后代那些经过改窜而文从字顺的本子那么失真而难分真假，在校勘上是很可宝贵的材料。一般说来，文章中字句上的出入还是不太大的。

（二）自《迂评》本、赵用贤本开始，文字上的改动就多了，而且逐渐形成了现在通行的《韩非子》的样子。用朱锡庚《韩非子校正》和《迂评》本对勘，可以看出《迂评》本中好些与众不同的文字是有来头的，它是根据现在已经失传的何犿本而上板的。例如“外无马服之患”一句，《迂评》本作“外无矫服之患”；“矫”当然是误字，韩非书中曾经提到赵括长平之败作为历史鉴戒，《迂评》本却偏偏不加改动，保留着何犿本的本来面目。可以想见，在《韩子迂评》刻印的年代，除何犿本之外，能够见到的《韩非子》的其他本子一定还有，这些后代可大都失传了，因此《迂评》本中有些与众不同的文字可能曾经参考过别种本子。就以“故莫争讼”一句来说，《迂评》本中无“讼”字，而在这个字的位置上加了一个小注“羡”，说明此字是多馀的，这应当是门无子的校勘说明。与此相同的是，《韩子迂评》中的《说林》本来不分上、下篇，但在目录中“说林”二字下面有小注“有上下篇”四字，这应当也是门无子的校勘说明，因为《史记·韩非列传》中的司马贞《索隐》明明说到《说林》有上、下篇，所以门无子在篇目之下加上了这条小注。由此可以推知，那些与众不同而没有加小注的文字，有些应当是有版本根据而不是任意改动的。

（三）赵用贤本刻在《迂评》本后，二者文字上有很多相同之处，这应当是赵用贤参考了《迂评》本而改动的，因为二书刻印的年代紧相衔接，而刻书的地域也在一起。陈深《韩子迂评序》说：“门无子，吴郡人，姓俞氏，岩居嗜古笃行君子也。”赵用贤是常熟人，正是吴郡地方，他在万历十年(1582)刻书时当然会看到《韩子迂评》的初刻本，而赵用贤本《韩非子》上又有这么多地方和《迂评》本相同，这就决不会是偶然的巧合了。有人声称《韩子迂评》出于赵用贤本，这就把版本的源流演变讲错了。《韩子迂评》是根据元何犿本刻印的，而何犿本文字有残缺，全书只有五十三篇，因此《韩子迂评》的初刻本篇目和文字都不全。赵用贤买到宋本《韩非子》后，和何犿本相校，同时参考了《韩子迂评》中的文字，才刻出了足本《韩非子》。其后门无子转而又据赵用贤本补足了《迂评》本中原缺的篇目和文字，但仍保留着元何犿本的篇名目录，这就是《重校韩子迂评引》中所说的“文从赵本，目则仍何氏”。由此可知，这两种版本之间有着相互吸收的交错关系。赵用贤本是参考了《韩子迂评》初刻本而刻成的，《重校韩子迂评》则是参考了赵用贤本

《韩非子》而刻成的。如果只看到后一方面而不知道前一方面，那就从根本上弄错了版本的继承关系，万历六年(1578)刻的书反而被说成是出于万历十年(1582)刻的书了。

(四) 宋乾道本、元何犿本、明道藏本、正德年刻本、张鼎文本等各种早期刻本，从校勘上来说，固然是名贵的本子；但从阅读上来说，却都不太适用。《迂评》本和赵用贤本毕竟是经过整理的本子，比起那些早期刻本来，容易阅读多了，因此这两种书立即成了明刻《韩非子》中的重要版本。其后出现的各种《韩非子》刻本，受这两种书的影响很大。可以说，这些书受赵用贤本的影响可能更大一些，但受《迂评》本的影响也不能低估。

(五) 万历中期之后，《韩非子》的刻本大量出现，但质量参差不齐，一般说来都不太高。如凌瀛初本，在校勘上还不失为一种值得参考的本子，里面也经常出现一些与众不同的文字；这样的文字，看来就像是凭主观意见改动的。如《初见秦》中有“战于孚下”一句，各本无不如此，只有凌瀛初本和张榜本作“战于李下”，这应当是根据《战国策·秦策一》中的文字而改动的；而在其他文章中还有某些文字就连《战国策》之类的依据都找不到，这就很有可能是没有什么版本根据而以意为之的了。又如赵如源、王道焜同校本，还在很多地方以不误为误。赵、王二人还算是当时的著名文士，但都不是什么严肃的学者，明代尽多这类自命风雅的文人，喜欢舞文弄墨妄自改动文字，给古籍的流传造成很大的混乱。因此，如果说到《韩非子》的校勘工作，那在《迂评》本和赵用贤本之后出来的本子，参考的价值应当说比较差一些，一般只能起到佐证的作用，只有个别文字可以作为有力的依据而援用。

韩非论君臣关系

周代的奴隶主政权完成了一种新的组织形式，它以血缘关系为纽带，构成宗法制度，把大大小小的奴隶主贵族严密地组织起来，形成一种宝塔形的上层建筑，压在奴隶们头上。

所谓宗法制度，是由一层层的大宗、小宗组成的。周天子的王位，只能由直系的嫡长子世代相承，是谓百世不迁之大宗。宗子的兄（庶出之兄）弟所传各系，则均称小宗。小宗之中世代相传的嫡长子一脉，在此系统之内也是大宗，而他的兄（庶出之兄）弟的所传各系，则又成为这一脉的小宗。……这样不断分裂下去，编成一个严密的网，把一族之内的奴隶主贵族按血统的亲疏远近组织起来，共同维护以大宗为代表的本族利益。

伴随着宗法制度而出现的，是由分封制度而产生的各级地方政权。天子的兄弟、儿子领有封邑，他们在自己的领域内，是掌握大权的贵族；对王室来说，则是拥戴君主的臣下。这种封地内的大奴隶主头子，又把自己的兄弟、儿子分封出去。……这样层层分封，把同一血统的人分封各地，利用亲属关系共同维护政权。一些并非出于同一血统的异姓诸侯，则用婚姻关系加以维系。因此，君主与异姓诸侯之间，不同姓的诸侯之间，仍有血缘关系作为纽带而把大家团结起来。

这样的国家中的贵族，辗转都有血缘关系。彼此之间不是同姓的亲族，就是异姓的亲戚。因此，周天子称同姓诸侯为“伯父”“叔父”或“兄弟”，称异姓诸侯为“伯舅”“叔舅”。这样的称呼，决不是什么客气，而是实际情况的反映。《左传》僖公二十五年记晋人取阳樊，阳樊人抗辩说："此谁非王之亲姻？"[1]他们对晋人的不顾"亲姻"关系而动用干戈表示愤懑。

但这也是历史的必然。在以私有制为基础的阶级社会中，贪欲和权势欲起着巨大的作用。为了争夺财富和权力，儿子可以杀掉老子，臣下可以杀掉君主，哪里还去管它什么血统和名分？退一步说，宗族和姻戚的情谊如果起过作用的话，那么经过的世代愈多，情谊就愈疏淡，争权夺利而引起的矛盾仍会爆发出来。宗法制度不能不受到削弱而渐趋没落。

春秋之时，各诸侯国竞争激烈，再让那些腐朽无能的显赫贵族占有高位，就会危及本国贵族的整体利益，于是这样的国家不得不提拔一些下层人物到高位上去，尚贤的事例逐渐增多了。随着社会制度的变化，一些庶人身分的人也登上了政治舞台，社会上出现了游士这一阶层，他们流徙各国，参与政权管理。尤其到了战国，各国大都起用客卿，平民阶层中人大量涌入统治阶级，君臣之间不完全有什么血缘的纽带作维系，世卿的制度受到了致命的冲击，"亲亲"的道理也就说不上了。地主阶级亟需一种新的理论，批判奴隶制的君臣关系，维护封建制的君臣关系。韩非就担当起了这项论证新型君臣关系的任务。

奴隶制的君臣关系是宗族制度的扩大，君主统治臣下犹如家长管教子女。家长一有命令，子女就得绝对服从，大家都为同一宗族的利益而统一行动。封建制的君臣关系破坏了血缘的纽带，君主任用臣下犹如地主雇佣长工。血缘关系变成了买卖关系。买卖总得注意公平，才能求得相互合作，发挥臣下的积极性。

---

① 《国语·晋语四》对此有详细的记载。"阳人不服，〔晋文〕公围之，将残其民，仓葛呼曰：'君补王阙，以顺礼也。阳人未狎君德，而未敢承命，君将残之，无乃非礼乎？阳人有夏、商之嗣典，有周室之师旅，樊仲之官守焉。其非官守，则皆王之父兄甥舅也。君定王室，而残其姻亲，民将焉放？'"

韩非认为君臣之间只是一种买卖关系。他在《外储说右下·说二》中介绍了一种有代表性的意见。

田鲔教其子田章曰:“主卖官爵,臣卖智力,故自恃无恃人。”

这与过去的观念有了根本的不同。在奴隶制的世卿制度下,只要是贵族,生下来的子孙必定也是贵族。尽管有些人的能力很差,和所任职务不称,但凭着血统仍可获得官爵。封建制的君臣关系不是这样,韩非把它说成是一种交易,这里没有什么亲姻的情谊可言。《难一》中申述说:“……且臣尽死力以与君市,君垂爵禄以与臣市。君臣之际,非父子之亲也,计数之所出也。”君主考虑问题就得从此出发。

韩非是用地主阶级功利主义的观点分析问题的。他认为人情好利恶害,故而君主必须付出重赏,才能招引臣下为之出力。他曾用地主雇佣长工之事来说明问题。《外储说左上·说三》中说,地主准备好了精美的食物和钱币招待长工,并不是心爱长工,而是希望他耕作得细致一些;长工出力而精心地干,并不是心爱主人,而是贪求得到好的饮食和钱币。因此,地主和长工之间没有什么父子之间的恩泽,然而能够合作,都是出于自私的心理。这里韩非用个别劳动者的落后意识代表整个农民阶级的思想状态,则是对劳动人民的污蔑和歪曲。但是这个例子也说明了一点:君主若要办成某件事,政治上取得成功,必须取得臣下的合作。这已不像过去的人那样考虑问题:“天王”只要居高临下地发布命令,各级贵族就会奉“王命”而奔走,无需考虑什么臣子的作用问题。

韩非在《难二》中通过一则故事阐明了君臣合作的观点。晋平公问:齐桓公建立霸业,到底是臣子的力量,还是君主的力量?叔向回答说是臣子的力量,师旷回答说是君主的力量。韩非举出许多例子,说明“有其臣而无其君”和“有君与无臣”都会陷于失败，从而得出结论说：“凡五霸所以能成功名于天下者，必君臣俱有力焉。故曰：叔向、师旷之对，皆偏辞也。”他批判了那种只是归功于君或只是归功于臣的一偏之见。

韩非在《功名》中还用一组文字详尽地表达了这方面的观点。

> 人主者，天下一力以共载（戴）之，故安；众同心以共立之，故尊。人臣守所长，尽所能，故忠。以尊主御忠臣，则长乐生而功名成。名实相持而成，形影相应而立，故臣主同欲而异使。

这里是把君臣作为一个统一体的两方面而加以考虑的。“人主之患在莫之应”，说明君主立功成名一定要有臣子的支持和响应；“人臣之忧在不得一”，说明臣下若要作出贡献必须和君主合为一体。他用人的左右手作比喻，只用一只手拍，虽迅疾但发不出声音，犹如只有君主发号施令而臣下不来响应，则还是不能有所作为；左手要画方，右手要画圆，则两方面都画不起来，犹如臣子想办这事，君主却想办那事，则什么事也办不成。这种比喻以及由此体现的思想是很深刻的。它说明韩非不光注意到了君臣之间有支配关系的一面，而且懂得还要注意合作的一面。因此他的重要结论是：必须“以尊主御忠臣”，才能建立新兴地主阶级君主的“功名”。

奴隶制时代，君主制裁下属犹如族长按照族规惩治族人，同宗的人也会为了一族的利益而监督他人，因而这时用不到提出什么防奸的问题。封建制时代，君臣关系只是利害关系的结合，臣下为了获得权势经常玩弄手段，君主就得时时提防臣下的阴谋活动，于是察奸的“术”也就发展起来了。

韩非指出，君主若要建立功名，必须得到臣下的配合，如果两方面的欲望都得到了满足，那就可以出现合作良好的局面。这是事情的一个方面。但在韩非看来，君臣之间既是利害关系的结合，而人的贪欲和权势欲又是这样的强烈，很少有满足的时候，因此君主必须时时提防臣子阴谋作乱。这是事情的另一个方面，而且是更为重要的方面。

对于君臣之间的利害冲突，韩非作了具体的分析。《孤愤》曰："主利在有能而任官，臣利在无能而得事；主利在有劳而爵禄，臣利在无功而富贵；主利在豪杰使能，臣利在朋党用私。"君主对此要有清醒的认识。《八经》中说："知臣主之异利者王，以为同者劫，与共事者杀。故明主审公私之分，审利害之地，奸乃无所乘。"他是在这样的前提下提出防奸问题的。

《扬权》引黄帝之言曰"上下一日百战"，君主与臣下时时处在尖锐的冲突之中。

臣下结党营私，对君主构成了最大的威胁。《扬权》篇说："故度量之立，主之宝也；党与之具，臣之宝也。臣之所不弑其君者，党与不具也。"只要他们党与已具，布置就绪，也就会对君主下手了。

对于这样的臣子，君主已不能动用宗族的力量来约束和监督，于是地主阶级的统治者便发展起了种种权术，用以察奸和防奸。韩非在《难三》中给"术"下了定义："术者，藏之于胸中，以偶众端而潜御群臣者也。"可见"术"是一种君主暗中用来控制臣下的手段。

《韩非子》中有许多论"术"的专篇，所谓"七术""三守"，都是具体的"术"，《八经》中的"立道"一章还提纲挈领地提出了许多用"术"的具体办法。这些"术"的内容，也是需要具体分析的，如"众端参观""一听责下"等，可以说是还有一些符合唯物主义认识论的合理因素，至于说到"疑诏诡使""挟知而问""倒言反事"等，那就只是要弄权谋了。更有甚者，韩非还提出了"除阴奸"之法。《八经》"起乱"一章中说："生害事，死伤名，则行饮食；不然，而与其仇：此谓除阴奸也。"为了维护君权,可以不择手段,什么暗中下毒、借刀杀人等手段都用上了,地主阶级阴险毒辣的面目暴露无遗。

后人可能很难理解,韩非为什么要把这样卑污的东西津津有味地写下来呢? 这在古代典籍中恐怕也是绝无仅有的记录。看来韩非并不以这种手段为丑。如果他认为这些手段见不得人的话,那他可能就不会写到自己的著作中去了。这里应该看到,“术”的出现也是历史的必然。政权的组织形式变了,原来维护奴隶制政权的那些办法不起作用了,这时就得提出新的巩固政权的措施来。韩非是地主阶级的思想家,他担负起了构拟“术”的理论巩固新政权的任务。在他看来,这是巩固地主阶级专政的必要措施,研究这种手段是他义不容辞的责任,于是他花了很大的精力去论证“术”的重要性,并且介绍了“术”的各种应用办法。这里我们不必用道德的观点去评价韩非的论“术”,不要为什么“仁义道德”之类的说教所迷惑而否定新起的“术”。当然,我们也要反对客观主义地评价历史,因为客观主义者证明现有一系列事实的必然性时,总是不自觉地站到为这些事实做辩护的立场上去。这里应该看到,地主阶级的统治是建立在少数人对多数人的专政上的,君主本身就是人民的敌人,因此统治阶级内部出现矛盾时,君主不可能依靠群众来防奸,他只能使用权术来对付臣下。这也说明,即使地主阶级处在上升时期,也是充满着勾心斗角和尔虞我诈。“术”的学说深深地铭刻着地主阶级的烙印。

《外储说右上·说一》中的一则寓言很好地表达了韩非的君臣观点。“夫驯乌者断其下翎焉。断其下翎,则必恃人而食,焉得不驯乎?夫明主畜臣亦然,令臣不得不利君之禄,不得无服上之名。夫利君之禄,服上之名,焉得不服?”君主得用威胁利诱等手段控制臣下,使臣下不得不为君主所用。

奴隶制时代,君臣之间的尊卑名分是靠依据宗法而制订的礼制来规定的，“亲亲”是团结奴隶主内部的重要组织原则，孝悌之道是巩固奴隶主政权的重要伦理观念。封建制时代，君臣之间的尊卑名分得靠法制来维护，君主按照臣子的功过而给予奖惩，其间不应有什么恩谊可言。韩非把这理论推到了极端，得出了君不必仁、臣不必忠的结论。

《论语·微子》：“周公谓鲁公曰：‘君子不施（弛）其亲，不使大臣怨乎不以。故旧无大故，则不弃也。无求备于一人。’”孔丘介绍周公的意见，提出了团结奴隶主贵族内部成员的一些准则。

《论语·泰伯》：“君子笃于亲，则民兴于仁，故旧不遗，则民不偷。”①孔丘鼓吹通过“亲亲”而“复礼”，巩固奴隶制统治。

《论语·学而》：“有子曰：‘其为人也孝弟，而好犯上者鲜矣；不好犯上而好作乱者，未之有也。’”有若强调通过孝悌之道防止犯上作乱，巩固奴隶主政权。

到了战国，封建地主阶级政权建立之后，这种“亲亲”的观念和“孝悌之道”起了有害的作用。《论语·子路》中说：“叶公语孔子曰：‘吾党有直躬者，其父攘羊而子证之。’孔子曰：‘吾党之直者异于是。父为子隐，子为父隐，直在其中矣。’”韩非在《五蠹》篇中就讨论了这个例子。“楚之有直躬，其父窃羊，而谒之吏。令尹曰：‘杀之！’以为直于君而曲于父，报而罪之。”结果“令尹诛而楚奸不上闻”，产生了很坏的政治影响。原因何在？因为令尹按照奴隶主阶级的伦理观念对待新的社会现象，结果助长了“楚奸”的志气，损害了地主阶级的利益。《忠孝》篇中说：“天下皆以孝悌忠顺之道为是也，而莫知察孝悌忠顺之道而审行之，是以天下乱。”韩非认为，必须提出一种新的社会准则来代替这些

---

① 这段文字还有郑玄的注释传世，意思更见显豁。郑注：“君子厚于骨肉之亲，则民效为之，多仁恩。故旧无大故，不相遗弃，则民不相与不苟且也。”见《鸣沙石室佚书》本《论语郑氏注》。

伦理观念。

韩非是标准的法家，他主张一切以法为准，在处理君臣关系时也不例外。君主如果“仁下”而滥施恩赏，人们也就毋庸积极为国立功出力；君主如果严格按法办事，有功者得赏，有罪者受罚，臣下自会努力为国立功效劳。因此，君主不应采用奴隶主阶级思想家所鼓吹的“仁政”，而应坚决贯彻符合地主阶级利益的法治。

韩非主张臣子不必对君主尽忠，这点似乎难于理解，其实这种道理跟上面说的一样。臣子和君主既非亲属，又无戚谊，二者只是买卖关系，谈不上什么私人之间的恩情。臣子如果有功，那就理当得奖，这是自己出力得来的，用不着感谢君主。这就是《外储说左下·经一》中说的：“以功受赏，臣不德君。”《难三》篇中所说的：“有功者必赏，赏者不得（德）君，力之所致也。”

由上所言，韩非得出了新的结论。《外储说右下·经二》中说：“治强生于法，弱乱生于阿，君明于此，则正赏罚而非仁下也。爵禄生于功，诛罚生于罪，臣明于此，则尽死力而非忠君也。君通于不仁，臣通于不忠，则可以王矣。”《六反》中也说：“人主挟大利以听治，故其任官者当能，其赏罚无私。使士民明焉，尽力致死，则功伐可立而爵禄可致，爵禄致而富贵之业成矣。富贵者，人臣之大利也。人臣挟大利以从事，故其行危至死，其力尽而不望。此谓君不仁，臣不忠，则可以霸王矣。”

这种似乎有些别扭的理论，反映了这个特定历史阶段的地主阶级的政治要求。韩非要求廓清过去的一些旧观念，而代之以新鲜的法治思想。因为“法”已经保证了地主阶级的根本利益，只要按法办事，就能符合以君主为主要代表的地主阶级的最大利益。因此，这里似乎已经不再需要提出“明法”和“忠君”这样双重的社会准则了。韩非是君权至上论者，又是严格的法治理论家，这里他只是采用了单刀直入的论证方式，二者之间并不存在什么矛盾。

馀 论

韩非否定了奴隶制时代的“亲亲”原则和儒家所鼓吹的“孝悌忠顺之道”，剥去了奴隶主阶级雍雍穆穆的外衣。他把地主阶级的君臣关系描写成是勾心斗角中的一种联合，更为符合历史的真相。恩格斯在论述恶的历史作用时说：“在黑格尔那里，恶是历史发展的动力借以表现出来的形式。这里有双重的意思，一方面，每一种新的进步都必然表现为对某一神圣事物的亵渎，表现为对陈旧的、日渐衰亡的、但为习惯所崇奉的秩序的叛逆，另一方面，自从阶级对立产生以来，正是人的恶劣的情欲——贪欲和权势欲成了历史发展的杠杆，关于这方面，例如封建制度的和资产阶级的历史就是一个独一无二的持续不断的证明。”（《马克思恩格斯选集》第 4 卷，第 233 页）韩非反映了地主阶级处于上升时期的思想状态，故而还能正视现实，承认贪欲和权势欲所起的作用，而不要用什么仁义道德之类的谎言来作掩饰。

韩非的这种言论，在后来的地主阶级代言人那里却再也听不到了。地主政权巩固之后，反对奴隶制的任务结束了，这个阶级觉得早期思想家韩非那些赤裸裸的言论未必对他们有利，他们要给自己的社会关系蒙上一层温情脉脉的面纱，这样更便于欺骗人民，团结地主阶级内部，于是他们抛弃了韩非这种“不仁”“不忠”的理论，重新捡起儒家的伦理道德观念，袭用奴隶主阶级的一些维系内部关系的方式（如一定程度上的宗法制度、世袭特权，等等）。地主阶级和奴隶主阶级都是剥削阶级，他们的统治方式本来就有很多相通之处。在韩非的理论中，也有很多强调等级名分的说教，如《忠孝》说：“臣之所闻曰：‘臣事君，子事父，妻事夫。三者顺则天下治，三者逆则天下乱，此天下之常道也。’明王贤臣而弗易也。”就可与奴隶制时代的观念沟通起来。儒家这方面的说教更为精致一些，因此后代的封建地主阶级反而大肆贩卖孔孟之道，韩非的有些说法反而被搁置不用了。

法家的理想

拿《韩非子》和《商君书》比较，可以看出两个显然的不同之点。一是哲理问题，《商君书》主要谈政治实践，很少进行哲理上的总结，《韩非子》则已把法治提到哲学的高度作理论上的论证；二是理想问题，《商君书》只提到法治的某些政绩，很少表达理想，《韩非子》则用很多篇幅反映法家的政治理想。

韩非的哲学理论，以及由此产生的政治理想，从思想渊源来说，出之于道家，但经过韩非的改造，二者已有本质上的不同。

道家是代表对人生持消极态度的没落奴隶主阶级的一个学派，他们对新起的地主阶级政权固然不满，而对前此阶段的奴隶制社会也有不满，因为他们正是在那种环境中逐步趋于沦落的。为此他们对前途感到绝望，只能把眼光转到古代的原始社会中去。《老子》中构拟的理想世界是"小国寡民。使民有什伯之器而不用，使民重死而不远徙。虽有舟舆，无所乘之；虽有甲兵，无所陈之；使民复结绳而用之。甘其食，美其服，安其居，乐其俗，邻国相望，鸡犬之声相闻，民至老死不相往来"（八十章）。如果说这也可以叫做理想的话，则显然是一种复古倒退的政治理想。

道家如何设想达到这种"理想"境界呢？《老子》中也有说明："五色令人目盲，五音令人耳聋，五味令人口爽，驰骋田猎令人心发狂，难得之货令人行妨。是以圣人为腹不为目，故去彼取此。"（十二章）"不尚贤，使民不争；不贵难得之货，使民不为盗；不见可欲，使民心不乱。是以圣人之治，虚其心，实其腹，弱其志，强其骨，常使民无知无欲。使夫智者不敢为也。为无为，则无不治。"（三章）

《老子》主张从两方面着手达到“理想”境界：一是消灭一切物质文明，因为它会引起人的知识和欲望；一是去掉人的知识和欲望，这样即使遇到什么“可欲”的“难得之货”，也不会出问题。像这样主客观一结合，天下也就太平了。生活着的人呢？既无思想，又无志趣，只是体格健壮，肚子吃得鼓鼓的。这样的人类，和兽类相差无几。道家的理论和理想，与这个阶级的没落反动是一致的。

法家的政治理想，最后结果也要达到“为无为，则无不治”。韩非对这种理想境界有很多描写。《大体》篇说：

> 故至安之世，法如朝露，纯朴不散，心无结怨，口无烦言。故车马不疲弊于远路，旌旗不乱于大泽，万民不失命于寇戎，雄骏不创寿于旗幢；豪杰不著名于图书，不录功于盘盂，记年之牒空虚。故曰：利莫长于简，福莫久于安。

不难看出，这种描写与道家学说有很多一致之处。“简”与“无为”意思相近；上“无为”，政事也就“简”了。“安”与“治”有关；天下“治”，自然也就“安”了。

上述说法，也是从《老子》的理论中脱胎出来的。《老子》说：“大道废，有仁义；慧智出，有大伪；六亲不和，有孝慈；国家昏乱，有忠臣。”（十八章）反过来说，国家没有忠臣，也就是天下已“治”的表现；世上没有孝子，也就是六亲已和的缘故。因此，韩非讲到历史上不再记录下什么人的名字，并不是说历史将变得一团漆黑，或是说出现一片空白；他只是说，法家的理想境界是社会上已经没有什么突出的和落后的，勇敢的和怯懦的……大家都已“齐”了。这种“齐”，不是头脑退化的结果，而是适应现状和满足现状的结果。

怎样达到这种境界？韩非提出了法，一切按法办事，就可出现一个美满的世界。《守道》篇说：

度量信，则伯夷不失是，而盗跖不得非。法分明，则贤不得夺不肖，强不得侵弱，众不得暴寡。托天下于尧之法，则贞士不失分，奸人不侥幸。寄千金于羿之矢，则伯夷不得亡，而盗跖不敢取。尧明于不失奸，故天下无邪；羿巧于不失发，故千金不亡。邪人不寿而盗跖止。如此，故图不载宰予，不举六卿；书不著子胥，不明夫差。孙、吴之略废，盗跖之心伏。人主甘服于玉堂之中，而无瞋目切齿倾取之患；人臣垂拱于金城之内，而无扼腕聚唇嗟唶之祸。

这里的许多话，就像在答复《大体》中提出的问题似的，只是这两篇文章的提法不一样。《守道》论守国之道，道的具体内容是法；《大体》篇论掌握全局，而全局的观点在于体道。再进一步说，韩非所以认为法能表现出这么大的威力，是因为法体现了道。也就是说，作为社会准则的法，体现了宇宙规律的道。

黄老哲学就有这么一种观点，马王堆三号汉墓出土帛书《经法》篇上说“道生法”，韩非书中也已屡见“道法”连用，如《饰邪》篇说：“道法万全，智能多失。”《大体》篇说：“祸福生乎道法，而不出乎爱恶。”《说疑》叙后稷等十五名“霸王之佐”的勋劳时说：“此十五人者为其臣也，皆夙兴夜寐，卑身贱体，竦心白意，明刑辟、治官职以事其君，进善言、通道法而不敢矜其善，有成功立事而不敢伐其劳……此谓霸王之佐也。”

韩非在《饰邪》篇中提出了“以道为常，以法为本”的观点，在《大体》篇中提出了“因道全法”的观点。这也就是说，法之所以完美，由于它依据着道。这里又把道家的基本哲学概念作为思想资料引用了过来，加以改造，赋予规律性的新涵义。既然自然界的一切都是有规律的，那么作为处理各种社会关系的法，也就是自然界的规律在政治领域中的体现，世上万事万物包括人类社会在内都合乎规律，那不是理想境界出现了么？

应该说，法家论法而注意到道，这是政治思想史上的一大进步。他们所以能在道法的基础上构拟理想境界的蓝图，则是由于当时的地主阶级还处在上升时期，他们觉得自己还有前途，对自己的社会制度的优越性还深信不疑，因而还想以此说服人们来信从这样的制度。

《老子》是反对以法治国的。文中说："天下多忌讳，而民弥贫；民多利器，国家滋昏；人多伎巧，奇物滋起；法令滋彰，盗贼多有。"（五十七章）在韩非看来，情况与此相反，能够"全大体"的法家，"寄治乱于法术，托是非于赏罚，属轻重于权衡；不逆天理，不伤情性；不吹毛而求小疵，不洗垢而察难知；不引绳之外，不推绳之内；不急法之外，不缓法之内；守成理，因自然"（《大体》），一切顺乎天理，合乎人情，决不察察为明，这样的法制极为平易近人。"明主立可为之赏，设可避之罚。故贤者劝赏而不见子胥之祸，不肖者少罪而不见伛剖背，盲者处平而不遇深溪，愚者守静而不陷险危"（《用人》）。人生活在这样的法网中，丝毫不感到有什么拘束，正像鱼生活在水中，不会感到有什么障碍；相反，"人无离（罹）法之罪"，正像"鱼无失水之祸"，人反而感到一刻也不能离开法而生存。这样的法，有等于无，因为它只起规范的作用，人已充分适应，不再会有触犯它的时候，因而实际上用不到拿法去整治人，这样的法也就像瑰宝似地只起着照耀的作用了。"法如朝露，纯朴不散"，这种从《老子》中引用过来的词汇，成了对法家理想的最美妙的讴歌。

《汉书·汲黯传》曰："治务在无为而已，引大体，不拘文法。"这是黄老之学主张的治国之道。法家的主张与此相似，其要点可归为"治务在无为而已，引大体，拘于文法"。他们主张让民众由拘于文法进而充分适应于文法，以致此法有等于无。这里反映出了法家与道家之间的批判继承关系。

从历史唯物主义的观点看来，韩非所赞颂的法，在当时确有它进步的意义。作为体现新兴地主阶级意志的政策和法令，在巩固新的社会制度、摧毁旧的社会制度的过程中，起过重要的作用。因此，韩非把它奉为至宝，尽情描写，抒发他的政治理想。先秦法家的兴起，反映了新的时代要求。我们尊重历史的辩证法的发展，可以承认这种“法”应有的历史地位。

但地主阶级代替奴隶主阶级，也只是一个剥削阶级代替另一个剥削阶级。这种用以巩固新制度的法，从根本上来说，还是用来镇压民众的一种强制手段。它对人民只能起到禁锢的作用，这种作用越到后来越显出它的反动性。如果看不到这一方面，那也会被韩非的言词所迷惑而忘掉其阶级实质。

韩非所构拟的理想境界，难道真是为全体民众设想的人间乐园么？不是的，韩非的文章始终带有强烈的阶级性。“人主甘服于玉堂之中，而无瞋目切齿倾取之患；人臣垂拱于金城之内，而无扼腕聚唇嗟唶之祸”。法要保证的，首先是封建君主的利益。“天下无邪”，“千金不亡”，法保证的是地主阶级私有财产的安全。韩非着重论证的，哪里是什么民众的利益？列宁指出：“地主为了确立自己的统治，为了保持自己的权力，需要有一种机构来使大多数人受他们支配，服从他们的一定的法规，这些法规基本上是为了一个目的——维持地主统治农奴制农民的权力。”(《列宁选集》第 4 卷，第 51 页)这也就是韩非所强调的法的阶级实质。

韩非提出“因道全法”的命题，在历史上有它的进步意义。但正像斯大林所指出的：“一种是科学规律，它反映自然界或社会中不以人们的意志为转移的客观过程；另一种是政府颁布的法律，它是依据人们的意志创制出来的，并且只有法律上的效力。但这两种东西是决不能混为一谈的。”(《斯大林选集》下卷，第540页》)韩非的论证方式就有混为一谈的地方。政策和法令合乎客观规律，这只有先进阶级才能做到，但即使是历史上最为先进的无产阶级，也只能使自己的政策法令最大限度地符合于客观规律，而不能说完全一致地反映客观规律。新兴地主阶级处于上升时期，它的政策法令的制订可以有符合客观规律的地方，但决不能做到完全一致。韩非关于“因道全法”的美妙言词，实际上是不可能实现的。

最后还应指出：韩非提出的通过法而达到不用法的理想，包含着辩证法的因素，但韩非对法的作用的看法从根本上来说是错误的。马克思指出：“社会不是以法律为基础的。那是法学家们的幻想。相反地，法律应该以社会为基础。法律应该是社会共同的、由一定物质生产方式所产生的利益和需要的表现，而不是单个的个人恣意横行。”(《马克思恩格斯全集》第6卷，第291—292页)韩非正是把法看作社会的基础，并把君主执行法治的效能无限夸大了的。从封建社会的实际情况来说，既保留着人剥削人的社会基础，则定会有被压迫者的反抗，即使统治者动用了包括法在内的全部上层建筑，也扑灭不了火种。因此，不用法的理想是永远不会实现的。历史为此作出了最好的见证。中国的地主阶级，即使到了封建社会晚期，还是拟订了条文苛细的《大明律》《大清律》等各种法令，用以镇压人民；而在半封建半殖民地的国民党统治时期，仍有《六法全书》作为禁锢人民的手段。只有无产阶级，才能以辩证唯物主义和历史唯物主义的理论为指导，进行社会主义建设，进入共产主义的理想世界。也只有到了共产主义的高级阶段，人们的思想觉悟达到了很高的水平，或许那时才能真正取消法令的作用，而代之以各种道德规范，作为人们行动的准则。这样的社会前景，则是韩非无法梦见的了。

韩非的偏见

韩非是地主阶级杰出的思想家，在当时来说，是走在时代前列的先进人物，但他毕竟是剥削阶级中的一员，因而在思想上不可避免地也会打上时代和阶级的烙印。在他的著作中，包括那些脍炙人口的故事里，包裹着很多一时不易觉察到的偏见。今抄撮数项于下。

种族之间的偏见

阎若璩《四书释地又续》："孙学翼九岁时，读宋人揠苗助长（勋初按：见《孟子·公孙丑上》），笑问曰：'宋人若是，其愚亦可概见乎？'余曰：'见《庄》《列》二书。如资章甫而适越，不知越人无所用者，宋人也（按：见《庄子·逍遥游》）；鬻不龟手之药，得百金，不知有时用之以封者，宋人也（按：见《庄子·逍遥游》）。即曹商为宋王使秦，得车至多，庄子诋其同于舐痔（按：见《庄子·列御寇》）；往问富于齐国氏，得其为盗之言，遂真为盗，以赃获罪，仍大惑，谓为罔己者，宋之向氏也（按：见《列子·天瑞》）；自曝于日，顾其妻，将以献吾君邀重赏者，宋之田夫也（按：见《列子·杨朱》）；得人遗契，归数其齿，告其邻，吾富可待者，宋之游于道者也（按：见《列子·说符》）。虽狙公笼众狙以芧，自以为智（按：见《庄子·齐物论》《列子·黄帝》）；三年为其君成一叶，国以为巧（按：见《列子·说符》）；阳里华子中年病忘，取喻与至理相似（按：见《列子·周穆王》）；好行仁义者，三世不懈，取喻于祸福相倚（按：见《列子·说符》）：皆含有愚意。至一则宋有兰子，再则宋有兰子——兰，妄也——所谓兰子，以技妄游者也（按：见《列子·说符》）：何莫非宋人？

即谓宋多愚人也，亦宜。'"阎若璩是清代负有盛名的朴学家，对史料很熟悉，因而能够旁征博引，揭示先秦古籍中经常出现的这么一种现象——把宋人说成愚人。但他对这个奇怪而有趣的问题所以产生的原因可没有作出任何解释。

韩非书中谈到愚人，也经常说是宋人，如：

《说难》："宋有富人，天雨墙坏。其子曰：'不筑，必将有盗。'其邻人之父亦云。暮而果大亡其财。其家甚智其子，而疑邻人之父。"

《喻老》："宋人有为其君以象为楮叶者，三年而成，丰杀茎柯，毫芒繁泽，乱之楮叶之中而不可别也。此人遂以功食禄于宋邦。列子闻之曰：'使天地三年而成一叶，则物之有叶者寡矣。'"

《内储说上(七术)·说三》："宋崇门之巷人服丧而毁甚瘠，上以为慈爱于亲，举以为官师。明年，人之所以毁死者岁十余人。"

《外储说左上·说三》："宋人有少者亦欲效善，见长者饮无余，非堪酒饮也而欲尽之。"

《外储说左上·说三》："书曰：'绅之束之。'宋人有治者，因重带自绅束也。人曰：'是何也？'对曰：'书言之，固然。'"

《外储说右上·说三》："宋人有酤酒者，升概甚平，遇客甚谨，为酒甚美，悬帜甚高著，然不售，酒酸。怪其故，问其所知。问长者杨倩，倩曰：'汝狗猛耶？'曰：'狗猛则酒何故而不售？'曰：'人畏焉。或令孺子怀钱挈壶瓮而往酤，而狗迓而龁之，此酒所以酸而不售也。'"

《五蠹》："宋人有耕田者，田中有株，兔走触株，折颈而死。因释其耒而守株，冀复得兔，兔不可复得，而身为宋国笑。"

这些宋人所干的事，在韩非看来，不是极端愚蠢，就是大可不必。这种对宋人的轻侮的看法，说明什么问题呢？

商、周都是在种族奴隶制的基础上建立起来的国家，他们把被征服的其他种族降为奴隶，这样也就出现了种族之间的歧视，形成了种族之间的偏见。根据《左传》定公四年上的记载，周公曾以“殷民六族”赐给鲁统治，以“殷民七族”赐给卫统治，以“怀姓九宗”赐给唐统治。所谓“殷民六族”“殷民七族”和“怀姓九宗”，都是殷之遗民或原属于殷人的种族奴隶；殷为周灭，他们成了周人的种族奴隶。武王克殷时，纣庶兄微子启把自己捆绑起来，还让人抬着棺材，到军前投降；武庚死后，周公把殷之旧都商丘封给微子，建国曰宋。宋国处在齐、鲁、卫、蔡、晋等大国的包围之中，附近又有陈、杞、焦三个旧有部落建立的国家，隐含监视之意。这就说明，周人对进行反抗的殷人则进行镇压，贬之为“殷顽”，降之为种族奴隶；对屈膝臣服的殷人则严加防范，虽然本着“存亡继绝”的原则而保留了宋国，但这个殷人之后建立的国家处境可是颇为不妙的。中原各国大都属于周人之后，继承周人文化传统的一些士人，也就常用轻侮的口吻谈论宋人了。实则自周初至战国末期已有上千年的历史，原来的一些种族早已逐渐融合成了一体，但旧的传统却还顽固地束缚着士人的头脑，韩非的作品中也保留着这种种族之间的偏见。

国家之间的偏见

韩非除了经常把宋人作为愚人的代表而举例外，还常把郑人作为愚人的代表。下面也可以列举这方面的例子为证。

《说林下》：“郑人有一子，将宦，谓其家曰：‘必筑坏墙，是不善，人将窃。’其巷人亦云。不时筑，而人果窃之。以其子为智，以巷人告者为盗。”

《外储说左上·说一》：“楚人有卖其珠于郑者，为木兰之椟，熏以桂椒，缀以珠玉，饰以玫瑰，辑以翡翠。郑人买其椟而还其珠。”

《外储说左上·说二》：“郑人有相与争年者。一人曰：‘吾与尧同年。’其一人曰：‘我与黄帝之兄同年。’讼此而不决，以后息者为胜耳。”

《外储说左上·说三》：“郑县人卜子使其妻为裤，其妻问曰：‘今裤何如？’夫曰：‘象吾故裤。’妻子因毁新，令如故裤。”

《外储说左上·说三》：“郑县人有得车轭者，而不知其名，问人曰：‘此何种也？’对曰：‘此车轭也。’俄又复得一，问人曰：‘此是何种也？’对曰：‘此车轭也。’问者大怒曰：‘曩者曰车轭，今又曰车轭，是何众也？此女(汝)欺我也！’遂与之斗。”

《外储说左上·说三》：“郑县人卜子妻之市，买鳖以归。过颍水，以为渴也，因纵而饮之，遂亡其鳖。”

《外储说左上·说三》：“郑人有且置履者，先自度其足而置之其坐，至之市而忘操之。已得履，乃曰：‘吾忘持度。’反(返)归取之。及反，市罢，遂不得履。人曰：‘何不试之以足？’曰：‘宁信度，无自信也。’”

《外储说左上·说四》：“郑县人有屈公者，闻敌，恐，因死；恐已，因生。”

《外储说左下·说五》：“郑县人卖豚，人问其价。曰：‘道远日暮，安暇语汝。’”

有趣的是，《说林下》记载的郑人故事和《说难》中记载的宋人故事是完全一样的。这就说明，郑人也罢，宋人也罢，在韩非笔下，都是愚人的代表。至于他们到底是什么地方的人，那是无关紧要的。

韩非所以把郑人看作愚人，其理由也当如周人之视商人。因为郑国是被韩国灭掉的，韩非用战胜国征服者的眼光看待被灭国家的民众，产生了这种轻侮的看法。这也是一种国家之间的偏见。

阶级之间的偏见

韩非是先进的生产方式的维护者，对于落后的奴隶生产，他是反对的，瞧不上眼的。他把那些奴隶说成是愚蠢的人，似乎智力处处低人一等。

> 《喻老》："……故冬耕之稼，后稷不能羡也；丰年大禾，臧获不能恶也。以一人力，则后稷不足；随自然，则臧获有馀。"
>
> 《外储说右上·说一》："今释车舆之利，捐六马之足与王良之御，而下走逐兽，则虽楼季之足无时及兽矣。托良马固车，则臧获有馀。"
>
> 《难势》："夫良马固车，使臧获御之则为人笑，王良御之而日取千里。车马非异也，或至乎千里，或为人笑，则巧拙相去远矣。"
>
> 《显学》："夫视锻锡而察青黄，区冶不能以必剑；水击鹄雁，陆断驹马，则臧获不疑钝利。发齿吻形容，伯乐不能以必马；授车就驾，而观其末涂，则臧获不疑驽良。"

这种看法，也是一种剥削阶级的偏见。他看不到广大的奴隶通过长期而艰苦的劳动，创造了灿烂的文化。比起那些"肉食者"，臧获的生产知识和劳动技能可要高得多了。

韩非对劳动人民还有很多侮辱性的评述，他还常把跖看作贪心的典型，这也是一种剥削阶级的偏见，这里就不再一一细说了。

高尔基曾经指出："在资产阶级文化的遗产里，蜜糖和毒药是紧紧混合在一起的。"可以说，封建地主阶级文化的遗产里也存在着同样的情况。韩非的那些寓言故事，如"守株待兔""买椟还珠"……涵义深刻，是优秀的文学遗产，但也包含着各种各样的偏见，这或许是不太熟悉古代情况的读者所没有注意到的问题吧。

“用人唯贤”不是法家观点

不知从什么时候起，我国学术界就流传着一种似是而非的说法，以为法家主张“用人唯贤”。这是根据一系列的推论得出的结论：儒家代表奴隶主阶级，主张“礼治”，重视宗法制度，讲求“亲亲”，因而提倡“用人唯亲”；法家要求建立地主阶级的政权，主张“法治”，反对宗法制度，否定“亲亲”，因而提倡“用人唯贤”。有的学术水平很高、影响很大的高等学校教材上也这么说：韩非“反对‘用人唯亲’，提倡‘用人唯贤’”。这是很大的误解。因为“法治”和“用人唯贤”之间没有必然的联系。从先秦法家的思想体系来看，不能得出这样的结论。

下面就以法家的集大成者韩非的思想为例，从几个不同的方面进行论证。

一

古人的文字表达受到种种限制。他们写作上不用标点符号，有时不免使文意流于含糊，例如韩非所说的贤，从现代汉语的角度来看，有的应该加上引号才对，只是古代没有这种做法，因而作者的真实用意常是不能明白地表达出来。

韩非在《二柄》中说：“人主有二患：任贤，则臣将乘于贤以劫其君；妄举，则事沮不胜。故人主好贤，则群臣饰行以要君欲，则是群臣之情不效；群臣之情不效，则人主无以异其臣矣。”这在历史上曾有很好的例子可作说明：“燕子哙好贤，故子之明不受国”，“故子之托于贤以夺其君者也”。

子之在历史上的地位可以展开讨论。在韩非看来，子之使用手段假托贤名谋取君位，酿成燕国的大乱，几致社稷覆灭，则是特别需要警惕的奸人。可知韩非这里所说的“乘于贤”“托于贤”的“贤”字，并不是用的本义，如用现代汉语表达，应该加上引号才对。

他在《难四》一文中还反复讨论了这个问题。“晋灵侯说(悦)参无恤，燕哙贤子之，非正士也，而二君尊之，所贤不必贤也。非贤而贤用之，与爱而用之同”。这就表达得很清楚了。子之虽曾博得“贤”名，但在韩非看来，却是“非贤”，实与宠幸的小人相同。因此他称与此同类的人为贤，实际上是应该加上引号的贤。

显然，韩非认为对此应该百倍提高警惕，决不能实施“用人唯贤”的方针。这就是他在《忠孝》中提出“上法而不上贤”的口号的原因。

二

韩非曾在《诡使》篇中给“贤”下过定义：“设爵位，所以为贱贵基也；而简上不求见者，世谓之‘贤’。”这里他是根据世俗社会中的一般看法下的定义。对于这样的贤者，他主张加以打击。

《外储说右上・说一》中介绍了一个太公望杀掉狂矞、华士兄弟二人的故事。这二人下定宗旨说：“吾不臣天子，不友诸侯，耕作而食之，掘井而饮之，吾无求于人也。无上之名，无君之禄，不事仕而事力。”对于这种独善其身的政治态度，周公旦也认为是贤的，但太公望却视为大逆不道，坚决予以镇压。这是因为狂矞等人“不臣天子，不友诸侯”，即不为上所用；他们“无求于人”，见重赏也不追求，见重罚也不畏惧，君主也就奈何他们不得。这样的人，如果博得贤名，就会树立坏榜样，“乱法易教”。“已自谓以为世之贤士而不为主用，行极贤而不用于君，此非明主之所臣也，亦骥之不可左右矣，是以诛之”。

在这个问题上，反映出了法家和道家的根本区别。像狂矞、华士这一类人，在道家的心目中，是最高的典范，《庄子》中经常提到的许由、卞随、务光、伯夷、叔齐等人，与此行动仿佛。但在《说疑》一文中，韩非却把这些人称为“不令之民”，作为坏榜样而加以挞伐，因为法家需要的是甘心供王驱使的顺民。

韩非要求建立的是中央集权的封建主义的专制政权。战国时期，诸侯国分立，社会发展很不平衡，但历史正在迅速地前进，客观上要求建立一个强有力的中央政权，把庞大的分散的各族人民统一组织起来。当时社会上存在着一大批游离于封建政权统治之外的“贤者”，他们有的确是反映了没落阶级的情绪，不愿为新起的政权效力，有的却也只是反映了个体劳动者的要求，只想自食其力少受干扰罢了。但在韩非看来，这都不能允许，因为他是极端主张尊君的人，凡不为君主所用者，均属大逆不道，都得加以诛戮。法家的这种观点，有符合社会进步要求的地方，但也反映了他们残酷镇压人民的一面，而这正是我们所以要称之为“专制主义”的原因。

显然，对于这样的贤者，韩非也决不会提出“用人唯贤”的主张。从他的思路看来，似乎也要在贤字上加引号才对。

三

韩非的政治观点，有功利主义的特点。为了富国强兵，他大力鼓吹耕战。有些博得大名的人物，如果不能在耕战上立功出力，都要受到尖锐的批判。《八说》中说：“博习辩智如孔、墨，孔、墨不耕耨，则国何得焉？修孝寡欲如曾、史，曾、史不战攻，则国何利焉？”与此类似，他又批判了一批享有贤名的人，“鲍焦、华角，天下之所贤也。鲍焦木枯，华角赴河，虽贤不可以为耕战之士”。这样的贤者，也是需要坚决否定的。

《显学》中说："藏书策，习谈论，聚徒役，服文学而议说，世主必从而礼之，曰：'敬贤士，先王之道也。'夫吏之所税，耕者也；而上之所养，学士也。耕者则重税，学士则多赏，而索民之疾作而少言谈，不可得也。"这种意见看来也是针对以儒墨显学为代表的各种学派的人而发的。作为不同阶级的思想代表，韩非起来批判其他学派的思想家，显得尖锐泼辣，有其合理的地方，但里面也包含着狭隘片面之处，有见识的人可不能由此得出只要耕战之士而不要学士的结论。

韩非在《外储说左上·说四》中还提出过两个具体的例子。

> 叔向御坐，平公请事，公腓痛足痹转筋而不敢坏坐。晋国闻之，皆曰："叔向贤者，平公礼之，转筋而不敢坏坐。"晋国之辞仕托慕叔向者，国之锤矣。
>
> 赵主父使李疵视中山可攻不也。还报曰："中山可伐也。君不亟伐，将后齐、燕。"主父曰："何故可攻？"李疵对曰："其君见好岩穴之士，所倾盖与车以见穷闾隘巷之士以十数，伉礼下布衣之士以百数矣。"君曰："以子言论，是贤君也，安可攻？"疵曰："不然。夫好显岩穴之士而朝之，则战士怠于行阵；上尊学者，下士居朝，则农夫惰于田。战士怠于行陈（阵）者，则兵弱也；农夫惰于田者，则国贫也。兵弱于敌，国贫于内，而不亡者，未之有也。伐之不亦可乎？"主父曰："善。"举兵而伐中山，遂灭也。

这两个故事可以作为贤者"乱法易教"的生动事例。由于他们浪得虚名，吸引旁人向之仿效，也就败坏了社会的风气，破坏了耕战，可见这类贤者罪孽的深重。韩非这样分析社会问题，或有夸大失实之处，但从他的意思看来，那是把此问题估计得很严重的，认为君主礼贤下士，就有导致国破家亡的危险。显然，对于以上提到的各种贤者，他都不会赞成什么“用人唯贤”的方针。

四

那么韩非是否认为君主治国不要任用贤者呢？不。他也曾有许多重视贤者的言论，并把“不肖用事而贤良伏”列为“亡征”之一。这就说明，他也认为贤者于国有益。君主不用贤者，国家也有沦于衰亡的危险。

韩非心目中的贤者应该具有怎样的品德，《有度》中曾有介绍：“贤者之为人臣，北面委质，无有二心。朝廷不敢辞贱，军旅不敢辞难；顺上之为，从主之法，虚心以待令，而无是非也。故有口不以私言，有目不以私视，而上尽制之。”这也就是说，臣子不能有私心和存私德，他的一言一行，应该都是为了君主的利益。臣子必须成为君主最忠诚最驯服的工具。

《外储说左下·说五》中介绍了一个贤者的典型。

> 平公问叔向曰：“群臣孰贤？”曰：“赵武。”公曰：“子党于师人。”向曰：“武立如不胜衣，言如不出口，然所举士也数十人，皆得其意，而公家甚赖之。及武子之生也不利于家，死不托于孤，臣敢以为贤也。”

赵武能够“外举不避仇，内举不避子”，荐举了四十六人，“及武死，各就宾位，其无私德若此也”。这样的人，才是真正的贤者。若用这样的人执政，必然大有裨益于国。

对于这样的臣子，君主是不是就可以放心大胆地使用了呢？韩非并不如此主张。大家知道，韩非曾有“备内”之说，认为君主连老婆儿子都不能信任，何况是没有骨肉之亲的臣子？即使是那些经过长期考验的臣子，他也认为不能轻易相信。齐桓公听从了东郭牙的忠谏，对管仲也要防上一手，避免他利用君主的权势危害齐国；《外储说左下·说二》中还叙述了另一则故事。箕郑是随晋文公出亡的大臣，历尽艰难困苦，宁愿自己忍饥挨饿，也要把保管着的饮食留给主子。及至文公返国，攻克了原地，想到这个受过考验的臣子有着一片忠心，日后决不会叛变，因而想把他封为原令，“大夫浑轩闻而非之，曰：‘以不动壶餐之故，怙其不以原叛也，不亦无术乎？’”他是主张君主时刻以术驾驭臣下，在任何情况下都不放松警惕的。

这就牵涉到了韩非对人情的看法了。

韩非继承了荀况的性恶论观点，也认为“人之情性，贤者寡而不肖者众”，都有趋利避害的特点，考虑问题时都是从自身利益出发的。君主、臣子两方面的情况都是这样。二者所以能够结合起来，都是出于个人的计算。臣子如果得到盗窃国柄的可能，有机可乘，就会对君主下毒手。《备内》篇中说：“人主之患在于信人。信人，则制于臣。人臣之于其君，非有骨肉之亲也，缚于势而不得不事也。故为人臣者，窥觇其君心也无须臾之休，而人主怠傲处其上，此世所以有劫君弑主也。”浑轩不同意晋文公的信任箕郑，就是根据同样的理由。

因此，韩非认为君主不能信任什么贤臣而把政权托付出去。他的用人原则是：君主根据法而选拔人才，运用术以驾驭臣子，凭借势而实施统治。

《难二》中介绍了一种理论：“君人者劳于索人，佚于使人。”这倒是有些近于“用人唯贤”的观点。韩非是不赞成这种观点的。《难三》中说：“明君不自举臣，臣相进也；不自贤，功自徇也。论之于任，试之于事，课之于功，故群臣公政而无私，不隐贤，不进不肖。然则人主奚劳于选贤?”他在《有度》中还进一步申述道:“故明主使法择人,不自举也;使法量功,不自度也。能者不可弊,败者不可饰,誉者不能进,非者弗能退,则君臣之间明辩而易治,故主雠法则可也。”

韩非在《难势》篇中讨论过贤治的问题。有人提出“必待贤乃治”的主张,认为只有“任贤能”才会“天下治”。韩非反对这种主张,认为像尧、舜那样的贤者,千世都难得出现一个,如果一定要等这样的人出世才能治好天下,那等到哪一天才能实现这种理想呢?“今待尧、舜之贤乃治当世之民,是犹待粱肉而救饿之说也”,只是一种不切实际的空想罢了。如果说,臣子之中一定要有伊尹般的贤能才可任职,也是一种不切实际的空想。

韩非在《五蠹》篇中也讨论过贤治的问题,认为这种主张不符实际,非君主之所宜。“且世之所谓贤者,贞信之行也”,一般的人无权无势,与人交往,怕受欺诈,“故求不欺之士”。君主的情况不是这样,重赏严诛,大权在握,足以驱使臣下,他为什么要去追求那些贤者呢?而且“贞信之士”的人数又是这样的少,而官僚队伍中所需要的人数又是这样的多,一定要是贤者才能任职,那官府中就会出现许多空缺,“人不足官,则治者寡而乱者众矣”,因而这种主张在现实政治中是行不通的。韩非由此得出结论说:“故明主之道,一法而不求智,固术而不慕信,故法不败,而群官无奸诈矣。”

韩非还提出过与贤人政治相反的另一种用人主张,那就是《外储说左下·说四》中所介绍的管仲的意见:“因能而受禄,录功而与官。”文章的另一则故事还叙述了管仲对齐国一些大臣的分析,根据各人的特点,推荐他们担任某种合适的职务。“辩察于辞,清洁于货,习人情,夷吾不如弦商,请立以为大理。登降肃让,以明礼待宾,臣不如隰朋,请立以为大行。垦草仞邑,辟地生粟,臣不如宁戚,请以为大田。三军既成陈(阵),使士视死如归,臣不如公子成父,请以为大司马。犯颜极谏，臣不如东郭牙，请立以为谏臣。”这就是“因能而受禄，录功而与官”的具体做法。

这里可以注意的是：韩非认为君主任用臣下，应该发挥他们的所长，而不追求什么品德完美的贤者。臣下只要有某种长处，虽然其他地方差些，也就够格可以任用了。

《外储说左下·说二》：“鲁哀公问于孔子曰：‘吾闻古者有夔一足，其果信有一足乎？’孔子对曰：‘不也，夔非一足也。夔者忿戾恶心，人多不说(悦)喜也。虽然，其所以得免于人害者，以其信也。人皆曰：独此一，足矣。夔非一足也，一而足也。’哀公曰：‘审而是，固足矣。’”

这是一则寓言，意思不难明白。夔虽不贤，但有一特长，也就可以立足于世。君主应该注意他们的特长，并且利用这种特长。这个故事的另一说曰：夔“彼其无他异，而独通于声。尧曰：‘夔一而足矣，使为乐正。’”意思也就表达得更明确了。

《外储说左下·说二》：“阳虎议曰：‘主贤明，则悉心以事之；不肖，则饰奸而试之。’逐于鲁，疑于齐，走而之赵，赵简主迎而相之。左右曰：‘虎善窃人国政，何故相也？’简主曰：‘阳虎务取之，我务守之。’遂执术而御之。阳虎不敢为非，以善事简主，兴主之强，几至于霸也。”

阳虎在历史上一直蒙受恶名。韩非的看法也是这样，认为阳虎欲壑难填，是个危险人物，但他有出众的才能，君主如能“执术而御之”，也就可以充分发挥他的作用。这也就是《八说》篇中所说的：“有道之主，不求清洁之吏，而务必知之术也。”这种观点刚好和“用人唯贤”的主张针锋相对。

法家的主张就是这样，臣子不一定都贤，但要有能力，即使是偏才也行，关键在于君主如何控制和使用。《外储说左下·经二》中扼要地介绍了这些观点：“恃势而不恃信，故东郭牙议管仲；恃术而不恃信，故浑轩非文公。故有术之主，信赏以尽能，必罚以禁邪，虽有驳行，必得所利。简主之相阳虎，哀公问‘一足’。”

韩非在《难二》中进而批判了“佚于使人”的观点。“使人又非所佚也。人主虽使人，必以度量准之，以刑名参之；以事遇于法则行，不遇于法则止；功当其言则赏，不当则诛。以刑名收臣，以度量准下，此不可释也，君人哉焉佚哉?”这又是用人不必贤之后定要采取的防范措施。既要放手使用人，发挥人的某种长处，又要用法制和手腕严密加以控制，这些地方正表现出法家的本色。

历历如贯珠的一种新文体——储说

一种文体的形成，总是有所凭借的。“储说”这种文体的形成，分析起来，可谓源远流长。

首先可追溯到《汉书·艺文志》中归为道家的《管子》一书。《管子》中的有些文章，如《心术》等篇，一文之中可分前后两大部分，二者互相呼应，例如《心术上》开头说：“心之在体，君之位也；九窍之有职，官之分也。心处其道，九窍循理。嗜欲充益，目不见色，耳不闻声。故曰：上离其道，下失其事。”中间隔了一大段文字之后，又继续写道：“心之在体，君之位也；九窍之有职，官之分也。耳目者，视听之官也。心而无与于视听之事，则官得守其分矣。夫心有欲者，物过而目不见，声至而耳不闻也。故曰：‘上离其道，下失其事。’故曰：‘心术者，无为而制窍者也。’”整篇文字差不多就是这么写成的。初看起来，前后文字重复很多，但若仔细考查，则可发现后面的文字原来是在逐段诠释前面的文字。倘若用后起的名词解说，那么前面的文字可称为“经”，后面的文字可称为“说”。

这种形式的出现，大约与当时的辩说之风有关。《心术》等文出于齐国的稷下黄老学派，而在齐国的稷下学宫中，长期保持着学术上争鸣的好风气。《史记·田敬仲完世家》：“〔齐〕宣王喜文学游说之士，自如驺衍、淳于髡、田骈、接予、慎到、环渊之徒七十六人，皆赐列第，为上大夫，不治而议论。是以齐稷下学士复盛，且数百千人。”而在这些“议论”之中，各家都有独特的论点，如邹衍的五德终始和大九州之说。他们在宣讲或辩难时，势必要先提纲挈领地列出论点，然后加以解释和发挥，这样记录成文时，也就成了《心术》等论文中所表现出来的“经”

“说”了。

《管子》书中还有解释本书某篇文章的专文，如《牧民解》《形势解》《立政九败解》《版法解》《明法解》等。这些都是用来解释相应的论文的。“经”“解”看来并不出于一手，但把二者合起来考察，也可看出“解”是紧扣原文的。例如《立政》中“九败”部分首句云“寝兵之说胜，则险阻不守”，《解》文中就有解释发挥的部分：“人君唯毋听寝兵，则群臣宾客莫敢言兵，然则内之不知国之治乱，外之不知诸侯强弱。如是，则城郭毁坏，莫之筑补；甲弊兵凋，莫之修缮。如是，则守圉之备毁矣。辽远之地谋，边竟之士修，百姓无圉敌之心。故曰：‘寝兵之说胜，则险阻不守。’”这样的文字，排比句多，铺叙性强，和“储说”中的文风很接近。它的出现，则应当跟当时师徒传授的教学方式有关。一个学派，传授某种“经”书，内容不断积累，论点屡作发挥，记录成文时，也就成了“解”“说”了。

从学术上的发展来说，经说体的出现，恐怕也是一种必然的趋势。其他领域中存在着与此类似的现象，例如史学就是这样。孔丘作《春秋》，因为经文太简练，其后就有左氏、公羊、穀梁三家分别作出详细的阐释。史学上的经传体，等于子学上的经说体。客观形势表明，先秦时期的学术界存在着产生经说体的良好土壤。

“经”“说”这对名词，在《墨子》中的“墨经”部分首次出现。看来这对韩非的写作《储说》也有影响。

“墨经”是部科学著作。它内容深奥，但文笔简质，读之不易理解。而且传世的本子“经”“说”分开，“经”与“经说”都分上下两篇。从单篇文章来看，只是一个个判断句；从几篇文章来看，相互之间也不易理清其联系的脉络。《经上》中虽有“读此书旁行”的提示，但读者仍然无法理解其涵义。这里隐藏着的种种奥妙，经过近几十年来专门学者的努力探索，才算初步弄清了结构。原来“经文”二篇都分上下两栏，“经说”二篇与之相应而又有不同，解经文上栏者为前半篇，解经文下栏者为后半篇，只有这样区分清楚，然后旁行阅读，才能“经”“说”合拍。这是经过多少人的研究才得出的成果。但就是这么摸索到了它的基本结构，“经”“说”之间还是不易凑合妥帖，以致各家归类不一，众说纷纭，有些句子很难断定它的原意究竟是什么。这些都是后人眼中看到的“墨经”形式上的不足之处。

当然，“墨经”写作之初，在传授它的人来说，不会出现后人所遇到的困难。因为墨家原是组织严密的团体。《庄子·天下》篇说：“相里勤之弟子五侯之徒，南方之墨者苦获、已齿、邓陵子之属，俱诵墨经而倍谲不同，相谓别墨。以坚白同异之辩相訾，以觭偶不仵之辞相应，以巨子为圣人。”可以想见，他们学习“墨经”时，在本团体内，口耳相授，一些结构上的问题容易搞清，阅读时不致成为障碍。然而作为一种学说，就不应该只停留在本团体的小圈子内；如果它只能由本团体内的少数人顺畅地阅读，对团体之外的群众来说则显得扞格难通，那么这种形式本身也就是失败的见证，它不能起到很好地表达内容的作用。

比较起来，韩非创作的“经”“说”已是成熟的富于文学意味的作品了。“经”的文句很凝练，便于阅读和记诵；“说”的故事性完整，可以单独表达某种观点。“经”如优美的散文诗，“说”是精彩的小故事。二者既可单独成文，更宜前后合观，因为“经”文点明了“说”文中内含的法治思想，读后可进一层领会故事的涵义；“说”文生动地用形象反映了“经”文中提出的观点，读后可以具体地掌握抽象的道理。“经”“说”呼应，前后贯串，读“经”可进一步掌握“说”的实质，读“说”可进一步掌握“经”的宗旨。这样，由“经”“说”组成的“储说”文体，是对前此“经”“说”文体的继承，但也应该说是一种新的创造。

韩非写作的“经”，除个别几段流于晦涩外，一般都很富于文采。如《外储说左下》的《经四》：

利所禁，禁所利，虽神不行；誉所罪，毁所赏，虽尧不治。夫为门而不使入，委利而不使进，乱之所以产也。齐侯不听左右，魏主不听誉者，而明察照群臣，则巨不费金钱，孱不用璧。西门豹请复治邺，足以知之。犹盗婴儿之矜裘，与刖危（跪）子荣衣。子绰左右画，去蚁驱蝇。安得无桓公之忧索官与宣主之患臞马也。

显然，这种文字读起来是朗朗上口的，因为它对偶工整，用了很多排比句，而又富于变化，在形式上下了很大的功夫。中国文学作品之有对偶，也是由方块汉字的特点所决定的。如果不顾内容而单纯追求对偶，当然是形式主义的表现；但如适当地利用汉字的这种特点，用作修辞之助，则可增加文学的形式之美。韩非的文章与前此各家有所不同，从形式上来说，排比句、对偶句的运用也是特点之一。先秦诸子的文章一般都以单笔为主，发展到最后一个思想界的巨子韩非，转而以单笔为主而又夹以大量复笔，这对后代骈体文的形成和兴起，有一定的影响。

与《外储说左下》这段“经”呼应的“说”，包括着好几个小故事。这些故事有长有短，有些固然写得很潦草，但有好些写得很精彩。《韩非子》中的一些寓言和故事，已经成了文学作品中的瑰宝，如“买椟还珠”“郢书燕说”“滥竽充数”一直在人们口头中传诵。就是《说四》中的下述小故事，也可看出韩非文章的特色。

齐有狗盗之子与刖危子戏而相夸。盗子曰：“吾父之裘独有尾。”刖危子曰：“吾父独冬不失袴。”

寥寥数笔，把荣辱颠倒的情景刻画得入木三分。前人评韩非文章“峻刻”，这种文章使人读后印象特别深刻。《韩非子纂闻》引刘辰翁评曰："戏语耳，犹自奇峭。"这种文章很有创作个性。

政治论文而用文学手法表达，这是韩非《储说》的一大特点。比起《管子》《墨子》来，在形式上显然有了长足的进步。

后人论述"连珠"这种文体的创始，有过许多争论，有人以为创始于扬雄，有人以为创始于班固，杨慎等人则以为创始于韩非。

> 《北史·李先传》："魏〔明〕帝召先读《韩子·连珠论》二十二篇。"《韩子》，《韩非子》。韩非书中有连语，先列其目，而后著其解，谓之连珠。据此则连珠之体兆于韩非。任昉《文章缘起》谓连珠始于杨雄，非也(《丹铅总录》卷十二"史籍类·韩子连珠论")。

我们认为，后代的"连珠"文体与韩非的"储说"在内容上有很大的不同，但如追溯"连珠"这种文体的源流，那么犹如《管子》之于韩非，也可从"储说"中看出形式上的继承发展关系。傅玄《连珠序》称这种文体的特点是"历历如贯珠"，沈约《注制旨连珠表》曰："连珠者，盖谓辞句连续，互相发明，若珠之结排也。"(《艺文类聚》卷五百七十三引)这样的形容词，用在某些标名"连珠"的作品上，倒是未见其切合，用来形容韩非的《储说》，更要恰当得多。

这种体裁，提纲挈领，把许多相互照应的成分综合起来，形成一个整体。用在整幅大的作品中，可以更好地起到结构的作用。战国后期私人著述的作风已经盛行，大部头的著作不断出现，各家都在探索如何使自己的作品纲举目张，前后呼应，起到相互映照的作用。韩非的"储说"在这方面取得了成功，而在韩非同时的《吕氏春秋》一书中则留下了失败的记录。

从学术著作的发展历史来看，《吕氏春秋》的出现，也是一件空前未有的事。这书号称"杂家"，内容包罗万象，综合各家之说，而又形成一种新的理论体系。和以前各家的私人著述不同，这是有计划有组织地编写起来的一部集体著作：事先拟好了书名和篇题，然后由各方面的人才负责撰述，最后按照编写计划汇辑成书。各篇字数出入不大，看来编写之初连各章各节的字数都有统一规定。而从大的结构方面来说，则分十二纪、八览、六论三大部分，下面再分统以子目。纪有子目六十，外有《序意》一篇；览有子目六十四（今本佚去一篇）；论有子目三十六：全书计有文章一百六十篇。道德、阴阳、儒、墨、名、法、兵、农各家的学说，兼收并蓄，各安排有适当的章节，可见其内容的丰富和结构的严整。《史记·吕不韦列传》上说："吕不韦乃使其客人人著所闻，集论以为八览、六论、十二纪，二十余万言。以为备天地万物古今之事，号曰《吕氏春秋》。布咸阳市门，悬千金其上。延诸侯游士宾客，有能增损一字者，予千金。"后人固然可以指责吕不韦的自负和夸诞，但也应该承认吕书在编写体例上取得的卓越成就。

吕不韦的门客还曾作过努力，企图使书中的各篇文章增加内部联系，让全书更进一步融合成为浑然一气的整体。

《吕氏春秋》首列"十二纪"。这一组文字，体系较完整。编写的体例，也是依据"经""说"前后呼应的原则。每纪首篇采用了阴阳五行家著作的"月令"，起到"经"的作用；其后联缀的四篇论文，则对"月令"作重点的理论阐述，起着"说"的作用。而在"十二纪"之末《季冬纪》中的《序意》一篇，则又总揽全局，起到"十二纪"总序的作用。这组文字结构严密，在文章的安排组织上有创新意义，并取得了成功。书中其他部分，则曾经采用另一方式试图增加各篇文章之间的内部联系。

《吕氏春秋·有始览》各篇中，文章之末大都附有"解在……"字样的句子，这些都是和书中的其他文章相呼应的伏笔，如《应同》篇末尾说："……解在乎史墨来而辍不袭卫，赵简子可谓知动静矣。"这个故事见《恃君览·召类》篇。又如《听言》篇末尾说："解在乎白圭之非惠子也。公孙龙之说燕昭王以偃兵及应空洛之遇也。孔穿之议公孙龙，翟翦之难惠子之法。此四士者之议皆多故矣，不可不独论。”其中白圭的事见《审应览·不屈》篇，公孙龙、孔穿、翟翦的事见《审应览·淫辞》篇。就从上面举的一些例子来看，也可明白《吕氏春秋》的作者的原意是在利用“解”的形式把各篇贯通起来。但是这样做却未必能达到目的。因为“解”中提到的篇章与《有始览》中这几段文字一般都间隔很远，翻检不便，二者不能同时阅读，也就很难起到相互呼应的作用。而且《有始览》中的文字实际上是完整的，用不到其他文字来补充，后面加上“解在……”一段，犹如蛇足，不能成为文章的有机组成部分。因此，《吕氏春秋》中的这一尝试，没有什么成就可言。作者想让二者呼应的文字，只是简单的捏合，不是有机的组合。二者文字仍然各自成章，谈不上什么“历历如贯珠”的结构之美，比起韩非《储说》中“经”“说”对应的体例来说，逊色多了。

禅让与儒法之争

过去读历史，对于禅让之说，总觉得不太好理解。关于君位的继承问题，自周代起，已经建立起了严格的制度，这就是《公羊传》隐公元年所总结的，所谓“立适（嫡）以长不以贤，立子以贵不以长”。上至周天子，下至各国享有封邑的大小贵族，除个别的变例外，无不遵循这项制度。武王姬发死后，子姬诵年幼，弟姬旦有贤名，本可自立为王，但他严格遵守这种继承法，只是暂居摄政之位，周天子的宝座，还得由成王诵来承袭。这种君位继承制度也就是周礼。儒家就是讲究周礼的，孔丘做梦都会梦见周公，那他们在继承问题上为什么又提倡“禅让”之说？这种要求把君位让给异姓“贤人”的主张，不是跟君位一系相承的严格制度矛盾的么？

读《韩非子》，联系到战国时代尖锐复杂的阶级斗争，方才了解到“禅让”之说只是儒家适应新的历史条件而采取的一种权宜手段。

孔丘多次提到过尧、舜，但不谈他们之间的继承关系，只在《论语·尧曰》一章中提到了“天之历数”该由舜承王位；他不用让贤的“禅让”之说作解释，而是用天命论来解释尧、舜之间的继承关系。严格说来，孔丘对尧、舜的“贤”德还有疑问。《雍也》：“子贡曰：‘如有博施于民而能济众，何如？可谓仁乎？’子曰：‘何事于仁？必也圣乎！尧、舜其犹病诸！’”《宪问》曰：“修己以安百姓，尧、舜其犹病诸！”可见他对尧、舜这两位圣人在看法上是有保留的。

到了孟轲时，“禅让”说就完整地构拟成了。《孟子·万章上》中用了很多笔墨形容舜的贤德，详细描绘了尧对舜的考察和选拔。这种故事情节的产生，有它的古史背景，但促使这种说法出现的，主要是当时的时代背景。

春秋时代的君主曾经发生过几起让“贤”的事，但都出现在兄弟之间，如《左传》隐公三年记宋宣公舍子与夷而立弟穆公，《左传》僖公八年记宋太子兹父要把君位让给庶兄目夷(并见《难四》)，《左传》宣公四年记郑公子去疾把君位让给庶兄公子坚(并见《难四》)，《公羊传》襄公二十九年记吴王打算不传儿子而把王位让给幼弟季札。这样的君位继承法，实际上还受着商人“兄终弟及”制的影响，与以让贤为内容的“禅让”是不同的。

但到战国之时，却真的发生了几起禅让的事。

> 《吕氏春秋·审应览·不屈》：“魏惠王谓惠子曰：‘上世之有国，必贤者也，今寡人实不若先生，愿得传国。’惠子辞。”
>
> 《战国策·秦策一》：“……〔秦〕孝公行之〔十〕八年，疾且不起，欲传商君，辞不受。”
>
> 《战国策·燕策一》：“鹿毛寿谓燕王曰：‘不如以国让子之。’……王因收印自三百石吏而效之子之。子之南面行王事，而哙老不听政，顾为臣。国事皆决子之。”

这是见之于文字的几起。① 发生这些事件的人物，可以分析一下。

---

① 董说《七国考》卷四引薛氏《孟子章句》：“燕哙筑禅台，让于子之，后昭王复登禅台，让于乐毅。毅以死自誓，不敢受。禅台，一名尧舜台。”燕昭王禅位给乐毅的事，未必可信，但这种传说不一定是后人凭空臆造的，它应当是在战国禅让之风盛行时期创造而流传下来的。《说苑·至公》：“秦始皇帝既吞天下，乃召群臣而议曰：‘古者五帝禅贤，三王世继，孰是？将为之。’博士七十人未对。鲍白令之对曰：‘天下官，则让贤是也；天下家，则世继是也。故五帝以天下为官，三王以天下为家。’秦始皇帝仰天而叹曰：‘吾德出于五帝，吾将官天下，谁可使代我后者？’鲍白令之对曰：‘陛下行桀纣之道，欲为五帝之禅，非陛下所能行也。’”秦始(转下页)

准备把君位让给别人的几个人，如秦孝公和燕王哙，都主张变法，有富国强兵的迫切要求。他们想把位置让给法家人物，目的在于治好国家，在剧烈的动乱中，免遭覆国杀身之祸。从本质上看，他们倒是并不斤斤计较一家一姓的利益，而是为了本国地主阶级整个阶级的利益。

传位的对象，都是有法治思想的人。商鞅是法家的杰出代表，子之是偏于用术的法家。惠施以名辩著称，一般都称他是名家，但他也有立法的记载。《吕氏春秋·审应览·淫辞》："惠子为魏惠王为法。为法已成，以示诸民人，民人皆善之；献之惠王，惠王善之。"可见他也具有法治思想。《韩非子·说林下》中就记载着他一些明法的言论。魏惠王当然谈不上是什么明法的君主，但他在屡遭丧败之后，想挽救魏国的殆势，因而想把国家让给惠施，也是可能的事。

战国中期这一段时间内，就发生了这么三起突出的政治事件，而且燕王哙传位给子之，居然还成了事实，这不能不在政治上发生重大的影响。先秦许多古籍上都记载着这次事件。1974 年至 1978 年，在中山国遗址上发掘出了铸造于中山王譽十四年的铁足大鼎和方壶两件大器，铭文中都记叙着燕王哙禅让给相国子之结果国破身死一事，可见这次事件影响的深巨了。提到这次事件的人无不强调它的历史鉴戒意义。

孟轲就生活在这段禅让之风盛行的时期。他在齐宣王六年（前314）时游齐，正值燕王哙禅位给子之之时。在他看来，子之不是什么贤人，于是便鼓动齐宣王出兵，攻杀了燕王哙和子之。这是因为他站在奴隶主阶级的立场，认为燕国实行禅让的人不合适，并不是反对禅让本身。他在魏惠王后元十五年（前 320）时游梁，与魏惠王打过一段

（续上页）皇想实行禅让的事，也是不可信的。它当是后人利用禅让之说对秦始皇进行攻击而编造出来的。

时期的交道，魏惠王想传位给惠施的事，则必然引起他不少幻想。于是他铺叙了尧、舜、禹禅让的事迹，强调让“贤”，一方面鼓动儒家之徒以“贤”名博得统治者的宠信，一方面劝诱好贤的君主把政权让给那些有“贤”名的代表旧传统的人物。“禅让”之说在这时完成，决不是偶然的。

《尚书》中有《尧典》等文，也曾记载“禅让”之说。这几篇文章虽出自今文，然而并不可信。尧、舜、禹时不可能有这样的文字记载，乃是不言自明的事。它的产生时期，应当也在战国之时。它与《孟子》中的文字一致，应当也是思孟学派的杜撰。

孔丘人称“圣之时者也”，他能根据客观形势的需要而采取某些权宜措施；孟轲也有这方面的本领，他能根据当前形势的需要而提出某些新的口号。其实这也说不上是什么儒家的特点。政治形势变化之后，各种各样的人都会受到影响而考虑采取新的立场和措施。《说疑》用小说家的笔法描绘了一幅奸臣利用“禅让”觊觎君位的形象画面，说明当时一些有政治野心的人，都在“禅让”的帷幕下蠢蠢欲动起来。吕不韦是一个著名的政治投机家，也曾一再鼓吹“禅让”，《吕氏春秋·季春纪·圜道》中说：“尧、舜，贤主也，皆以贤者为后，不肯与其子孙，犹若立官必使之方；今世之人主，皆欲世勿失矣，而与其子孙，立官不能使之方，以私欲乱之也。”《慎大览·贵因》中说：“舜一徙成邑，再徙成都，三徙成国，而尧授之禅位，因人之心也。”希望改变一系相承的继承制度而恢复禅让。话说得很动听，但按诸实际，却不一定真是从理想政治出发的。

根据近人的研究，尧、舜、禹可能是我国原始公社末期部落联盟的几个首领。所谓“禅让”，或许是军事民主制度的反映。人类社会发展到这一阶段，都有各部落公推联盟首领的事。这时还未建立起私有制度，故而采取民主议定的方式，部落联盟首领之间的继承关系，不取传子的方式。先秦去古未远，这种古史传说，也就成了所谓禅让。韩非对这种意义上的禅让也作了分析批判。《八说》中说："古者人寡而相亲，物多而轻利易让，故有揖让而传天下者。然则行揖让、高慈惠而道仁厚，皆推政也。"他对古代社会的解说也有不科学的地方，但他肯定禅让之风只能出之于原始蒙昧的阶段。

禅让之说在现实政治中激起了强烈而深远的反响，围绕着"禅让"而引起的争论是不可避免的。儒家视之为异端的人，都把矛头指向尧、舜。古史传说上的斗争，反映了现实生活中的阶级斗争。

奴隶起义的领袖跖对尧、舜表示极大的蔑视。他"以为尧有不慈之名，舜有不孝之行，禹有淫湎之意"(《吕氏春秋·仲冬纪·当务》)。针锋相对地批驳了儒家的言论。

杰出的诗人屈原提出疑问道："舜闵在家，父何以鳏？尧不姚告，二女何亲？……舜服厥弟，终然为害。何肆犬体，而厥身不危败？"(《天问》)他对儒家编造的尧、舜"圣迹"，是怀疑的，认为不足置信。

韩非对尧、舜更是旗帜鲜明地作了批判。他在《忠孝》篇中说："天下皆以孝悌忠顺之道为是也，而莫知察孝悌忠顺之道而审行之，是以天下乱。皆以尧舜之道为是而法之，是以有弑君，有曲于父。"这就把有人在尧舜之道的掩盖下企图控制政权的谋算彻底揭发出来了。韩非还说："今舜以贤取君之国，而汤、武以义放弑其君，此皆以贤而危主者也，而天下贤之。"这就把那些有野心的人在"让贤"的掩饰下进行篡权活动的目的彻底揭露出来了。

不但如此，韩非还从根本上否定舜的为人，说明他根本不是什么贤人。《忠孝》中说："瞽瞍为舜父而舜放之，象为舜弟而杀之。放父杀弟，不可谓仁；妻帝二女而取天下，不可谓义。仁义无有，不可谓明。"这就进一步揭穿了儒家构拟的"禅让"只是一种骗局。

韩非在很多地方谈到了尧、舜"禅让"的事。《外储说右上·说三》："尧欲传天下于舜。鲧谏曰：'不祥哉！孰以天下而传之于匹夫乎？'尧不听，举兵而诛杀鲧于羽山之郊。共工又谏曰：'孰以天下而传之于匹夫乎？'尧不听，又举兵而诛共工于幽州之都。于是天下莫敢言无传天下于舜。"这也就说明了"禅让"并不是什么"因人之心"的事，至少在韩非的心目中是如此。

"禅让"之说破坏了地主阶级的君位继承原则，为政治上有野心的人钻进政权组织提供理论依据，对地主阶级来说，具有很大的危险性。因此自荀况起，就有反对的意见出现。他在《正论》中说："世俗之为说者曰：'尧、舜擅(禅)让。'是不然。天子者，势位至尊，无敌于天下，夫有谁与让矣。……夫曰尧、舜擅(禅)让，是虚言也，是浅者之传，陋者之说也，不知逆顺之理，小、大、至、不至之变者也，未可与及天下之大理者也。"显然，他所批判的，就是思孟学派的言论。

荀况在燕时是与子之对立的。《难三》中说："燕子哙贤子之而非孙卿，故身死为僇。"看来荀子还是主张君位嫡长世袭制，对禅让另有看法的。

韩非与荀况的看法有一致之处。他也反对燕王哙与子之的这种禅让。在韩非看来，燕王哙是一位不错的君主，子之则是会玩手腕的阴谋家。"燕子哙好贤，故子之明不受国"(《二柄》)。他一再用子之的事告诫君主，不能让伪装的贤人篡夺君位。

《说疑》篇中说："燕君子哙，邵公奭之后也。地方数千里，持戟数十万，不安子女之乐，不听钟石之声，内不湮汙池台榭，外不罼弋田猎，又亲操耒耨以修畎亩。子哙之苦身以忧民如此其甚也，虽古之所谓圣王明君者，其勤身而忧世不甚于此矣。然而子哙身死国亡，夺于子之，而天下笑之。此其故何也？不明乎所以任臣也。"在他的笔下，子之就是一个用各种手段博得"贤"名的奸臣。他记下了好多子之用术的事例。

子之相燕，坐而佯言曰："走出门者何，白马也？"左右皆言不见。有一人走追之，报曰："有。"子之以此知左右之不诚信。（《内储说上(七术)·说七》)

这是说子之善于用术控制臣下。

子之相燕，贵而主断。苏代为齐使燕，王问之曰："齐王亦何如主也？"对曰："必不霸矣。"燕王曰："何也？"对曰："昔桓公之霸也，内事属鲍叔，外事属管仲，桓公被发而御妇人，日游于市。今齐王不信其大臣。"于是燕王因益大信子之。子之闻之，使人遗苏代金百镒，而听其所使。

一曰：苏代为齐使燕，见无益子之，则必不得事而还，贡赐又不出，于是见燕王，乃誉齐王。燕王曰："齐王何若是之贤也？则将必王乎？"苏代曰："救亡不暇，安得王哉？"燕王曰："何也？"曰："其任所爱不均。"燕王曰："其亡何也？"曰："昔者齐桓公爱管仲，置以为仲父，内事理焉，外事断焉，举国而归之，故一匡天下，九合诸侯。今齐任所爱不均，是以知其亡也。"燕王曰："今吾任子之，天下未之闻也？"于是明日张朝而听子之。

潘寿谓燕王曰："王不如以国让子之。人所以谓尧贤者，以其让天下于许由，许由必不受也，则是尧有让许由之名而实不失天下也。今王以国让子之，子之必不受也，则是王有让子之之名而与尧同行也。"于是燕王因举国而属之，子之大重。

一曰：潘寿，隐者。燕使人聘之。潘寿见燕王曰："臣恐子之之如益也。"王曰："何益哉？"对曰："古者禹死，将传天下于益，启之人因相与攻益而立启。今王信爱子之，将传国子之，太子之人尽怀印，为子之之人无一人在朝廷者。王不幸弃群臣，则子之亦益也。”王因收吏玺，自三百石以上皆效之子之，子之大重。夫人主之所以镜照者，诸侯之士徒也，今诸侯之士徒皆私门之党也。人主之所以自浅娋者，岩穴之士徒也，今岩穴之士徒皆私门之舍人也。是何也？夺褫之资在子之也。故吴章曰：“人主不佯憎爱人。佯爱人，不得复憎也；佯憎人，不得复爱也。”

一曰：燕王欲传国于子之也，问之潘寿，对曰：“禹爱益而任天下于益，已而以启人为吏。及老，而以启为不足任天下，故传天下于益，而势重尽在启也。已而启与友党攻益而夺之天下，是禹名传天下于益，而实令启自取之也。此禹之不及尧、舜明矣。今王欲传之子之，而吏无非太子之人者也，是名传之而实令太子自取之也。”燕王乃收玺，自三百石以上皆效之子之，子之遂重。（《外储说右下·说三》）

这大约是有关燕国“禅让”一事最详细的记载了。像这样一件历史上的大事，异说定然很多，韩非一共记下了五种异说，内容却是相近的，这就是燕王哙想效法尧、舜，实行禅让。看来子之是一个有能力的政治家，他的玩弄手腕，也是地主阶级的阶级本能的一种表现。地主阶级自登上政治舞台起，也就伴随着许多争权夺利尔虞我诈的实例。燕王哙想把国家传给他，倒是为燕国的前途着想，但这事却引起了严重的内乱和外患，酿成了多少年的战乱，燕国几乎灭亡。在韩非看来，这就是奸臣乱政的典型事例了。孟轲看到这种禅让的事例，就想改变儒家学说中的某些结论，宣扬禅让之说，用以适应战国时期已经变化了的政治形势；韩非看到这种事例，就起而批判禅让之说，防止有政治野心的人借此窥窃君主权位。这就是战国时期儒法两家在“禅让”问题上斗争的实质。

韩非对吕不韦的批判

上

《吕氏春秋》称为杂家著作，里面吸收了儒家、道家、墨家、农家、阴阳家等许多方面的学说，而在这些学派中，从政治思想上来说，受儒家的影响为大。这点《四库全书总目》的编者也已看出来了。《吕氏春秋》的"提要"说："是书较诸子之言独为醇正。大抵以儒为主，而参以道家、墨家，故多引六籍之文与孔子、曾子之言。"如《孝行览·义赏》篇论赏罚的标准时就一再引用孔丘的话作为最高的准则。

韩非和吕不韦同时，著书年代约略相当。《吕氏春秋》成书于秦王政八年(前239)。写作这样一部篇幅巨大的书，而又出之于众人之手，一定得花上很多时间，因此里面的有些作品可能成文甚早。韩非的书写作时间拖得很长，《难一》一文，看来就是在读到了《吕氏春秋》的文章之后写作的。他通过某件历史故事或某种言论，进行辩难驳斥，申述法家的政治主张。《难一》之中通过齐桓公、晋文公、赵襄子等人的事件，批判了吕书中散布的儒家观点，展现了两种不同的政治见解的对立。下面分别录引两家的原文。

《吕氏春秋》	《韩非子》
《吕氏春秋·孝行览·义赏》："昔晋文公将与楚人战于城濮，召咎犯而问曰：'楚众我寡，奈何	《韩非子·难一·一》："晋文公将与楚人战，召舅犯问之，曰：'吾将与楚人战，彼众我寡，为之奈何？'舅犯曰：'臣闻之：繁礼君子，不厌忠信；

而可?'咎犯对曰:'臣闻繁礼之君,不足于文;繁战之君,不足于诈。君亦诈之而已。'文公以咎犯言告雍季。雍季曰:'竭泽而渔,岂不获得,而明年无鱼;焚薮而田,岂不获得,而明年无兽。诈伪之道,虽今偷可,后将无复,非长术也。'文公用咎犯之言而败楚人于城濮,反(返)而为赏,雍季在上。左右谏曰:'城濮之功,咎犯之谋也。君用其言,而赏后其身,或者不可乎?'文公曰:'雍季之言,百世之利也;咎犯之言,一时之务也。焉有以一时之务先百世之利者乎?'孔子闻之曰:'临难用诈,足以却敌;反而尊贤,足以报德。文公虽不终始,足以霸矣。'"

战阵之间,不厌诈伪。君其诈之而已矣。'文公辞舅犯,因召雍季而问之,曰:'我将与楚人战,彼众我寡,为之奈何?'雍季对曰:'焚林而田,偷取多兽,后必无兽;以诈遇民,偷取一时,后必无复。'文公曰:'善。'辞雍季,以舅犯之谋与楚人战以败之。归而行爵,先雍季而后舅犯。群臣曰:'城濮之事,舅犯谋也。夫用其言而后其身,可乎?'文公曰:'此非若所知也。夫舅犯言,一时之权也;雍季言,万世之利也。'仲尼闻之,曰:'文公之霸也,宜哉!既知一时之权,又知万世之利。'

或曰:雍季之对,不当文公之问。凡对问者,有因问小大缓急而对也。所问高大,而对以卑狭,则明主弗受也。今文公问'以少遇众',而对曰'后必无复',此非所以应也。且文公不知一时之权,又不知万世之利。战而胜,则国安而身定,兵强而威立,虽有后复,莫大于此,万世之利奚患不至?战而不胜,则国亡兵弱,身死名息,拔拂今日之死不及,安暇待万世之利?待万世之利,在今日之胜;今日之胜，在诈于敌；诈敌，万世之利而已。故曰：雍季之对，不当文公之问。且文公又不知舅犯之言。舅犯所谓'不厌诈伪'者，不谓诈其民，谓诈其敌也。敌者，所伐之国也，后虽无复，何伤哉？文公之所以先雍季者，以其功耶？则所以胜楚破军者，舅犯之谋也；以其善言耶？则雍季乃道其'后之无复'也，此未有善言也。舅犯则以兼之矣。舅犯曰'繁礼君子不厌忠信'者：忠，所以爱其下也；信，所以不欺其民也。夫既以爱而不欺矣，言孰善于此？然必曰'出于诈伪'者，军旅之计也。舅犯前有善言，后有战胜，故舅犯有二功而后论，雍季无一焉而先赏。'文公之霸，不亦宜乎？'仲尼不知善赏也。"

儒家主张礼治，即使两军对阵之时，也要愚蠢地宣扬仁义。① 《外储说左上·说五》记宋襄公与楚人战于涿谷上，标榜"不重伤，不擒二毛，不推人于险，不迫人于厄，不鼓不成列"。结果为楚人所败。韩非批判了这种"慕仁义之祸"。但宋襄公可悲的"仁义"之战，却被儒家看作以礼治军的范例，博得了赞扬。《公羊传》僖公二十二年于泓之战后

① 《史记·淮阴侯列传》曰："成安君(陈馀)儒者也，常称义兵不用诈谋奇计。"说明儒家人物一直反对用兵中的诡诈之道。

称颂宋襄公说:“故君子大其不鼓不成列,临大事而不忘大礼。有君而无臣。以为虽文王之战,亦不过此也。”这里儒家后学对宋襄公的评价,与孔丘对雍季的评价是一致的。

韩非一直把舅犯看作具有法治思想的政治家。舅犯提出的“战阵之间不厌诈伪”的主张,符合战争的要求。《孙子·计篇》说:“兵者,诡道也。”《军争篇》说:“故兵以诈立。”它的首要任务就在欺骗敌人,取得胜利。在战争问题上反对诡诈,也就是最大的愚蠢。韩非申述道:“舅犯所谓不厌诈伪者,不谓诈其民,谓诈其敌也。敌者,所伐之国也。”这就分清了用诈的对象,肯定了通过“诡道”战胜敌人的主张。

韩非还分析了“一时之权”与“万世之利”的关系。孔丘认为晋文公“既知一时之权,又知万世之利”,实际上是割裂了二者之间的关系。战争是决定国家存亡的大事。如果没有“一时之权”,国家就会覆灭,哪里还再谈得上“万世之利”?因此,大敌当前,“万世之利”就体现在当前决定胜负的“一时之权”上。这也就是说:长远利益包含在眼前利益之中,世上没有什么与眼前利益绝缘的长远利益。孔丘既强调“一时之权”,又强调“万世之利”,貌似全面公允,实际上是在运用折衷主义的手法宣扬仁义,否定正确的军事思想。

《吕氏春秋·孝行览·义赏》:“赵襄子出围,赏有功者五人,高赦为首。张孟谈曰:‘晋阳之中,赦无大功,赏而为首,何也?’襄子曰:‘寡人之国危,社稷殆,身在忧约之中,与寡

《韩非子·难一·四》:“襄子围于晋阳中,出围,赏有功者五人,高赫为赏首。张孟谈曰:‘晋阳之事,赫无大功,今为赏首,何也?’襄子曰:‘晋阳之事,寡人国家危,社稷殆矣。吾群臣无有不骄侮之意者,唯赫子不失君臣之礼,是以先之。’仲尼闻之曰:

人交而不失君臣之礼者惟赦，吾是以先之。’仲尼闻之曰：‘襄子可谓善赏矣！赏一人而天下之为人臣莫敢失礼。’”

‘善赏哉！襄子赏一人而天下为人臣者莫敢失礼矣。’

或曰：仲尼不知善赏矣。夫善赏罚者，百官不敢侵职，群臣不敢失礼。上设其法，而下无奸诈之心。如此，则可谓善赏罚矣。使襄子于晋阳也，令不行，禁不止，是襄子无国，晋阳无君也，尚谁与守哉？今襄子于晋阳也，知氏灌之，臼灶生龟，而民无反心，是君臣亲也。襄子有君臣亲之泽，操令行禁止之法，而犹有骄侮之臣，是襄子失罚也。为人臣者，乘事而有功则赏。今赫仅不骄侮，而襄子赏之，是失赏也。明主赏不加于无功，罚不加于无罪。今襄子不诛骄侮之臣，而赏无功之赫，安在襄子之善赏也？故曰：仲尼不知善赏。”

这里所记载的孔丘的言论，按诸史实，不能成立。因为孔丘死在晋阳之战以前，无法逆料后事而预先评论。看来《吕氏春秋》是在利用孔丘的亡灵宣扬儒家的礼治观点，韩非则利用它为靶子而宣扬法家的法治主张。

在上一个故事里，韩非评论了舅犯、雍季的功过，“舅犯前有善言，后有战胜，故舅犯有二功而后论，雍季无一焉而先赏”，从而驳斥了孔丘的谬论，晋文公的失赏。在这个故事里，他进一步提出了“明主赏不加于无功，罚不加于无罪”的原则，进一步批判了孔丘的谬论、赵襄子的失赏。

儒家在这里所宣扬的礼治观点，以维护“上下有序”“贵贱有等”的礼制为立功的准则。高赫对于晋阳解围之事无丝毫功劳，只是对赵襄子不失礼，就被认为立了首功，这可是鼓励人“退汗马之劳”的错误措施。韩非认为，君主必须拥有至高无上的威权，“令行禁止”，根本就不允许臣下“无礼”；反过来说，臣下“有礼”，也就算不上是什么功劳。韩非是君权至上论者，但他反对儒家那种虚妄的“礼治”观。

《吕氏春秋·先识览·知接》：“管仲有疾，桓公往问之曰：‘仲父之疾病矣，将何以教寡人？’管仲曰：‘齐鄙人有谚曰：“居者无载，行者无埋。”今臣将有远行，胡可以问？’桓公曰：‘愿仲父之无让也。’管仲对曰：‘愿君之远易牙、竖刀、常之巫、卫公子启方。’公曰：‘易牙烹其子以慊寡人，犹尚可疑邪？’管仲对曰：‘人之情，非不爱其子也。其子之忍，又将何有于君？’公又曰：‘竖刀自宫以近寡人，犹尚可疑邪？’管仲对曰：‘人之情，非不爱其身也。其身之忍，又将何有于君？’公又曰：‘常之巫审于死生，能去

《韩非子·难一·三》：“管仲有病，桓公往问之，曰：‘仲父病，不幸卒于大命，将奚以告寡人？’管仲曰：‘微君言，臣故将谒之。愿君去竖刁，除易牙，远卫公子开方。易牙为君主味，君惟人肉未尝，易牙烝其子首而进之。夫人情莫不爱其子，今弗爱其子，安能爱君？君妒而好内，竖刁自宫以治内。人情莫不爱其身，身且不爱，安能爱君？开方事君十五年，齐、卫之间不容数日行，弃其母，久宦不归。其母不爱，安能爱君？臣闻之：“矜伪不长，盖虚不久。”愿君去此三子者也。’管仲卒死，桓公弗行。及桓公死，虫出户不葬。

苛病，犹尚可疑邪？’管仲对曰：‘死生，命也；苛病，失也。君不任其命，守其本，而恃常之巫，彼将以此无不为也。’公又曰：‘卫公子启方事寡人十五年矣，其父死而不敢归哭，犹尚可疑邪？’管仲对曰：‘人之情，非不爱其父也。其父之忍，又将何有于君？’公曰：‘诺。’管仲死，尽逐之。食不甘，宫不治，苛病起，朝不肃。居三年，公曰：‘仲父不亦过乎！孰谓仲父尽之乎？’于是皆复召而反(返)。明年，公有病，常之巫从中出曰：‘公将以某日薨。’易牙、竖刀、常之巫相与作乱，塞宫门，筑高墙，不通人，矫以公令。有一妇人踰垣入，至公所。公曰：‘我欲食。’妇人曰：‘吾无所得。’公又曰：‘我欲饮。’妇人曰：‘吾无所得。’公曰：‘何故？’对曰：‘常之巫从中出曰：“公将以某日薨。”易牙、竖刀、常之巫相与作乱，塞宫门，筑高墙，不通人，故无所得。卫公子启方以书社四

或曰：管仲所以见告桓公者，非有度者之言也。所以去竖刁、易牙者，以不爱其身，适君之欲也。曰：‘不爱其身，安能爱君？’然则臣有尽死力以为其主者，管仲将弗用也，曰：‘不爱其死力，安能爱君？’是欲君去忠臣也。且以不爱其身度其不爱其君，是将以管仲之不能死公子纠度其不死桓公也，是管仲亦在所去之域矣。明主之道不然，设民所欲以求其功，故为爵禄以劝之；设民所恶以禁其奸，故为刑罚以威之。庆赏信而刑罚必，故君举功于臣而奸不用于上，虽有竖刁，其奈君何？且臣尽死力以与君市，君垂爵禄以与臣市。君臣之际，非父子之亲也，计数之所出也。君有道，则臣尽力而奸不生；无道，则臣上塞主明而下成私。管仲非明此度数于桓公也，使去竖刁，一竖刁又至，非绝奸之道也。且桓公所以身死虫流出户不葬者，是臣重也。臣重之实，擅主也。有擅主之臣，则

十下卫。'公慨焉叹,涕出,曰:'嗟乎,圣人之所见岂不远哉!若死者有知,我将何面目以见仲父乎?'蒙衣袂而绝乎寿宫,虫流出于户,上盖以杨门之扇,三月不葬。此不卒听管仲之言也。"

君令不下究,臣情不上通。一人之力能隔君臣之间,使善败不闻,祸福不通,故有不葬之患也。明主之道:一人不兼官,一官不兼事;卑贱不待尊贵而进,大臣不因左右而见;百官修通,群臣辐凑;有赏者君见其功,有罚者君知其罪。见知不悖于前,赏罚不弊于后,安有不葬之患?管仲非明此言于桓公也,使去三子,故曰:管仲无度矣。"

战国之时,齐桓公的故事流传很广,异说很多,韩非为之争辩的,不一定是《吕氏春秋》中所记载的这一说,但韩非的观点与吕不韦的观点则正相反。

吕不韦提出的观点,是以人性论和利己主义为前提的。韩非的理论,没有超出这些观点的范围,但他认为可以利用人性这些特点,建立法治,"设民所欲以求其功,故为爵禄以劝之;设民所恶以禁其奸,故为刑罚以威之"。这样就可使人不敢为非作歹,竭尽死力为君主效劳了。吕不韦等人注意的只是个别的人,认为斥退个别坏人就可保证君主的安全;韩非注意的是制度,认为建立了法治就可从根本上防止坏人的出现。尽管韩非的理论未免有把复杂的阶级斗争简单化的地方,但比起吕不韦之流的看法,显然深刻些。

《吕氏春秋·慎大

《韩非子·难一·六》:"齐桓公时,

览·下贤》:“齐桓公见小臣稷,一日三至,弗得见。从者曰:‘万乘之主,见布衣之士,日三至而弗得见,亦可以止矣。’桓公曰:‘不然。士骜禄爵者,固轻其主;其主骜霸王者,亦轻其士。纵夫子骜禄爵,吾庸敢骜霸王乎?’遂见之,不可止。世多举桓公之内行,内行虽不修,霸亦可矣;诚行之此论而内行修,王犹少。”	有处士曰小臣稷,桓公三往而弗得见。桓公曰:‘吾闻布衣之士不轻爵禄,无以易万乘之主;万乘之主不好仁义,亦无以下布衣之士。’于是五往乃得见之。 或曰:桓公不知仁义。夫仁义者,忧天下之害,趋一国之患,不避卑辱谓之仁义。故伊尹以中国为乱,道为宰干汤;百里奚以秦为乱,道为虏干穆公。皆忧天下之害,趋一国之患,不辞卑辱,故谓之仁义。今桓公以万乘之势,下匹夫之士,将欲忧齐国,而小臣不行,见小臣之忘民也。忘民不可谓仁义。仁义者,不失人臣之礼,不败君臣之位者也。是故四封之内,执禽而朝名曰臣,臣吏分职受事名曰萌。今小臣在民萌之众,而逆君上之欲,故不可谓仁义。仁义不在焉,桓公又从而礼之。使小臣有智能而遁桓公,是隐也,宜刑;若无智能而虚骄矜桓公,是诬也,宜戮。小臣之行,非刑则戮。桓公不能领臣主之理而礼刑戮之人,是桓公以轻上侮君之俗教于齐国也,非所以为治也。故曰:桓公不知仁义。”

吕不韦通过这个故事宣扬礼贤下士的观点,韩非则通过这个故事批判了儒家的仁义观点。

韩非还提出了法家的仁义观点。他下的定义是："夫仁义者，忧天下之害，趋一国之患，不避卑辱谓之仁义。"显然，他的"仁义"观点是以地主阶级的国家利益为准则的。这与儒家的观点不同。

战国时期，有那么一些反映没落阶级情绪的士人，出于他们固有的阶级立场，采取与新政权不合作的态度。但他们却有贤士的名声，在社会上有一定的影响。吕不韦强调礼"贤"下"士"，承袭战国中期的养士之风，目的在于多方面地搜罗人才，培植私人势力。这对君权的集中和巩固是不利的。《诡使》中说："设爵位，所以为贱贵基也；而简上不求见者，世谓之'贤'。"韩非主张对这样的"贤"士坚决进行打击。他在很多文章中提到了这个问题，在《说疑》中称这样的隐士为"不令之民"，在《外储说右上・说一》中则叙述了太公望杀贤者狂矞的事，因为"狂矞也议不臣天子，不友诸侯，吾恐其乱法易教也，故以为首诛"。从吕不韦和韩非对"贤士"的不同态度中，也反映出了两种政治观点的尖锐对立。

下

《难二》篇中，仍有几则故事针锋相对地批判了《吕氏春秋》中提出的观点，和《难一》中的几则故事合起来看，可以断定韩非确是以吕不韦为批判对象，二者展开着激烈的思想斗争。今一并作些探讨。

《吕氏春秋・审分览・任数》："有司请事于齐桓公，桓公曰：'以告仲父。'有司又请，公曰：'告	《韩非子・难二・五》："齐桓公之时，晋客至，有司请礼。桓公曰'告仲父'者三。而优笑曰：'易哉，为君！一曰仲父，二曰仲父。'桓公曰：'吾闻

仲父。'若是三。习者曰：'一则仲父，二则仲父，易哉为君！'桓公曰：'吾未得仲父则难，已得仲父之后，曷为其不易也。'"

君人者劳于索人，佚于使人。吾得仲父已难矣，得仲父之后，何为不易乎哉？'

或曰：桓公之所应优，非君人者之言也。桓公以君人为劳于索人，何索人为劳哉？伊尹自以为宰干汤，百里奚自以为虏干穆公。虏，所辱也；宰，所羞也。蒙羞辱而接君上，贤者之忧世急也。然则君人者无逆贤而已矣，索贤不为人主难。且官职，所以任贤也；爵禄，所以赏功也。设官职，陈爵禄，而士自至，君人者奚其劳哉？使人又非所佚也。人主虽使人，必以度量准之，以刑名参之；以事遇于法则行，不遇于法则止；功当其言则赏，不当则诛。以刑名收臣，以度量准下，此不可释也，君人者焉佚哉？索人不劳，使人不佚，而桓公曰'劳于索人，佚于使人'者，不然。且桓公得管仲又不难。管仲不死其君而归桓公，鲍叔轻官让能而任之，桓公得管仲又不难，明矣。已得管仲之后，奚遽易哉？管仲非周公旦。周公旦假为天子七年，成王壮，授之以政，非为天下计也，为其职也。夫不夺子而行天下者，必不背死君而事其仇；背死君而事其仇者，必不难夺子而行天下；不难夺子而行天下者，必不难夺其君国矣。管仲，公子纠之臣也，谋杀桓公而不能，其君死而臣桓公，管仲之取舍非周公旦，可知也。若使管仲大贤也，且为汤、武。汤、武，桀、纣之臣也；桀、纣作乱，汤、武夺之。今桓公以易居其上，是以桀、纣之行居汤、武之上，桓公危矣。若使管仲不肖人也，且为田常。田常，简公之臣也，而弑其君。今桓公以易居其上，是以简公之易居田常之上也，桓公又危矣。管仲非周公旦以明矣，然为汤、武与田常，未可知也。为汤、武，有桀、纣之危；为田常，有简公之乱也。已得仲父之后，桓公奚遽易哉？若使桓公之任管仲，必知不欺己也，是知不欺主之臣也。然虽知不欺主之臣，今桓公以任管仲之专借竖刁、易牙，虫流出户而不葬，桓公不知臣欺主与不欺主已明矣，而任臣如彼其专也，故曰：桓公暗主。”

韩非层层驳斥了“君人者劳于索人，佚于使人”的观点，从而批判了齐桓公“未得仲父则难，已得仲父之后，曷为其不易”的论调。他认为：只要安排好官职爵禄，人才自会出现；得人之后，还应“以刑名收臣，以度量准下”，用法术驾驭操纵。这里韩非用法家的观点批判了吕不韦赞同的用人原则。吕书强调君主“劳于索人”，也就是要多方征集遗逸，敬礼那些待机出山的所谓山林岩穴之士。所谓“佚于使人”，就是要君主放手把权交给他们。按吕不韦和韩非的具体情况来说，吕不韦鼓吹“佚于使人”，大约就是想让秦王政把政权交给他这样的人自由支配；韩非反对“佚于使人”，就是强调君权至上，为建立中央集权的封建主义专制政体作论证。

《吕氏春秋·贵直论》：“赵简子攻卫，附郭，自将兵。及战，且远立，又居于犀蔽屏橹之下。鼓之而士不起。简子投桴而叹曰：‘呜呼，士之遬弊一若此乎！’行人烛过免胄横戈而进曰：‘亦有君不能耳，士何弊之有？’简子艴然作色曰：‘寡人之无使而身自将是众也，子亲谓寡人之无能，有说则可，无说则死。’对曰：‘昔吾先君献公即位五年，兼国十九，用此士也。惠公即位二年，淫色暴慢，身好玉女，秦人袭

《韩非子·难二·七》：“赵简子围卫之郛郭，犀盾、犀橹，立于矢石之所不及，鼓之而士不起。简子投枹曰：‘乌乎！吾之士数弊也。’行人烛过免胄而对曰：‘臣闻之：亦有君之不能耳，士无弊者。昔者吾先君献公并国十七，服国三十八，战十有二胜，是民之用也。献公没，惠公即位，淫衍暴乱，身好玉女，秦人恣侵，去绛十七里，亦是人之用也。惠公没，文公授之，围卫，取邺，城濮之战，五败荆人，取尊名于天下，亦此人之用也。亦有君不能耳，士无弊也。’简子乃去盾、橹，立矢石之所及，鼓之而士乘之，战大胜。简子曰：‘与吾得革车千乘，不如闻行人烛过之一言也。’

我，逊去绛七十，用此士也。文公即位二年，厎之以勇，故三年而士尽果敢，城濮之战，五败荆人，围卫取曹，拔石社，定天子之位，成尊名于天下，用此士也。亦有君不能耳，士何弊之有？'简子乃去犀蔽屏橹，而立于矢石之所及，一鼓而士毕乘之。简子曰：'与吾得革车千乘也，不如闻行人烛过之一言。'行人烛过可谓能谏其君矣。"

或曰：行人未有以说也，乃道惠公以此人是败，文公以此人是霸，未见所以用人也。简子未可以速去盾、橹也。严亲在围，轻犯矢石，孝子之所以爱亲也。孝子爱亲，百数之一也。今以为身处危而人尚可战，是以百族之子于上皆若孝子之爱亲也，是行人之诬也。好利恶害，夫人之所有也。赏厚而信，人轻敌矣；刑重而必，夫人不北矣。长行徇上，数百不一人；喜利畏罪，人莫不然。将众者不出乎莫不然之数，而道乎百无一人之行，行人未知用众之道也。"

这里韩非仍持人情好利恶害的观点，阐明厚赏重罚的作用，不赞同那种作战时主将躬冒矢石以起鼓舞作用的用兵之道。

韩非是地主阶级的思想家。作为一个新兴阶级的思想代表，他能提出许多新鲜的观点，廓清许多陈腐的观念，批判许多反动的思想；但他毕竟也是剥削阶级中的一员，因而在他提出的观点中不可避免地也会打上鲜明的烙印，就如这里对人情的看法，就是把地主阶级的利己主义看作普遍的人性，并用这种偏颇的观点来忖度民众的心理。对人民大众来说，这是一种歪曲和诬蔑。而且他对将帅身先士卒的精神也隐隐然含否定之意，看法何等片面！

韩非反对工商业么?

韩非到底是反对工商业呢,还是要求限制工商业?这里虽然只是一词之差,内容也就大不一样。

认为韩非反对工商业的人说:战国之时的工商业领域还为奴隶主所盘踞着,这是导致复辟倒退的一个社会根源,韩非反对复辟倒退,必然会把注意力放在反对工商业奴隶主上。《五蠹》篇中有"商工之民"这一"蠹",这样的"民"就是工商业奴隶主。韩非反对"商工之民"的活动,当然也就反对工商业了。

全面考察韩非的观点,不能得出上述结论。

战国时期,确有一些工商业奴隶主役使奴婢经营工商业,但战国时期存在着大量的个体生产的手工业者,韩非书中就有记载。例如《说林上》记载的"鲁人身善织屦,妻善织缟";《备内》中说的"舆人成舆","匠人成棺";《外储说右上·说三》记有"为酒甚美"的"酤酒者";《说林下》云"鄙谚所谓'虏自卖裘而不售'";《外储说左上·说三》中说有人到市上"置履";说明当时就有"织屦""织缟""成舆""成棺""为(酿)酒"制裘制履……的手工业者,对于这样的手工业劳动者,韩非非但不主张取消,而且主张要用法制保证他们安心从事生产。《解老》中说:"工人数变业则失其功,作者数摇徙则亡其功。一人之作,日亡半日,十日则亡五人之功矣;万人之作,日亡半日,十日则亡五万人之功矣。然则数变业者,其人弥众,其亏弥大矣。"具有这种观点的人,怎么反而会主张彻底取消手工业呢?

但韩非确曾为农民抱不平而反对某些手工业者。《诡使》中说:"仓廪之所以实者,耕农之本务也,而綦组、锦绣、刻画为末作者富。"这里指的不是一般的手工业者，而是指那些从事制造奢靡织物和精巧雕刻的手工业者。韩非所以反对这些人的劳作，是因为当时的地主阶级还处在上升时期，因而它的思想家还比较注意积累财富，反对过度的奢侈淫靡。而且战国之时各诸侯国竞争激烈，需要注意培植国力，免遭覆国杀身之祸。因此，这里打出的是为农民抱不平的旗号，实际上是为了地主阶级的根本利益。

基于同样的理由，韩非反对商人远途贩运奢侈品，《解老》中说："凡马之所以大用者，外供甲兵而内给淫奢也。今有道之君，外希用甲兵，而内禁淫奢。上不事马于战斗逐北，而民不以马运淫通物，所积力唯田畴。"这是法家强调耕战政策必然得出的结论。

在封建社会中，农业是民生的根本，所谓"民之大事在农"，这是丝毫忽视不得的。但贵族阶层追求过度的奢侈品，却会影响工商业与农业关系的失调，从而动摇国本。《管子·重令》中说："菽粟不足，末生不禁，民必有饥饿之色，而工以雕文刻镂相稚也，谓之逆；布帛不足，衣服毋度，民必有冻寒之伤，而女以美衣锦绣綦组相稚也，谓之逆。"稚训骄。这里指的就是二者失调的现象。

工商业者和农民之间为什么会出现矛盾呢？因为从事工商业的人，比起从事农业的人来，所得的利润大多了。《史记·货殖列传》上就说："夫用贫求富，农不如工，工不如商，刺绣文不如倚市门。"当时有些资料可以用来说明三者获利的多少。《管子·治国》篇说："今为末作奇巧者，一日作而五日食，农夫终岁之作，不足以自食也。"《战国策·秦策五》记吕不韦"归而谓父曰：'耕田之利几倍？'曰：'十倍'；'珠玉之赢几倍？'曰：'百倍'"。这些材料可以约略说明当时社会上的情况，经营手工业和商业上的奢侈品，比起从事农业，所得利润可达五倍至十倍之多。

利之所在，自会吸引人去钻营，大家都放弃农业而去从事工商业，国家的根本也就动摇了。为此法家强调耕战，甚至主张让富农纳粟得官。《饬令》中说："物多末众，农弛奸胜，则国必削。民有余食，使以粟出爵，必以其力，则农不殆。"这是封建社会中最早出现的一种卖官鬻爵的理论。其实际结果，是为地主富农进入官僚队伍大开方便之门，壮大新起的地主阶级的力量。

韩非还提出了限制工商业的主张。《五蠹》中说："夫明王治国之政，使其商工游食之民少而名卑，以寡趣本务而趋末作。"这就是说，要调整工商业者和农民的比例，控制工商业者的人数，抑低他们的社会地位。《五蠹》中还说："今世近习之请行，则官爵可买；官爵可买，则商工不卑也矣。奸财货贾得用于市，则商人不少矣。聚敛倍农而致尊过耕战之士，则耿介之士寡而商贾之民多矣。"他反对让工商业者（也包括一些工商业奴隶主）利用巨大的财富买官求爵，进行政治投机。显然，具有这样能力的"商工游食之民"，即依附于工商业的寄生虫，也就是必须禁制的一"蠹"了。

韩非对工商业的重要性是有所认识的。《难二》篇中，他在评论富国之道时，曾经系统地申述过这方面的看法。

举事慎阴阳之和，种树节四时之适，无早晚之失、寒温之灾，则入多。不以小功妨大务，不以私欲害人事，丈夫尽于耕农，妇人力于织纴，则入多。务于畜养之理，察于土地之宜，六畜遂，五谷殖，则入多。明于权计，审于地形、舟车、机械之利，用力少，致功大，则入多。利商市关梁之行，能以所有致所无，客商归之，外货留之，俭于财用，节于衣食，宫室器械周于资用，不事玩好，则入多。入多，皆人为也。

韩非重视农业，始终把男耕女织放在首要的地位。但在这前提下，他也不反对手工业和商业。这种手工业，必须有益于民生，能够制作节省劳力提高工作效率的器械，而不是去制造那些徒劳无益的奢靡物品。商业也是必要的，当时各诸侯国的原料生产和加工生产都已发展到了很高的水平，各地都有著名的物产，《荀子·王制》上说："北海则有走马、吠犬焉，然而中国得而畜使之；南海则有羽翮、齿革、曾青、丹干焉，然而中国得而财之；东海则有紫纮、鱼盐焉，然而中国得而衣食之；西海则有皮革、文旄焉，然而中国得而用之。故泽人足乎木，山人足乎鱼，农夫不斫削、不陶冶而足械用，工贾不耕田而足菽粟。"这些都必须有商人从事长途的或短途的贩运，才能满足各地互通有无的需要。韩非主张争取外货客商，说明他也并不废弃商人。

战国之时诸侯割据称雄，各国边境关卡林立，向来往客商征收赋税，这是当时各地统治者的一大收入。但是这种局面却严重地妨碍了工商业的发展。韩非主张全国统一，反对封建割据，这种政治主张，对于工商业的发展是很有利的。

韩非是怎样对待师说的?

上

大家知道,韩非是荀况的学生,但在韩非的文章中,却从来不谈师承关系。他只在《难三》中偶尔提到了一下荀况的政治活动。

> 燕子哙贤子之而非孙卿,故身死为僇;夫差智太宰嚭而愚子胥,故灭于越。

据此有人说韩非甚爱其师。当然,这项材料可以用来说明韩非对荀况的政治活动持肯定态度,但对此似乎也不宜作过多的发挥,不能用儒家尊师重道的那一套思想去理解法家之间的师承关系。

荀况、韩非都是适应时代要求而提出了新的政治观点的思想家。战国之时,社会向前急遽发展,阶级之间的斗争和政治思想上的斗争极为激烈。荀况、韩非所处的历史年代虽然紧相衔接,但因政治形势的迅速变化,两家的学说也就呈现出不同的面貌。

恩格斯在给康·施米特的信中说道:“每一个时代的哲学作为分工的一个特定的领域,都具有由它的先驱者传给它而它便由以出发的特定的思想资料作为前提。”(《马克思恩格斯选集》第4卷,第485页)荀况是从儒家营垒中出来的一员,不可避免地带有这一学派的特点,例如他一再强调“尚贤”就是,尽管他提出的“贤”的内涵已与过去有了不同。

《难势》篇中那个驳斥慎到"势治"学说的人，与荀况的学说近似，可以认为，这种学说反映了荀况一派的观点。

慎到重势轻贤，《庄子·天下》篇中说他"谿髁无任而笑天下之尚贤也，纵脱无行而非天下之大圣"。荀况对此极为不满，一再加以批判。

> 尚法而无法，下修而好作，上则取听于上，下则取从于俗，终日言成文典，反紃察之，则倜然无所归宿，不可以经国定分。然而其持之有故，其言之成理，足以欺惑愚众，是慎到、田骈也。（《非十二子》）
>
> 慎子有见于后，无见于先。（《天论》）
>
> 慎子蔽于法而不知贤。（《解蔽》）
>
> 体倨固而心势诈，术慎、墨而精杂污，①横行天下，虽达四方，人莫不贱。（《修身》）
>
> 凡成相，辨法方，至治之极复后王，慎、墨、季、惠，百家之说诚不详。（《成相》）

荀况喜谈礼，也爱谈法。他讲的礼，着重在"度量分界"，因而实际上已是在讨论法了。在他看来，尚贤和明法是一致的，《富国》曰："由士以上，则必以礼乐节之；众庶百姓，则必以法数制之。"《正论》曰："夫德不称位，能不称官，赏不当功，罚不当罪，不祥莫大焉。"而慎到的法，"终日言成文典"，似乎颇有条理，然而"反紃察之，则倜然无所归宿，不可以经国定分"，难怪荀况要批评他"尚法而无法"了。这是因为慎到是从黄老学派演变而来的早期法家，他的学说本身还带有很多道家的

---

① 杨倞注："顺墨，当为慎、墨。慎为齐宣王时处士慎到也。"今据改。

糟粕，所谓“椎拍輐断，与物宛转，舍是与非，苟可以免”。这种圆滑的态度，怎能创设严格的法制理论？怎能得到严肃的思想家荀况的认可？

荀况还批评“申子蔽于势而不知知（智）”。因为荀况尚贤而不重势。他说：

> 明主急得其人，而暗主急得其势。（《君道》）
>
> 治之志，后势富，君子诚之好以待。处之敦固，有（又）深藏之能远思。（《成相》）

综合观之，《难势》篇中那个反驳慎到的人所持的论点，“夫势者，非能必使贤者用之，而不肖者不用之也。贤者用之则天下治，不肖者用之则天下乱”。尚贤而后势，完整地表达了荀况一派的观点。

《荀子·王霸》篇上说：“人主者，天下之利势也。得道以持之，则大安也，大荣也，积美之源也；不得道以持之，则大危也，大累也，有之不如无之。及其綦也，索为匹夫不可得也。”与《难势》篇中那个反驳慎到的人所持的论点，不是极为相似的么？

所谓“后势”，是说应该把“势”放在次要地位；所谓“尚贤”，是说应该把“贤”放在首要地位。慎到的看法与此相反，所以荀况批评他“有见于后，无见于先”。

但荀况是性恶论者。他认为人的本性是恶的，人性向善则是经过后天教育的结果。在他看来，世上当然是贤者少而恶者多了。这种论点，《难势》篇中也有反映，那个反驳慎到的人说：“人之情性，贤者寡而不肖者众。”就是明证。

韩非不讨论人性善恶的问题。他只谈论人情好利而恶害，这是从社会的经济关系上加以考察的。这种地主阶级功利主义的观点，与性恶论之间有联系的脉络可寻，它是以性恶论为思想资料发展而形成的。

在韩非看来，人情好利恶害，决不是什么坏事。君主掌握住这个特点，反而可以因势利导。《外储说右上·说一》中运用了一个譬喻："夫驯乌者断其下翎焉。断其下翎，则必恃人而食，焉得不驯乎？夫明主畜臣亦然，令臣不得不利君之禄，不得无服上之名。夫利君之禄，服上之名，焉得不服？"因此，"畜乌"之"势"对君主来说，是实行统治的前提。君主运用权势，就可以制服下属，驱使臣民。

韩非重势，已与早期法家慎到的见解有本质上的区别。慎到只是论证了势的重要，强调新兴地主阶级的君主掌握政权的重要性。韩非提出了"抱法处势"的观点，他认为不能光凭"势"来实施统治，因为"势"既可由好人掌握，也可由坏人掌握，这样政治局面的正常化就难于保证。假如说，一定要等贤人来掌权，那像儒家推崇的唐尧、虞舜一类贤人，到哪一天才能出现呢？这里韩非表现出了他的法家本色。他把反映地主阶级意志的法放在首位，认为即使是中等水平的君主，如果掌握了法，据有势位，也可以保证国家长治久安。这就彻底贯彻了法治的主张，摆脱了"贤治"的任何影响。

从早期法家慎到提出"势"论起，到持荀学观点的人加以反驳，最后到韩非通过辩难加以总结而形成新的"势"论，反映了地主阶级在政治上的成长和要求。慎到反映了新兴地主阶级对政权的重要性的认识，荀况一派反映了从本阶级中产生出杰出君主的愿望，韩非则已探索着如何使地主阶级永久掌握政权的问题，他要求用地主阶级的法治来巩固权势。三者的发展反映了这一阶级在不断成长中所提出的不同要求，这些要求又是通过理论上的斗争而取得发展的。

韩非强调法，有其历史的正当性。但也应看到，他把"势"和"贤"放在尖锐对立的地位，则是形而上学观点的表现。一个新兴的阶级，如果能让它的贤人来抱法处势，那成绩不是更可观么？

下

在此还可再探讨另一个问题。《韩非子·显学》篇中说“儒分为八”，其七为“孙氏之儒”。按照古籍通例，孙氏当然是指荀况。但是有人觉得《显学》中的“孙氏”应当另作别论。近来注释《显学》的人大都主张把孙氏解释成公孙尼子，这种说法还可以再推敲一下。

考孙氏即公孙尼子之说首先见于早期研究韩非著作的日本学者津田凤卿的《韩非子解诂》一书。津田凤卿只是提出了一种假设，没有什么缜密的论证。他认为“孙”字上面可能脱了一个“公”字。显然，这种论据没有什么说服力可言。皮锡瑞《经学历史》二“经学流传时代”也提出了一种假设，云是“沈约以《乐记》取《公孙尼子》，或是八儒之公孙氏欤？”则是这种猜测之词本人也不敢自信。

所以会有这种情况发生，还是由于韩非批判了老师的缘故。《显学》是批儒的名篇，韩非又把荀况列为儒家中的一派，按照后代尊师重道的观点来看，似乎不合情理，因此人们作出了孙氏即公孙尼子的假设。其实韩非并不讲究那一套，他的作风与荀况大不相同。荀况毕竟是儒家人物，因而特别重视师说，《荀子·修身》曰：“非师，是无师也。不是师法而好自用，譬之是犹以盲辨色，以聋辨声也；舍乱妄无为也。”《大略》曰：“言而不称师谓之畔，教而不称师谓之倍(背)。”查遍《韩非子》全书，找不到一句同样的话。韩非从荀况那里当然接受了很多学术观点，但他从来不称师说，可见他已抛弃了荀况的上述教训。

自齐威王时至齐襄王时，荀况曾经两次到齐国游学，三为祭酒。稷下学宫中自由讨论学术的空气，定然给他很大的影响。因此，他在《非相》中声称“君子必辩”，反映了百家争鸣占主导地位时期思想家的认识和主张。到了韩非的时候,全国复归一统的形势已经出现,中央集权的专制主义的封建政权即将在全国范围内建立,于是他在《问辩》中提出了“言行而不轨于法令者必禁”的主张,要求结束百家争鸣的局面,进而统制思想。这种观点,也和荀况的观点截然对立。

时代有所不同,荀况和韩非在对某些政治现象的看法上出现了差异,例如荀况对君主的“左右”并无恶感,认为君主要巩固王权,就得利用“左右”作耳目。《荀子·君道》中说:“便嬖左右者,人主之所以窥远收众之门户牖向也,不可不早具也。故人主必将有便嬖左右足信者然后可,其知惠(慧)足使规物,其端诚足使定物,然后可,夫是之谓国具。”对这一类人,韩非却全无好感,在《韩非子》一书中一直把他们作为反面的东西而加以贬斥。韩非认为“左右”非但不能起到帮助君主的作用,而且常是成为蒙蔽君主的奸人,因而他把“左右”列为“八奸”中的第二“奸”。《八奸》曰:“二曰在旁。何谓‘在旁’?曰:优笑侏儒,左右近习,此人主未命而唯唯,未使而诺诺,先意承旨,观貌察色以先主心者也。此皆俱进俱退,皆应皆对,一辞同轨以移主心者也。为人臣者内事之以金玉玩好,外为之行不法,使之化其主,此之谓‘在旁’。”不难看出,二人对“左右”的评价正相反。又如荀况肯定历史上的汤、武革命。《荀子·臣道》曰:“夺然后义,杀然后仁,上下易位然后贞,功参天地,泽被生民,夫是之谓权险之平,汤、武是也。”对此作了最高的评价。韩非不然,他在《忠孝》中说:“尧、舜、汤、武或反君臣之义,乱后世之教者也。”刚好和荀况持论相左。总的看来,荀况着重论证王权的尊崇,而对如何保护王权则较少注意。韩非把很大的精力放在研究防奸上,他在强调王权的尊崇时非常强调王权的不受侵害。这是两家学说中经常出现的不同之点。

我们不拟对两家学说之间的批判继承关系作全面的分析,这里只是举出一些显而易见的例证,说明韩非怎样否定师说就是了。下面还可再举两家学说中“贤治”与“法治”之争作为例证。《荀子·君道》曰：“故明主急得其人，而暗主急得其势。急得其人，则身佚而国治，功大而名美，上可以王，下可以霸……故君人者劳于索之而休于使之。”《王霸》篇中也详论君臣的职能而阐述了“君人者劳于索之而休于使之”的道理。韩非坚决反对这种观点，他在《难二》一文中通过齐桓公应优人的话，层层加以反驳，阐明了“索人不劳、使人不佚”的观点。这是因为：荀况认为君主的首要任务就在于求贤，一旦访得贤人之后，就可把政权托付出去，放手让他们治好天下。韩非认为人与人之间的关系都是利害关系，世上没有什么可以绝对信任的贤人，君主对于那些经过长期考验的臣子，也不能放松警惕，必须用法术加以监督和控制。君主只要按法办事，悬出赏格，则有才能的人自会出来任职作出贡献，因此访求人才也没有什么困难之处。《内储说上（七术）·说三》：“齐王问于文子曰：‘治国何如？’对曰：‘夫赏罚之为道，利器也。君固握之，不可以示人。若如臣者，犹兽鹿也，唯荐草而就。’”君主只要暗中使用赏罚这两种利器钳制住那些嗜欲贪婪禽兽般的臣子就行了。韩非用法治的观点对贤治的说法进行尖锐的驳斥，可以说，这里是在不点名地批判师说。韩非的作风就是这样。太史公骂韩非“极惨礉少恩”，大约就是指这些地方而言的吧。那么，他把荀况列在儒家八派之中，又有什么可以奇怪的呢？

“坚白”“无厚”综述

韩非提出了“言行而不轨于法令者必禁”的主张，要求取缔一切不利于地主阶级政权的言行，这对秦王朝的制订文教方针有巨大的影响。

韩非在《问辩》中以举例的方式提到了“不轨于法令”的一些“言行”：

> ……是以儒服、带剑者众，而耕战之士寡；“坚白”“无厚”之词章，而宪令之法息。

这就提供了研究韩非这项政治主张真实用意的重要线索。

“儒服”者为儒生，“带剑”者为游侠，这些都是韩非极端痛恨的人。“儒以文乱法，侠以武犯禁”，他们是“五蠹”之民中的首恶。重用他们，就会使老实守法的耕战之民不安心本业。因此，韩非主张坚决打击。

提到“坚白”“无厚”，就会使人想起一些著名的名家人物。《史记·孟子荀卿列传》上说：“赵亦有公孙龙为‘坚白’‘同异’之辩。”现存《公孙龙子》一书中还有《坚白论》一篇；《庄子·天下》篇中则记载着惠施的“历物十论”，其中就有“无厚”之说。因此，好些人都断言《问辩》中的这句话是在反对名家。

我们认为，全面地考察韩非的意见，不能得出这种结论。

“坚白”“无厚”，实际上是先秦名辩思潮中最有代表性的两个题目。韩非用这做例子说明他对整个名辩思潮的态度，而先秦的名辩思潮是不能仅仅归结为一家之说的。

《荀子·修身》:"夫'坚白''同异''有厚''无厚'之察,非不察也,然而君子不辩,止之也。"

《吕氏春秋·审分览·君守》:"……故曰:不出于户而知天下,不窥于牖而知天道。其出弥远者,其知弥少,故博闻之人、强识之士阙矣,事耳目、深思虑之务败矣,'坚白'之察、'无厚'之辩外矣。"

从这两部书的举例中也可看出他们批判的矛头决不仅仅指向公孙龙、惠施二人。

从历史上考察,这两个题目从春秋开始就已有人在研究了,研究的人不限于一家。

下面先考察有关"无厚"的理论。

现存《邓析子》有"无厚"一篇。"无厚"是一个道德名词,类似后代说的"寡恩",讨论的范围,不属名辩范围。此书早就被人定为伪作,但现存《邓析子·无厚》篇虽出于伪造,可不能用来证明邓析没有"无厚"的理论。刘向的《邓析书录》曰:"其论'无厚'者,言之异同,与公孙龙同类。"可见春秋之时法家的先驱者邓析确曾讨论"无厚"的问题,邓析也是一个名辩思潮的先驱者。

《庄子·养身主》言庖丁解牛,"彼节者有间,而刀刃者无厚,以无厚入有间,恢恢乎其于游刃必有余地矣"。这个著名的寓言故事,使用的"有间""无厚"二词,都是名辩中的专门术语。"有间"指两项事物之间尚有空隙,"无厚"指物体之薄无体积可言,以无体积的刀刃入于空隙之中,当然"游刃有余"了。

后期墨家曾对名辩思潮中使用的一些专门术语下过定义,《墨子·经上》曰:"厚,有所大也。"《经说上》:"厚,惟无所大。"又《经上》曰:"有间,中也。"《经说上》:"有间,谓夹之者也。"又说:"次,无间而不撄之也。""次,无厚而后可。"这也就是荀况所说的"有厚""无厚"之辩了。墨辩辩者对"有间""无厚"二词的解释与《庄子》上的用法相同,当是总结了前人的成果。

从《庄子·天下》篇对惠施"无厚"说的介绍中,可以了解到这种学说原来是总结了当时几何学上的成就而形成的。"无厚,不可积也,其大千里"。"无厚"犹如几何学上所说的面,它还没有形成体积,然而以其延伸的广度而言,却是可以无限的。显然,从惠施所用的术语和表达方式来说,与道家、墨家都有一定的关系。

从邓析到惠施,对自然现象和逻辑思维上的很多问题作了探讨。他们的作风相同,所以荀况总是把他们归为一派而加以批判。《不苟》篇中说:"山渊平,天地比,齐秦袭,入乎耳,出乎口,钩有须,卵有毛,是说之难持者也,而惠施、邓析能之。"只是这些辩说的具体内容大都失传了,后人很难全部了解他们立论的内容。

惠施也是一个辩论"坚白"的能手。《庄子·德充符》载庄周批评惠施说:"天选子之形,子以'坚白'鸣。"说明惠施确是一个名家的代表人物。

"坚白"之辩也可以从春秋时叙起。

《论语·阳货》载孔丘的话说:"不曰坚乎,磨而不磷?不曰白乎,涅而不缁?吾岂匏瓜也哉?焉能系而不食?"他以"坚""白"表明自己从政的决心,说明当时已有研究石头的这两种属性的风气。

《孟子·告子上》:"告子曰:'生之谓性。'孟子曰:'生之谓性也,犹白之谓白与?'曰:'然。''白羽之白也,犹白雪之白;白雪之白,犹白玉之白与?'曰:'然。''然则犬之性,犹牛之性;牛之性,犹人之性与?'"孟轲最后举白玉为例,说明他也注意到了石头的坚和白这两种属性。

儒家人物接触到了"坚""白"问题,但他们喜谈具体的统治经验,不重视探讨抽象的思维方法,因而于此涉猎甚浅。

《庄子·骈拇》:“骈于辩者,累瓦结绳,窜句游心于‘坚白’‘同异’之间,而敝跬誉无用之言,非乎?而杨、墨是已。”

杨朱是道家的早期人物。杨朱用心于“坚白”,说明道家也曾注意这一项目的研究。

至于墨家人物的钻研“坚白”“同异”,知道的人就更多了。《庄子·天下》篇说:“南方之墨者,苦获、已齿、邓陵子之属,俱诵墨经而倍谲不同,相谓别墨,以‘坚白’‘同异’之辩相訾。”他们有关“坚白”的理论,保存在《墨子》的“经上”“经下”中。

从“坚白”之辩争论的时间之长和流派之多,可以了解到先秦时期各家对此问题的重视。其中尤以公孙龙为代表的“离坚白”论和以“墨经”为代表的“盈坚白”论的影响为大。“离坚白”论注意概念的分析,认为石头的“坚”“白”两种属性可以离开石头而独立地区别开来。“盈坚白”论反对作纯概念的研究,认为石头的“坚”“白”两种属性在理论上可以分割,但在具体事物中是不可分割的。墨家通过对名家的批判而推动了逻辑思维的向前发展。

综上所言,可以回复到前面提出的论点,那就是说“坚白”“无厚”是先秦各个学派都在研究和运用的两种学说,是名辩思潮中最有代表性的两个题目,不能仅仅归之为一家之言。

韩非对“坚白”“无厚”之词到底采取什么态度?他是一个政治理论家,对名辩思潮中的这些题目从学术的角度来说持什么见解?

就在《外储说右上·说三》中讨论到重人和人主的关系时,他用“坚白”之说作了说明。

重人者,必人主所甚亲爱也。人主所甚亲爱也者,是同坚白也。夫以布衣之资,欲以离人主之坚白、所爱,是以解左髀说右髀者，是身必死而说不行者也。

从这条材料中似乎可以得出这样的结论。

（一）韩非对名辩思潮中的一些题目了解得很清楚。

（二）在“坚白”问题上，他认为“坚”“白”是不可离的，应该说是接近“盈坚白”说。

（三）韩非对名辩并不一笔否定，不然他自己也就不可能采用这种学说阐明自己的论点了。

韩非极端强调地主阶级功利主义，凡是不能为统治阶级所用的东西，他都不赞成。《外储说左上·经二》上说：“是以言有纤察微难而非务也，故季、惠、宋、墨皆画策也。”[①]这里提到的人物，不限于名家。凡是进行名辩的研究，而在他看来又没有什么实际意义的，都遭到批判。这种观点，反映了地主阶级建立中央集权的专制政体的要求，在意识形态领域内要求结束百家争鸣的局面。一种学术研究，如果完全脱离实际，作纯概念的游戏，那当然是不好的；但如进行逻辑思维的研究，对反映事物的概念多作些分析，那也不能截然否定。韩非的这种意见，包含着过趋极端的弊病。

韩非特别强调“坚白”“无厚”之词对“宪令”的破坏，这点似乎难于理解，可巧《外储说左上·说二》中记载着一个故事。

兒说，宋人，善辩者也，持“白马非马也”服齐稷下之辩者。乘白马而过关，则顾白马之赋。故藉之虚辞，则能胜一国；考实按形，不能谩于一人。

① 指季梁、惠施、宋钘、墨翟。季，乾道本作李，据太田方《韩非子翼毳》改。

“白马非马”之说是“坚白”论的具体运用。兒说也是一个“坚白”论者，《文选》卷五五载陆机《演连珠》，李善注引刘孝标曰：“倪〔说〕、惠〔施〕以‘坚白’为辞。”而在有的记载中，则直接归为后起的著名辩者公孙龙的事迹了。《白孔六帖》卷九引桓谭《新论》曰：“公孙龙常争论曰：‘白马非马。’人不能屈。后乘白马，无符传，欲出关，关吏不听。此虚言难以夺实也。”这是说大名鼎鼎的公孙龙子凭着三寸不烂之舌想蒙混过关，却给凭事实办事的小小关吏给卡住了。而《初学记》卷七引刘向《七略》则曰：“公孙龙持白马之论以度关。”《鸣沙石室古籍丛残》“唐写本古类书三种”之一“白马”下曰：“公孙龙度关，关司禁曰：‘马不得过！’公孙曰：‘我马白，非马。’遂过。”则是与前说截然相反了。

这件事情是否实有，很难说，但可推知名辩学者的奇闻轶事流传很广，说明战国时期确有一些辩者走上了邪路，把名辩改成了诡辩，甚至像《荀子·正名》篇中所说的得出了“杀盗非杀人”的结论，这样也就干扰和破坏了法令的执行。此事虽小，可以喻大。辩者这样不顾事实而违反常理，当然要引起韩非的反对了，所以他在《外储说左上·经二》中总结道：“人主之听言也，不以功用为的，则说者多棘刺、白马之说。”表示坚决否定。

韩非对人民的态度

韩非认为人情“好利恶害”，因而对待人民就得使用“赏罚”两手，不惜重赏，加强镇压，才能防止人民犯上作乱。这就是韩非所标榜的爱民。

“四人帮”的御用文人说，秦王朝的“更名民曰黔首”，“无疑是对当时人民的尊称”。① 纯系胡言乱语。所谓“黔首”，照字义来说，就是黑头，形容常年在外劳动的人皮肤被阳光晒得漆黑。战国末期，用来指称民众的名词很多，秦王朝根据五行学说的要求从中挑选了“黔首”一词作为通称，怎么算是对人民的“尊称”呢？

“黔首”一词，韩非也曾用过，从中可以看出法家对人民的态度。

> 古者黔首悗密惷(蠢)愚，故可以虚名取也。今民儇诇智慧，欲自用，不听上。上必且劝之以赏，然后可进；又且畏之以罚，然后不敢退。(《忠孝》)

这就是说，从前的劳动者很老实，很愚蠢，因此君主只要用仁义之类的虚言收买人心就行了；现在的老百姓很狡猾，很聪明，君主必须兼用赏罚两手才能制服他们。法家这样看待“黔首”，哪里有一丝尊重的意味？

韩非是新的社会制度的维护者，在当时来说，确是一个先进的人物。但他所维护的那种新的社会制度，仍是阶级对立的制度，是地主

---

① 石仑《论“黔首”》，载《红旗》1974 年第 10 期。

阶级和农民阶级处于尖锐对立状态的封建制度。作为地主阶级的代表人物,对于他们驱使压迫的对象,怎么会把最高尚的名称赐予呢?

“四人帮”是一切反动派的总代表,他们为了美化地主阶级,可以不顾基本的历史事实。在这个问题上,分析一下法家的集大成者韩非的观点,倒是很能说明问题的。

韩非认为民众的本性是好逸恶劳。他说:

> 夫民之性,恶劳而乐佚。(《心度》)

由此出发,他用了很多文字企图证明统治阶级之所以富足,是由于勤劳节俭;下层民众之所以贫困,是由于贪吃懒做。《显学》篇中说:“今夫与人相若也,无丰年旁入之利而独以完给者,非力则俭也。与人相若也,无饥馑、疾疚、祸罪之殃独以贫穷者,非侈则惰(惰)也。侈而惰者贫,而力而俭者富。”这种理论掩盖了封建社会中最普遍的一种事实,那就是地主阶级对农民的残酷剥削。地主生活之所以优裕,是由于剥削了农民的劳动成果;农民生活之所以困苦,是由于受到了地主阶级的残酷剥削。韩非把导致农民贫困的最重要的因素给掩盖起来了。

在韩非看来,农民虽因“懒做”而陷于贫困,但可利用他们“贪吃”这一点促使他们勤勉起来。韩非是惯于从利害关系着眼分析人与人之间的关系的。这里他又用好利恶害这种人性论观点,分析地主与农民之间的阶级关系。他说:

> 夫买庸而播耕者,主人费家而美食,调布而求易钱者,非爱庸客也,曰:如是,耕者且深、耨者熟耘也。庸客致力而疾耘耕者,尽巧而正畦陌者,非爱主人也,曰:如是,羹且美,钱布且易云也。此

其养功力，有父子之泽矣，而心调于用者，皆挟自为心也。（《外储说左上·说三》）

这是典型的地主对农民的看法。韩非认为，地主只要施行一些小恩小惠，农民就会尽心竭力地替地主卖命；反过来说，地主阶级的政权只要加强压力，推行严刑峻法，民众也就会老老实实地守法而不敢有任何违抗了。韩非强调“势”，认为它是制服众人的法宝。《八经》上说：“君执柄以处势，故令行禁止。柄者，杀生之制也；势者，胜众之资也。”认为有了权势就可以统治天下。

韩非爱谈赏，更爱谈罚。他反对轻刑，主张重刑。对于重刑的作用，他再三申述，目的就在镇压“盗贼”，并且起到杀一儆百的作用，使大家悚惧而就范，不敢再犯上作乱。《六反》中说：“且夫重刑者，非为罪人也。明主之法，揆也。治贼，非治所治也；治所治也者，是治死人也。刑盗，非治所刑也；治所刑也者，是治胥靡也。故曰：重一奸之罪而止境内之邪，此所以为治也。重罚者，盗贼也；而悼惧者，良民也。欲治者奚疑于重刑！”在用刑问题上，他赞赏商鞅提出的所谓“以刑去刑”的理论。这也就是说，采取严刑峻法之后，民众自然会畏惧而不敢触犯法令，这样也就可以达到不用刑罚的结果了。显然，这是地主阶级美化自己的暴行的一种理论，是对自己的残酷镇压进行掩饰的一种诡辩。韩非赞美地主阶级的棍棒和屠刀，认为地主阶级用严刑峻法对付人民，使他们老实守法，正是爱护人民的表现。《心度》上说：“圣人之治民，度于本，不从其欲，期于利民而已。故其与之刑，非所以恶民，爱之本也。”人民受到地主阶级的拷打杀戮之后，还应感恩戴德，这是一种多么精致的地主阶级统治理论！

法家采取耕战政策，凡是农耕作战有功的人都可取得富贵。这是一项阶级性很强的政策，目的是把那些符合地主阶级规范的人纳入自己的阶级队伍中去。

韩非强调“赏罚”两手。赏罚得有一定的标准，这标准就是体现地主阶级意志的法令。

法家注重耕战，耕战有功的人，就得受赏；在耕战上没有贡献的人，就不应得到好处。韩非在《外储说右下·说二》中通过秦昭襄王不发五苑蔬果之事表明，民众如果没有建立什么功劳，即使饥饿致死，君主也不应有什么仁惠的表示。《六反》中系统地阐明了这种法治的观点：“故明主之治国也，适其时事以致财物，论其税赋以均贫富，厚其爵禄以尽贤能，重其刑罚以禁奸邪，使民以力得富，以事致贵，以过受罚，以功致赏，而不念慈惠之赐，此帝王之政也。”

《问田》中记载着徐渠和田鸠二人的问答。徐渠主张下级的人不必循序晋升就可跻于高位，不必建立功绩就可得到提拔。田鸠反对这种做法，他举楚、魏两国任人不当的事作为例证，申述说：“二君者驱于声词，眩乎辩说，不试于屯伯，不关乎州部，故有失政亡国之患。由是观之，夫无屯伯之试，州部之关，岂明主之备哉！”他认为君主选拔人才必须掌握新的标准，要看被选拔者有没有经过下层工作的历炼，作出过什么成绩？法家人物通过墨家人物田鸠之口，说明了他们的用人主张。

韩非在《显学》篇中提出了著名的论点：“宰相必起于州部，猛将必发于卒伍。”这就是说，高级官员一定要有担任基层职务的经历，高级将领要从曾经当过普通士卒的人中去选拔。这也就排除了奴隶制社会中的世卿世禄制度和世卿命将旧制度的不良影响。在奴隶制社会中，奴隶主阶级中的上层人物，生下来的子孙必然承袭类同的职位，不管这些人的能力怎样，有没有实际工作的锻炼，照例都据有高位。韩非否定了这种腐朽的旧制度，提出了用人的新主张，要求根据人的能力和贡献来获取相应的职位。这是一种先进的政治主张。因为当时的地主阶级还处于上升时期，故而能够提出与奴隶主阶级针锋相对的新观点。

韩非提出这种主张，似乎为下层民众的取得功名利禄敞开了大门。一个普通的老百姓，如在耕战上立了功，那就可以取得富贵，甚至还有登上高位的可能，这样好像也就表明了法家对人民的关怀。这里应该指出，韩非的法治理论貌似客观公正，实际上是从地主阶级的根本利益着眼的。因为地主阶级的法反映了地主阶级的意志，按法办事也就保证了地主阶级根本利益的实现。耕战政策是一项阶级性很强的政策，它造成了一种人人可以升官发财的假象，起到了欺骗和麻痹人民的作用。《五蠹》篇说："夫耕之用力也劳，而民为之者，曰：可得以富也；战之为事也危，而民为之者，曰：可得以贵也。"不可否认，在奴隶制向封建制转化的过程中，的确会有一部分人转化到地主阶级的行列中去，这正是耕战政策所要起的作用。地主阶级通过耕战的考核，把一批符合地主阶级规范的人提升到自己的阶级队伍中去，扩大和巩固自己的统治基础。比起奴隶主阶级来，他们所依赖的基础要宽广一些。这就是所谓法家爱人民的又一表现。

韩非以全民利益代表的姿态出现，表示不怕牺牲生命也要为人民谋福利，这有它真诚的一面，但也包含着很大的欺骗性。

韩非多次表白，他是考虑到了人民的利益的，即使采用严刑峻法，目的也是为了建设一个美好的理想社会，《奸劫弑臣》中有一段话完整地表达了这种观点。

> 而圣人者，审于是非之实，察于治乱之情也。故其治国也，正明法，陈严刑，将以救群生之乱，去天下之祸，使强不陵弱，众不暴寡，耆老得遂，幼孤得长，边境不侵，君臣相亲，父子相保，而无死亡系虏之患，此亦功之至厚者也！愚人不知，顾以为暴。愚者固

欲治而恶其所以治，皆恶危而喜其所以危者。

这里表示出这么一种意思：主张法治的人主观愿望是好的，使用严刑也是必要的，得到的结果也是很理想的，但民众却短见和愚蠢，不能看清这种情况，只觉得政治太残暴了。对待这样的愚民，也就可以不睬他们的意见，只要照着自己的主张去办，等到有了成效，他们也就会信服了。

这种“上智下愚”的观点，差不多是战国时期的法家人物所共有的。《商君书·更法》篇记公孙鞅之言曰：“语曰：‘愚者暗于成事，知者见于未萌。民不可与虑始，而可与乐成。’郭偃之法曰：‘论至德者不和于俗，成大功者不谋于众。’”褚少孙补《史记·滑稽列传》记西门豹发民凿十二渠，民众不愿意，西门豹就说：“民可以乐成，不可与虑始。今父老子弟虽患苦我，然百岁后，期令父老子孙思我言。”韩非在《显学》篇中用了大段文字阐明这种论点。他举小孩剃头和治病为例，说明“得民之心”的不当。父母替孩子剃头和开刀，本是为了防病和治疗，孩子却号哭不止，这就等于“今上急耕田垦草以厚民产也，而以上为酷；修刑重罚以为禁邪也，而以上为严；征赋钱粟以实仓库，且以救饥馑、备军旅也，而以上为贪；境内必知介而无私解，并力疾斗，所以禽虏也，而以上为暴。此四者，所以治安也，而民不知悦也”。所以他得出的结论是：“夫民智之不足用亦明矣。”

上述例子说明，地主阶级的思想家即使在历史上起着进步作用的时候，也是非常鄙视人民的。他们认为民众短见无知，需要接受他们这些有身分的智者的指点和领导，因此他们处在居高临下的地位，认为理所当然应该驱策民众。剥削阶级的本性，把是非完全颠倒过来了，创造一切财富的人民大众，被说成是蠢如豕鹿，而他们这一些地主阶级的政治家和思想家，却被看作高出众人之上的救世主。

现在要问，韩非这种为民众谋福利的说法，究竟是存心欺骗呢？还是主观上确有此愿望？这个问题很复杂。按照法家提出的一些措施所造成的后果来说，只是给广大人民套上了新的枷锁，因此他们关于造福民众的种种宣言，无疑起着欺骗的作用。但是因为当时的地主阶级还处在上升时期，和前此不久的奴隶制社会比较，新的社会制度还有其优越性，而在一些变法并不彻底的诸侯国中，奴隶主的残余势力还未完全退出历史舞台。处在这样一种历史阶段，新的社会制度的维护者韩非，坚决为消除奴隶制的残余势力而斗争。这种为彻底实现新的社会制度而斗争的事实，也就给了他一种假象，觉得他是在为全体民众的利益而奋斗。《问田》篇中记载了他与堂谿公的一次问答。堂谿公用前期法家吴起、商鞅推行变法而牺牲的先例威胁韩非，要他放弃政治斗争，韩非断然回答说：

> 夫治天下之柄，齐民萌之度，甚未易处也。然所以废先王之教，而行贱臣之所取者，窃以为立法术，设度数，所以利民萌便众庶之道也。故不惮乱主暗上之患祸，而必思以齐民萌之资利者，仁智之行也。惮乱主暗上之患祸，而避乎死亡之害，知明乎身而不见民萌之资利者，贪鄙之为也。臣不忍向贪鄙之为，不敢伤仁智之行。（《问田》）

这种态度，与《孤愤》等文中的描写一致，反映的情况是真实的。韩非挺身与以贵重之臣和乱主暗上为代表的守旧势力作斗争，确是不计个人安危，这里他也为自己的主观意愿所欺骗，以为是在为全体民众的利益而奋斗，因此表现出一种“我不入地狱，谁入地狱”似的殉身精神。但是这种精神后面的真实动力，却是狭隘的地主阶级利益。马克思、恩格斯在《德意志意识形态》中说：“事情是这样的，每一个企图代替旧统治阶级的地位的新阶级，为了达到自己的目的就不得不把自己的利益说成是社会全体成员的共同利益，抽象地讲，就是赋予自己的思想以普遍性的形式，把它们描绘成唯一合理的、有普遍意义的思想。进行革命的阶级，仅就它对抗另一个**阶级**这一点来说，从一开始就不是作为一个阶级，而是作为全社会的代表出现的；它俨然以社会全体群众的姿态反对唯一的统治阶级。”（《马克思恩格斯选集》第1卷，第53页）马克思在页边上还写道：“普遍性符合于……（4）**共同**利益的幻想。起初这种幻想是真实的；（5）思想家的欺骗和分工。”学习革命导师的指示，联系韩非的实际，似乎可以这样理解：按韩非的具体情况来说，他所构拟的“共同利益的幻想”以及为此幻想而奋斗的殉身精神都是真实的，作为统治阶级的思想家，他担负起了编造“共同利益的幻想”的社会职能。而从本质上看，这种幻想对人民来说，起着欺骗的作用；对韩非自己的主观意愿来说，也是一种自我欺骗。

论申不害

先秦早期法家分法、术、势三大流派。申不害是术一派的代表，他的学说在建设地主阶级政权时起过一定的作用。只是申不害的著作已经散佚，因而后代很难全面地研究他的理论，并阐明这种理论对韩非学说所起的影响。下面我们打算根据现存的一些材料，作些探讨。

《申子·大体》对韩非学说的影响

《史记·老庄申韩列传》上说："申子之学本于黄老而主刑名。著书二篇，号曰《申子》。"《汉书·艺文志》于"诸子略·法家"则著录《申子》六篇。二者篇数不同，实际上却没有多大差别。《史记》本传裴骃《集解》引刘向《别录》曰："今民间所有上下二篇，中书六篇，皆合二篇，已备，过太史公所记。"可见二者只是篇幅分合上的不同。据近人考证，这书大约亡佚于南宋时。①

今存《申子》中比较完整的文章，只有保存在《群书治要》卷三十六中的《大体》一篇。

"大体"是一个古词，有根本和全局的意思。《孟子·告子上》："公都子问曰：'钧是人也，或为大人，或为小人，何也？'孟子曰：'从其大体为大人，从其小体为小人。'"《荀子·天论》："不知贯不知应变，贯之大体未尝亡也。"《庄子·天下》："后世之学者，不幸不见天地之纯，古人

---

① 参看金德建《司马迁所见书考》三五"《申子》书篇目考"、三六"《史记》'申子之学本于黄老而主刑名'的解释"，上海人民出版社 1967 年版。

之大体。"《韩非子》中也用"大体"一词,《奸劫弑臣》曰:"凡人之大体,取舍同者则相是也,取舍异者则相非也。"韩非并用"大体"命篇,此文所论就有纲要的性质。

申不害在《大体》中概括地介绍了自己的学说。不难看出,韩非的许多重要论点,甚至许多著名的文字,都是从此脱胎而出的。其他文章也有类似的情况。

《申子》	《韩非子》
夫一妇擅夫,众妇皆乱,一臣专君,群臣皆蔽,故妒妻不难破家也,乱臣不难破国也。是以明君使其臣并进辐凑,莫得专君。今人君之所以高为城郭而谨门闾之闭者,为寇戎盗贼之至也。今夫弑君而取国者,非必逾城郭之险而犯门闾之闭也;蔽君之明,塞君之听,夺之政而专其令,有其民而取其国矣。今使乌获、彭祖负千钧之重而怀琬琰之美,令孟贲、成荆带干将之剑卫之,行乎幽道,则盗犹偷之矣。今人君之力非贤乎乌获、彭祖而勇非贤乎孟贲、成荆也,其所守者非特琬琰之	听以爵不待参验,用一人为门户者,可亡也。(《亡征》) 国有擅主之臣,则群下不得尽其智力以陈其忠,百官之吏不得奉法以致其功矣。(《奸劫弑臣》) 明主之道:一人不兼官,一官不兼事;卑贱不待尊贵而进,大臣不因左右而见;百官修通,群臣辐凑。(《难一》)

美、千钧之重也，而欲勿失，其可得耶？

明君如身，臣如手。君若号，臣如响。君设其本，臣操其末。君治其要，臣行其详。君操其柄，臣事其常。为人君者操契以责其名；名者，天地之纲，圣人之符。张天地之纲，用圣人之符，则万物之情无所逃之矣。故善为主者，倚于愚，立于不盈，设于不敢，藏于无事；窜端匿疏，示天下无为。是以近者亲之，远者怀之。

示人有余者，人夺之；示人不足者，人与之。刚者折，危者覆，动者摇，静者安。名自正也，事自定也。是以有道者自名而正之，随事而定之也。鼓不与于五音而为五音主，有道者不为五官之事而为治主。君，知其道也；官人，知其事也。十言十当，百为百当者，人臣之事，非君人之道也。

为人臣者，譬之若手，上以修头，下以修足。（《有度》）

明君无为于上，群臣竦惧乎下。明君之道，使智者尽其虑，而君因以断事，故君不穷于智；贤者敕其材，君因而任之，故君不穷于能。……臣有其劳，君有其成功，此之谓贤主之经也。（《主道》）

人主将欲禁奸，则审合刑名；刑名者，言与事也。为人臣者陈而言，君以其言授之事，专以其事责其功。功当其事，事当其言，则赏；功不当其事，事不当其言，则罚。（《二柄》）

听言之道，溶若甚醉。唇乎齿乎，吾不为始乎；齿乎唇乎，愈惛惛乎。……虚静无为，道之情也；参伍比物，事之形也。参之以比物，伍之以合虚。根干不革，则动泄不失矣。动之溶之，无为而攻之。（《扬权》）

故古之能致功名者，众人助

之以力，近者结之以成，远者誉之以名，尊者载之以势。(《功名》)

明主，其务在周密。是以喜见则德偿，怒见则威分。故明主之言，隔塞而不通，周密而不见。(《八经》)

昔者尧之治天下也以名，其名正则天下治；桀之治天下也亦以名，其名倚而天下乱：是以圣人贵名之正也。主处其大，臣处其细。以其名听之，以其名视之，以其名命之。镜设精无为而美恶自备，衡设平无为而轻重自得。凡因之道，身与公无事，无事而天下自极也。(《群书治要》卷三十六引《申子·大体》)

用一之道，以名为首，名正物定，名倚物徙。故圣人执一以静，使名自命，令事自定。不见其采，下故素正。因而任之，使自事之；因而予之，彼将自举之；正与处之，使皆自定之。(《扬权》)

圣人不亲细民，明主不躬小事。(《外储说右下·说四》)

故镜执清而无事，美恶从而比焉；衡执正而无事，轻重从而载焉。(《饰邪》)

百世有圣人，犹随踵而生；千里有贤人，是比肩而立。(《意林》卷二引)①

且夫尧、舜、桀、纣千世而一出，是比肩随踵而生也。(《难势》)

圣君任法而不任智，任数

夫治法之至明者，任数不任

---

① 《意林》引文原缺“而生”“而立”四字。《太平御览》卷四百一引文有上二句，并有“而生”二字；《艺文类聚》卷二十引文有下二句，并有“而立”二字。兹据补。

而不任说。(《艺文类聚》卷五十四引)	人。……故有术之国,去言而任法。(《制分》)

《申子·大体》篇的主要内容,不外“尊君卑臣”和“循名责实”两个方面。“尊君卑臣”,《韩非子》一书的内容不外乎此;“循名责实”,则在《扬权》《主道》《二柄》《八经》等文中有很多发挥。

申不害有一篇文章叫做《君臣》,文字已佚,内容当不出“尊君卑臣”的范围。《太平御览》卷二百二十一引刘向《七略》曰:“孝宣皇帝重申不害《君臣》篇,使黄门郎张子乔正其字。”《史记·张叔列传》的司马贞《索隐》,《汉书·元帝纪》和《汉书·张欧传》的颜师古注,都曾引刘向的《别录》:“申子学号刑名。刑名者,以名责实,尊君卑臣,崇上抑下。宣帝好观其《君臣》篇。”可见此文曾经受到注重法治的人的重视。

申不害还有《三符》篇。《淮南子·泰族训》上说:“今商鞅之《启(开)塞》,申子之《三符》,韩非之《孤愤》,张仪、苏秦之从(纵)衡,皆掇取之权,一切之术也。”高诱注:“申不害治韩,有三符验之术也。”《三符》就是申不害为韩国拟制的法书。《淮南子·要略》曰:“申子者,韩昭釐之佐。韩,晋别国也。地墽民险,而介于大国之间。晋国之故礼未灭,韩国之新法重出;先君之令未收,后君之令又下。新故相反,前后相缪,百官背乱,不知所用,故刑名之书生焉。”这部“刑名之书”也就是《三符》。《七国考》卷十二载刘臻《孟子注》引韩昭侯《刑符》曰:“一罪谓之犯,二罪谓之干,三罪大逆曰‘凶人’。”《刑符》当是申子《三符》中的一“符”,于此可见其性质。《论衡·效力》篇上说:“韩用申不害,行其《三符》,兵不侵境,盖十五年。不能用之,又不察其书,兵挫军破,国并于秦。”说明申不害的法书在韩国变法的过程中还是起过重大的作用。韩非对申不害的立法持批判的态度,但全面地看,《三符》或许还是起过一些进步作用的吧。

《韩非子·定法》论申不害

古时申、商并称，一直把他们看作法家的主要代表。韩非曾在《定法》篇中对这二人加以比较和评判。他对申不害的学说作了肯定，同时又指出了它的不足之处。

“申不害言术”。“术”是控制臣下的策略措施和权谋手段，人主必须加以掌握。“君无术，则弊于上”，它与法同样重要，“此不可一无，皆帝王之具也”。但申不害光讲术而不重法，不免陷于片面。韩非分析道：“晋之故法未息，而韩之新法又生；先君之令未收，而后君之令又下。申不害不擅其法，不一其宪令，则奸多。故利在故法前令则道之，利在新法后令则道之，利在故新相反，前后相勃（悖），则申不害虽十使昭侯用术，而奸臣犹有所谲其辞矣。”可见申不害一直不能正确地制订和统一地主阶级的法令。这和韩非的观点是有根本区别的。作为法家的集大成者，韩非主张法、术、势并用，而又强调“以法为本”。因为法是反映地主阶级意志的根本大法，术是辅法而行的策略手段，二者关系如果摆得不正，只重视用术，不抓住法这项根本，也就不能保证地主阶级根本利益的实现。

韩非还揭露了申不害本人不执行法的错误。

> 韩昭侯谓申子曰：“法度甚不易行也。”申子曰：“法者，见功而与赏，因能而受（授）官。今君设法度而听左右之请，此所以难行也。”昭侯曰：“吾自今以来知行法矣，寡人奚听矣。”一日，申子请仕其从兄官。昭侯曰：“非所学于子也。听子之谒，败子之道乎，亡其用子之谒？”申子辟舍请罪。（《外储说左上·说五》）

韩非总结申不害的政绩说："故托万乘之劲韩，十七年而不至于霸王者，虽用术于上，法不勤饰（饬）于官之患也。"这是申不害不注重用法的缺点。

而且申不害也"未尽于术"。例如他提出的"治不逾官，虽知弗言"，就有问题。韩非认为："人主以一国目视，故视莫明焉；以一国耳听，故听莫聪焉。今知而弗言，则人主尚安假借矣？"（《定法》）君主如果只凭个人的力量，则视听有限，怎能洞察臣下的活动？他在《奸劫弑臣》篇中说："目必不任其数，而待目以为明，所见者少矣，非不弊之术也。耳必不因其势，而待耳以为聪，所闻者寡矣，非不欺之道也。明主者，使天下不得不为己视，不得不为己听。故身在深宫之中而明照四海之内，而天下弗能蔽弗能欺者，何也？暗乱之道废而聪明之势兴也。"他把驱迫天下人帮君主视听称为"聪明之势"。"聪明之势"是帮助君主聪明起来的办法和力量。如何培植"聪明之势"？韩非采用了商鞅提出的"连坐法"。《制分》篇中说："然则去微奸之道奈何？其务令之相规（窥）其情者也。则使相窥奈何？曰：盖里相坐而已。禁尚（倘）有连于己者，理不得不相窥，惟恐不得免。有奸心者不令得忘（亡），窥者多也。如此，则慎己而窥彼，发奸之密。告过者免罪受赏，失奸者必诛连刑。如此，则奸类发矣。奸不容细，私告任坐使然也。"可见韩非对申不害的术治观点，不但作了纠正补充，而且有了重大的发展。这种防奸思想，对防止和打击奴隶主的残余势力有一定作用，但从总体上来看，地主阶级采取这种政治措施，是对广大人民的残酷镇压。地主政权建立之后，地主阶级和农民大众之间的矛盾迅速上升成为主要矛盾。连坐法把民众严密地组织起来，使大家相互监视，防止犯上作乱，这是一种镇压人民的残酷的强制手段。

《韩非子·外储说右上》论申不害

《外储说右上》共分三大部分，分论势、术、法三项；而在论术之时，则重点介绍了申不害的学说。他在《经二》中提纲挈领地介绍道：

> 人主者，利害之轺毂也，射者众，故人主共矣。是以好恶见则下有因，而人主惑矣；辞言通则臣难言，而主不神矣。说在申子之言"六慎"，与唐易之言弋也。……明主之道，在申子之劝"独断"也。

从学术渊源来说，"六慎"之说继承了《管子·牧民》中的思想。这从下列表中不难看出。

《管子·牧民》："御民之辔，在上之所贵；道民之门，在上之所先；召民之路，在上之所好恶。故君求之，则臣得之；君嗜之，则臣食（饲）之；君好之，则臣服之；君恶之，则臣匿之。毋蔽汝恶，毋异汝度，贤者将不汝助。"	《韩非子·外储说右上·说二》："申子曰：'上明见（现），人备之；其不明见（现），人惑之。其知见（现），人饰之；不知见（现），人匿之。其无欲见（现），人司（伺）之；其有欲见（现），人饵之。故曰：吾无从知之，惟无为可以规（窥）之。'一曰：申子曰：'慎而（尔）言也，人且知女（汝）；慎而（尔）行也，人且随女（汝）。而（尔）有知见也，人且匿女（汝）；而（尔）无知见也，人且

意女（汝）。女（汝）有知也，人且臧（藏）女（汝）；女（汝）无知也，人且行女（汝）。故曰：惟无为可以规（窥）之。'"

韩非书中记下了好几起申不害玩弄手腕的故事。但从申不害的君道学说来看，他是不赞成君主察察为明防范臣下的。下面一件故事很能说明他在这方面的完整看法。

韩昭釐侯视所以祠庙之牲，其豕小，昭釐侯令官更之。官以是豕来也，昭釐侯曰："是非向者之豕邪？"官无以对。命吏罪之。从者曰："君王何以知之？"君曰："吾以其耳也。"申不害闻之，曰："何以知其聋？以其耳之聪也。何以知其盲，以其目之明也。何以知其狂，以其言之当也。故曰：去听无以闻则聪，去视无以见则明，去智无以知则公。去三者不任则治，三者任则乱，以此言耳目心智之不足恃也。耳目心智，其所以知识甚阙，其所以闻见甚浅，以浅阙博居天下，安殊俗，治万民，其说固不行。十里之间而耳不能闻，帷墙之外而目不能见，三亩之宫而心不能知，其以东至开梧，南抚多颚，西服寿靡，北怀儋耳，若之何哉？故君人者不可不察此言也。治乱安危存亡，其道固无二也。故至智弃智，至仁忘仁，至德不德，无言无思，静以待时，时至而应，心暇者胜。凡应之理，清静公素，而正始卒焉。此治纪，无唱有和，无先有随。古之王者，其所为少，其所因多。因者，君术也；为者，臣道也。为则扰矣，因则静矣。因冬为寒，因夏为暑，君奚事哉？故曰：君道无知无为，而贤于有知有为，则得之矣。（《吕氏春秋·审分览·任数》）

所谓“君道无知无为”，并非说君主应该像白痴一样，一切放任自流，而是说君主如果专凭个人的感觉和智力治国，那个人见闻有限，认识上有局限，如果事必躬亲，反而会弄巧成拙。那么君主应该怎样处理政事呢？申不害吸收了《老子》中提出的“无为”之说，而又注入了新的内容。他主张放手让臣下分头办事，君主只要在上面总其成，以静制动，顺应自然，驱策臣下努力就行了。他是不赞成韩昭侯那样凭个人的智力审断事情的。

“君道无为，臣道有为”，这是先秦法家的基本思想。慎到在《慎子·民杂》中表达了这一观点。“君臣之道，臣事事，而君无事。君逸乐而臣任劳。臣尽智力以善其事，而君无为焉，仰成而已。故事无不治。治之正道然也”，申不害的学说，为此作了哲理上的说明。慎到是由黄老学派发展而来的早期法家，申不害之学“本于黄老”，并在“无为”的基础上建立“术”的思想，反映了先秦思想史上黄老学派与早期法家之间的继承关系。韩非的君道思想则是这一学说的又一发展。《主道》中所论述的，无一不与上述理论密切有关。“明君无为于上，群臣竦惧乎下。……有功则君有其贤，有过则臣任其罪。……臣有其劳，君有其成功，此之谓贤主之经也。”这就是韩非站在君主一边所设想的理想的君臣关系。君主掌握无为而治的原则，让臣下诚惶诚恐地为他出力，他用“因任而授官，循名而责实”的办法监督考核臣下，牢牢控制着“独断”的大权就是了。

关于“独断”，韩非介绍道：

申子曰：“独视者谓明，独听者为聪。能独断者，故可以为天下主。”

韩非处在战国末期全国复归统一的前夕，他的理论，为新兴地主阶级建立大一统的、中央集权的封建专制政权准备了条件。为此他推崇君权，要求权力的高度集中，特别是法治措施中最重要的刑赏大权，一定得牢牢控制在君主手中。《制分》篇说："治国者，其刑赏莫不有分，有持异以为分，不可谓分；至于察君之分，独分也。"这就是指君主的按法独断。

在这个问题上，申不害的个人行为也是有问题的。他提出了"独断"的理论，但他还是想绕过君主的利益而谋求个人的私利。

> 赵令人因申子于韩请兵，将以攻魏。申子欲言之君，而恐君之疑己外市也，不则恐恶于赵，乃令赵绍、韩沓尝试君之动貌而后言之。内则知昭侯之意，外则有得赵之功。(《内储说上(七术)·说四》)
>
> 大成牛从赵谓申不害于韩曰："以韩重我于赵，请以赵重子于韩，是子有两韩，我有两赵。"(《内储说下(六微)·说二》)

韩非重视"术"，认为"术"是"人主之所执"，臣下不能用术，尤其不能用术谋求个人私利。申不害对君主如何用术作了很多论述，但他也用术来窥伺君主的动静，以此谋取私利，这是韩非所反对的。上二例就是作为反面的材料而援用的。《内储说下(六微)·经二》中说："君臣之利异，故人臣莫忠，故臣利立而主利灭。是以奸臣者，召敌兵以内除，举外事以眩主，苟成其私利，不顾国患。"在韩非的心目中，申不害虽不是奸臣，但与奸臣勾勾搭搭，也是不可取的。

韩非推崇韩昭侯的术

申不害是韩昭侯的相。《史记·老庄申韩列传》："申不害者，京人也，故郑之贱臣。学术以干韩昭侯，昭侯用为相。”据《战国策》和《史记》等书记载，韩国自奴隶制社会进入封建制后，政治上的改革很不彻底，公室贵族仍然掌握着世袭大权，执政的大臣绝大多数是韩姓的父兄。韩昭侯不然，他提拔了一个为韩所灭不久的敌国的“贱臣”，任为国相，说明他确是一个有政治眼光的用“术”的能手。《战国策·韩策三》上说：“昭釐侯，一世之明君也；申不害，一世之贤士也。”在这二人执政期间，韩国一度比较强盛。

《韩非子》中记载着许多韩昭侯的事，如《二柄》中记载昭侯兼罪典衣和典冠；《内储说上（七术）》中记昭侯藏弊裤，握爪而佯亡一爪，察知南门外的情况而督责臣下；《内储说下（六微）》中记昭侯审察吏盗黍种和宰人之次的奸行；《外储说右上》记昭侯独寝以免泄漏机密；这些都是著名的用术故事。韩非对韩昭侯的政治才干是充分肯定的。他赞成用“无为”的原则驱策臣下，也不否定君主用手腕去测试臣下，这与申不害的看法是有些区别的。

由上看来，申不害虽提出了术的理论，但还有时用来谋取个人私利，这是韩非所反对的；韩昭侯虽未提出术的理论，但却有许多用术成功的例子，而这是韩非所欣赏的。因此，从《韩非子》全书看，韩非更倾向于肯定韩昭侯的治绩，而对申不害的学说和为人，则有褒有贬，不如对商鞅、吴起等人的评价高。

战国时期的几起变乱佚史

《说疑》一文，给注释家增加麻烦，给历史家增添资料。因为文中记载的历史事实很多已经失传，注释家阅尽陈编也已无法一一注出，但从某些残存的史实之中，却也可以发现许多与其他学派不同的记载，其中关于战国时期的几起变乱佚史，更把当时天下大乱的形势具体化了。这对研究我国古代的历史有很大的帮助。今先摘引其中几条重要的史料，然后分国予以介绍。

> 若夫齐田恒、宋子罕、鲁季孙意如、晋侨如、卫子南劲、郑太宰欣、楚白公、周单荼、燕子之，此九人者之为其臣也，皆朋党比周以事其君，隐正道而行私曲，上逼君，下乱治，援外以挠内，亲下以谋上，不难为也。……
>
> 若夫周滑之、郑公孙申，陈公利、宁、仪行父，荆芋尹申亥、随少师、越种干、吴王孙额、晋阳成泄，齐竖刁、易牙，此十二人者之为其臣也，皆思小利而忘法义，进则掩蔽贤良以阴暗其主，退则挠乱百官而为祸难；皆辅其君，共其欲，苟得一说于主，虽破国杀众，不难为也。……
>
> 故周威公身杀，国分为二；郑子阳身杀，国分为三；陈灵公身死于夏征舒氏；荆灵王死于乾溪之上；随亡于荆；吴并于越；知伯灭于晋阳之下；桓公身死七日不收。
>
> 又曰："以今时之所闻，田成子取齐，司城子罕取宋，太宰欣取郑，单氏取周，易牙之取卫，韩、魏、赵三子分晋：此八人者，臣之弑其君者也。"

据文义，周滑之等人即所谓奸邪之臣，齐田恒等人即所谓劫主之臣。这些人中，很多是新兴地主阶级的政治代表，他们起来推翻旧政治制度的代表，顺乎历史发展潮流，是当时的先进人物。韩非生活在战国末期，为了防止贵重之臣篡夺君主的权位，反对奸邪之臣和劫主之臣，因而极力强调君权，不论过去现在，凡是篡夺君位的一律否定，这样也就不分青红皂白，把历史上有些曾经起过进步作用的人物也一起骂倒了。对于这样的复杂情况，只有掌握了历史唯物主义观点的无产阶级，才能分清上述历史人物的进步性和局限性，给他们以正确的历史评价。

关于“田成子取齐”等历史，记载比较详备，兹不具论。下面分别陈述卫、周、郑、宋等国的变乱佚史。

卫子南劲“援外以挠内”而得国

卫国自春秋起，内乱连绵不断，国势严重削弱。入战国后，更是寄人篱下，衰落不堪。《史记·卫康叔世家》上说：“是时三晋强，卫如小侯，属之。”国家沦落到这样的地步，自然不再引起人们注意，国史也得不到很好的保存。因此，卫国后一阶段的历史记载显得残缺零乱极了。

子南劲是篡夺君位而称侯的人，可是《史记·卫康叔世家》上连他的名字都没有出现过。

《汉书·武帝纪》李贤注引臣瓒曰：“汲冢古文谓卫将军文子为子南弥牟，其后有子南固、子南劲。《纪年》：‘劲朝于魏。后惠成王如卫，命子南为侯。’”

子南劲不是卫国君主嫡长子一系的后裔，按理没有接任诸侯的可能。大约他在“朝于魏”时，就和魏惠王勾结上了，所以后来能够依靠大国的力量夺得君位。这就是《说疑》中骂他“援外以挠内”的原因。

子南弥牟其人，在韩非书中也有记载。

> 《说林下》：“卫将军文子见曾子，曾子不起而延于坐席，正身于奥。文子谓其御曰：‘曾子，愚人也哉！以我为君子也，君子安可毋敬也？以我为暴人也，暴人安可侮也？曾子不僇，命也。’”

陈奇猷以为卫将军文子当即北宫文子，[1]大误。《左传》襄公三十一年载北宫文子相卫，是时孔丘年方十岁，而曾参小孔丘四十六岁，怎能发生曾参轻侮北宫文子之事？卫将军文子即子南弥牟。《礼记·檀弓上》“司寇惠子之丧”章叙子游吊丧，文子应接，自名“弥牟”，孔颖达《正义》：“案《世本》：灵公生昭子郢，郢生文子木及惠叔兰。兰生虎，为司寇氏；文子生简子瑕，瑕生卫将军文氏。然则弥牟是木之字。”而据《左传》哀公二年杜预注，知郢字子南。其子以此为氏，故称子南弥牟。子南弥牟为灵公之孙，故《左传》哀公二十五年上又称之为公孙弥牟。

孔颖达的说法恐怕还有问题，因为《左传》哀公十二年杜预注明言公孙弥牟字子之。黄侃《春秋名字解诂补谊》引章炳麟说，以为“弥牟者，蠛蠓之声转。《尔雅·释虫》：‘蠓，蠛蠓。’注：‘小虫，似蜹，喜乱飞。’之读为嵤，《说文》：‘嵤，飞盛貌。’名蠛蠓，字嵤，以其能为字也。”然则弥牟是名非字。文子木一名弥牟，盖急读为木，缓读则为弥牟也。

由上可知：子南弥牟字子之，谥文子，曾为卫国将军，所以也称卫

---

① 见《韩非子集释》第八卷《说林下》第二十三中本条注〔一〕，上海人民出版社 1974 年新一版。

将军文子。《大戴礼记·卫将军文子》叙述他和子贡等人交往事，和《檀弓》上的记载一致，和《韩非子》上的记载年代也一致，可证卫将军文子即子南弥牟。这些都可纠正《韩非子》注释工作中的错误，补充史书上的缺佚。

周威公举“贤”而身死

关于周威公不得善终的事，不见其他记载，只在《吕氏春秋·先识览》和《说苑·权谋》篇中透露了一些消息。

> 晋太史屠黍，见晋之乱也，见晋公之骄而无德义也，以其图法归周。周威公见而问焉，曰："天下之国孰先亡?"对曰："晋先亡。"……居三年，晋果亡。威公又见屠黍而问焉，曰："孰次之?"对曰："中山次之。"……居二年，中山果亡。威公又见屠黍而问焉，曰："孰次之?"屠黍不对。威公固问焉，对曰："君次之。"威公乃惧，求国之长者，得义莳、田邑而礼之，得史驎、赵骈以为谏臣，去苛令三十九物，以告屠黍。对曰："其尚终君之身乎?"曰："臣闻之：国之兴也，天遗之贤人与极言之士；国之亡也，天遗之乱人与善谀之士。"威公薨，殔九月不得葬，周乃分为二。(《吕氏春秋·先识览》)

周威公死后九月不得葬，正像齐桓公“身死三月不收”(《十过》)，“李兑之用赵也，饿主父百日而死”(《奸劫弑臣》)说明他“身杀”之后，国家陷于混乱，所以九个月不得安葬。至于他的死因，恐怕也像齐简公之任用田成子，宋桓侯之任用司城子罕，自以为举用贤人而受制于臣下，导致杀身覆国的。

关于“国分为二”的历史,《韩非子》中也有记载。

> 公子宰,周太子也,公子根有宠,遂以东州(周)反,分而为两国。(《难三》)
>
> 公子朝,周太子也,弟公子根甚有宠于君。君死,遂以东周叛,分为两国。(《内储说下(六微)·说五》)

这两条史料讲的就是周威公死后分裂为东、西周的事,前人所以缴绕不清,主要原因是史书上记载有错误。

> 《史记·周本纪》:“考王封其弟于河南,是为桓公,以续周公之官职。桓公卒,子威公代立。威公卒,子惠公代立。乃封其少子于巩以奉王,号东周惠公。……王赧时,东、西周分治。”

裴骃《集解》引徐广、张守节《正义》引郭缘生《述征记》都认为东周惠公乃西周惠公之子,这就令人费解,为什么父子两人要用同一谥号?实则“封其少子”者应当是周威公,《汉书·古今人表》于东周惠公名下注曰:“威公子”,足见东周惠公乃威公之子,西周惠公之弟。这种记载与《韩非子》中的记载是一致的。

《史记·六国年表》周显王九年下裴骃《集解》引徐广曰:“《纪年》,东周惠公傑薨。”傑即《韩非子》中的公子根。古者名字相应,“傑”“根”都有开始的意思。《诗·周颂·载芟》:“有厌其傑”,郑玄笺:“傑,先长者。”《广雅·释诂》卷一上:“根,始也。”“傑”“根”双声,音义相通。“宰”“朝”义相联属:宰为职官之属,有位者必于朝,名字亦相应。

由上可知,诸侯国周的世系是:周桓公名揭,见《史记·周本纪》司马贞《索隐》引《世本》,生子威公。威公名竈,见《经典释文》卷二十七

《庄子·达生》篇引崔譔注。威公长子名宰，字朝；少子名傑[①]，字根。长子居王城，故称西周惠公；少子封于巩，巩为封地，自身则常驻成周洛阳“以奉王”，故称东周惠公。

东、西周分治的年代，《史记·周本纪》上的记载有错误。《史记·赵世家》记“〔赵成侯七年，〕与韩攻周。八年，与韩分周以为两”，《史记·周本纪》张守节《正义》引郭缘生《述征记》、《太平御览》卷八十五引《帝王世纪》记东、西周之分在周显王二年，这两种说法是一致的，也是可信的。《春秋》昭公二十六年，敬王入居成周；昭公三十二年，诸侯城成周，敬王遂定都于此。《史记·周本纪》上说：“王赧徙都西周。”从敬王到赧王初立，一直定都东周。

《说疑》篇中说是“单氏取周”，单氏当即劫主之臣单荼，这人曾有“援外以挠内”的事，大约在谋杀周威公时曾经援引过国外的力量。周王朝以“亲亲”为立国之本，任用的朝臣定然也是世袭的贵族，成王幼子姬臻始封于单，单氏世代执掌朝政，单荼当是这一族的后裔。

从地理形势来看，西周紧靠秦国，东周则为韩国所包裹。从《战国策》中的记载来看，东、西周发生纠纷时，韩国常是偏袒西周，这是因为韩国支援西周之后，可以阻止秦国的东进；而秦国的战略则与此相反，他首先要削弱三晋所支持的西周，因此常与东周交好。《史记·周本纪》裴骃《集解》引徐广曰：“周比亡之时，凡七县：河南、洛阳、谷城、平阴、偃师、巩、缑氏。”其中河南、缑氏、谷城三邑属西周，洛阳、平阴、偃师、巩四邑属东周。东周占地较多，周天子又位在它的境内，看来东周

---

① 《史记·周本纪》司马贞《索隐》引《世本》：“西周桓公名揭，居河南；东周惠公名班，居洛阳。”“班”通“般”，楚鬬班一作鬬般，可证。而“般”字又通“槃”，所谓槃根错节，与“根”字也能相应。据此可知东周惠公姬傑或一名姬班。《史记·赵世家》张守节《正义》引《括地志》云：“史记周显二年，西周惠公封少子子班于巩，为东周。”

的力量较强，政治上很占优势。或许当年周威公偏爱少子，在立长子宰为太子之后，又想把位子传给幼子傑，因而酿成了内乱。韩非一再拿主父饿死的事例告诫君主，他是极力维护封建主义的嫡长子继承制度的。《说疑》篇中说："孽有拟适（嫡）之子，配有拟妻之妾，廷有拟相之臣，臣有拟主之宠，此四者国之所危也。"所以他称东周为"反""叛"。或许当年单氏勾引秦国，杀了威公，引起了姬宰、姬傑的内哄，秦国支援东周，赵、韩乃出兵助西周攻灭单氏，这样才正式分裂成了东、西周两小国。

西周惠公和东周惠公同谥的现象也就可以解释了。两国互争正统，各不相下，因而亦步亦趋，都称周惠公。传世西周与东周铸造的环币，形制无异，①也是同样的道理。

郑子阳"好严有过"而国分

到了战国，郑已沦为小国，而且很早就被韩国灭掉了。史籍缺佚，亡国的详细情况也已无从了解。《史记·郑世家》说："〔郑繻公〕二十五年，郑君杀其相子阳。二十七年，子阳之党共杀繻公骀，而立幽公弟乙为君，是为郑君。"对照韩非所说，则可判断记载有误。

《说疑》中记载的几起变乱事件，都指君主被杀，国家易手。就是智伯其人，韩非在许多文章中提到他时也是作为一国之主看待的。子阳身杀而国分，说明他是君主的身分。

① 二周环币图片见李佐贤《古泉汇》利集卷一、彭信威《中国货币史》（上海人民出版社）、郑家相《中国古代货币发展史》（三联书店）、王毓铨《我国古代货币的起源和发展》（科学出版社）等书。

《庄子·让王》篇:“子列子穷,容貌有饥色,客有言之于郑子阳者,曰:‘列御寇,盖有道之士也。居君之国而穷,君无乃为不好士乎?’郑子阳即令官遗之粟。子列子见使者,再拜而辞。使者去,子列子入,其妻望之而拊心,曰:‘妾闻为有道者之妻子,皆得佚乐。今有饥色,君过而遗先生食,先生不受,岂不命邪!’子列子笑谓之曰:‘君非自知我也。以人之言而遗我粟,至其罪我也,又且以人之言,此吾所以不受也。’其卒,民果作难而杀子阳。”

这里称子阳为“君”,就是把他作为郑国君主对待的。看来这符合历史事实。关于子阳身死的事,《吕氏春秋》中有更详细的记载。

《吕氏春秋·离俗览·适威》:“子阳①好严,有过而折弓者恐必死,遂应猘狗而弑子阳。”高诱注:“子阳,郑君也;一曰郑相也。好严猛,于罪刑无所赦,家人有折弓者恐诛,因国人有逐狡狗之扰而杀子阳,极于刑之故也。”

《吕氏春秋·孝行览·首时》也说:“郑子阳之难,猘狗溃之。”高诱注:“〔子阳〕好行严猛,人家有猘狗者诛之。人畏诛,国人皆逐猘狗也。”古代字书无“猘”字。《广韵》去声十三祭释“猘”为“狂犬”,文义难通;高诱则解作“狡狗”,《说文》卷十上:“狡,少狗也。从犬,交声。匈奴地有狡犬,巨口而黑身。”说明猘狗是一种名贵的小猎狗。剥削阶级无不追求享乐,战国时期的贵族喜好“音声狗马”,郑国的贵族则喜欢畜养这种北方出产的小猎狗。子阳好严,折弓者死,“于罪刑无所赦”,

---

① 原文有“极也”二字,据陈昌齐《吕氏春秋正误》、俞樾《诸子平议》卷二十四、陶鸿庆《读诸子札记》卷五删。

当是一个严厉推行法治的君主。“人家有猘狗者诛之”，看来他想纠正一下统治阶级内部过度的骄奢淫逸之风，因而禁止游猎、畜养猘狗。这项法令涉及的问题虽小，但却触动了许多贵族的利益，结果各种触犯法令的人乘机作乱，把子阳杀掉了。

谋杀子阳的首犯，应当就是公孙申了。公孙是郑公室的家属，正是子阳的“家人”。或许此人有“折弓”的过失，因而作乱。这人确是“思小利而忘法义”“破国杀众不难为”的歹徒。

郑国是奴隶主贵族势力特别强大的诸侯国。春秋一代，公族递相执政，“七穆”当国，政争迭见。在这样的国家，要想进行政治改革，阻力确是极大。郑子阳推行法治失败，说明这个国家已经糜烂得不可收拾，随之也就亡国了。

《史记·郑世家》于“立幽公弟乙为君，是为郑君”下裴骃《集解》引徐广曰：“一本云：立幽公弟乙阳为君，是为康公。”“乙”字殊奇，郑人无此命名之习。“乙”字当是“子”字之误，金文子作，乙作，形近易误。“乙阳”当即“子阳”。这样许多史料都能贯通了。郑国末年，政争特别激烈。韩国伐郑，杀郑幽公，郑人立幽公弟骀，是为繻公。隔二十七年，郑人杀郑繻公，立幽公弟子阳，是为郑康公。《史记·郑世家》：“郑君乙（子阳）立二年，郑负黍反，复归韩。十一年，韩伐郑，取阳城。二十一年，韩哀侯灭郑，并其国。”大约子阳立国不久即遭杀害，政权为权臣太宰欣之流所篡夺，国家随之陷于分裂。以往韩、郑两国国力相当，战争互有胜负，至是韩国占了上风，遂于公元前 375 年（哀侯二年）灭郑。负黍、阳城、郑三地，或许就是子阳身杀后分裂成的三小块割据地区。

《墨子·鲁问》篇载鲁阳文君之语曰：“郑人三世杀其父，天加诛焉，使三年不全。”过去史家都以为指郑哀公、郑幽公、郑繻公。实则幽公为韩人所杀，与《墨子》中所说的情况不合。今知三世杀掉的君父指郑哀公、郑缥公、郑康公(子阳),这样才合拍。

宋司城子罕专擅“刑杀”而得国

《史记·宋微子世家》记载宋国濒临灭亡之前的历史时说:

……休公田二十三年卒,子辟公辟兵立。辟公三年卒,子剔成立。剔成四十一年,剔成弟偃攻袭剔成,剔成败奔齐,偃自立为宋君。

这几个君主之间的继承关系,似乎一脉相承,只是兄弟之间有所冲突就是了。但是先秦时期的若干典籍却有不同的记载,“辟公辟兵”和“剔成”之间并不是父子关系;“剔成”戴氏,篡夺了“辟公辟兵”子氏的天下,因而这里也是一场战国时期君臣易位的戏剧。关于这事,苏时学的考证很翔实,可以介绍:

戴氏篡宋之说,则杂见于《韩诗》《淮南》《说苑》诸书,而莫始于《韩非子》。《韩非子》曰:“戴氏夺子氏于宋。”又曰:“司城子罕取宋。”又曰:“戴欢为宋太宰,皇喜重于君,二人者争事而相害也,皇喜遂杀宋君而夺之政。”韩非于此事固屡言之,而必与齐之田氏并言,明田氏与戴氏皆篡国之臣也。而《吕氏春秋》于宋偃之亡,亦曰“此戴氏所以绝也”。不言子氏而独言戴氏,则战国之宋为戴氏之宋,而非前日子氏之宋固明甚。然韩非既言戴氏,又曰皇喜、曰子罕者何也?则戴其氏,而喜其名,子罕乃其字也。……或曰:戴氏之篡宋固然矣,然则其篡宋当以何时欤?按《纪年》云:“宋易成肝废其君璧而自立。”璧者,宋桓侯也,而易城肝殆即司城子罕欤?(《爻山笔话》卷三“戴氏篡宋”)

《史记·宋微子世家》司马贞《索隐》引《竹书纪年》曰:“宋剔成肝废其君璧而自立。”剔成肝是司城子罕的误写。所以致误,一般都用声转来假设。严格说来,“司”“剔”古音悬隔,无法相通。看来这里当用字形的变化作解释。司字古文有作[illegible]形者,罕字⺳旁有作凤形者,写成篆体,容易讹为“剔”“肝”;再经隶变,则司城罕写成剔成肝,就是可以理解的了。

《史记·魏世家》司马贞《索隐》引《竹书纪年》记鲁恭侯、宋桓侯、卫成侯、郑釐侯于魏惠王十四年朝魏,则是司城子罕杀宋桓侯璧而自立,当在公元前356年之后。

《外储说右下·说一》:“司城子罕谓宋君曰:‘庆赏赐与,民之所喜也,君自行之;杀戮诛罚,民之所恶也,臣请当之。’宋君曰:‘诺。’于是出威令,诛大臣,君曰‘问子罕’也。于是大臣畏之,细民归之。处期年,子罕杀宋君而夺政。”

宋桓侯是一个荒淫的君主。《太平御览》卷四百八十八引《庄子》记其建苏宫事,可见一斑。司城子罕运用权术杀掉这么一个代表腐朽政权的君主,才使宋国一度强盛起来。

比较起来,《竹书纪年》上所记载的宋国灭亡之前的这一段历史比《史记》为可信,然而还有错误,应当用《韩非子》来纠正和补充。

馀 论

由上可见,《韩非子》一书不但有政治理论上的价值,而且还有史学上的价值。韩非搜集了许多有关变乱的历史事实，阐明他的法治思想。晋、齐、楚、燕等大国政治变乱的历史，《韩非子》中有详尽的记载；鲁、越、陈、随等小国政权更迭的历史，也没有疏忽而不予注意。这里介绍的卫、周、郑、宋四个“千乘之国”的变乱佚史，就是很可宝贵的资料。它纠正了《史记》等书上的错误记载，反映了这一时期各诸侯国内政权兴替更迭的动乱情况，这些都是当时阶级斗争的生动画面，可以补充战国历史上的多页空白。

战国上下两百多年，在我国历史上具有非常重要的地位。这时处在封建制取代奴隶制的转变阶段，不论在政治上还是在思想上，阶级斗争都很复杂，值得探讨和总结。但是这一阶段的历史记载却残缺不全。《史记·六国年表》上说：“秦既得意，烧天下诗书，诸侯史记尤甚，为其有所刺讥也。诗书所以复见者，多藏人家，而史记独藏周室，以故灭。惜哉，惜哉！”说明司马迁著书时就因看不到各国的基本史料而深感苦恼。《史记》中有关战国一段历史的记载也就必然会出现混乱和缺佚。

看来司马迁对当时有些历史事实确是搞不大清楚了。《史记·秦本纪》上说：“昭襄王八年，魏公子劲、韩公子长为诸侯。”这时上距魏惠王时已有半个世纪之久，对照《竹书纪年》上的记载，应该说，《秦本纪》上关于子南劲的即位年代怕有错误。《史记·李斯列传》载李斯上二世书内有云：“昔者司城子罕相宋，身行刑罚，以威行之。期年，遂劫其君。”显然，司马迁已不知道这个司城子罕就是剔成，因而一任《宋微子世家》中保留着错误的世系。

《后汉书·班彪传》中记载着班彪对司马迁的评语：“若迁之著作，采获古今，贯穿经传，至广博也。一人之精，文重思烦，故其书刊落不尽，尚有盈辞，多不齐一。”这话说得还是中肯的。我们充分肯定司马迁的史学成就，特别是他先进的政治观点以及他在史书体例上的创造，但也毋庸讳言，《史记》中确有很多错误、矛盾和缺佚的地方，特别是在战国一代的记述上面。这也不能怪罪他，因为材料限制了他，他所能掌握的，只有《秦纪》和《战国策》前身的那些记载“战国之权变”的零碎材料，就是1973年长沙马王堆三号汉墓中出土的那本类似于《战国策》的帛书，他也没有能够看到。但我们可以提出的是，他有一项可以做而没有做好的事，那就是对先秦时期一些学术著作中的史料未能充分注意，而这些史料本来是可以大大丰富当时的历史记载的。《韩非子》里面有丰富的历史资料，值得重视，值得发掘。这篇读《说疑》的札记，就想起个抛砖引玉的作用。

我国文学中第一个塑造出来的典型形象

韩非在《说疑》一文中对历史上许多有代表性的臣子作了分析，把他们归为几种类型，其中特别注意的是那些奸邪之臣的所作所为。他在提醒君主应该采取怎样的正确态度加以对待之后，又说了如下的一大段话，介绍当代一些奸臣的阴谋活动。

……乱主则不然，不知其臣之意行，而任之以国，故小之名卑地削，大之国亡身死，不明于用臣也。无数以度其臣者，必以其众人之口断之。众之所誉，从而说(悦)之；众之所非，从而憎之。故为人臣者破家残賥，内构党与，外接巷族以为誉，从阴约结以相固也，虚相与爵禄以相劝也。曰："与我者将利之，不与我者将害之。"众贪其利，劫其威："彼诚喜，则能利己；忌怒，则能害己。"众归而民留之，以誉盈于国，发闻于主，主不能理其情，因以为贤。彼又使谲诈之士，外假为诸侯之宠使，假之以舆马，信之以瑞节，镇之以辞令，资之以币帛，使诸侯淫说其主，微挟私而公议。所为使者，异国之主也；所为谈者，左右之人也。主说(悦)其言而辩其辞，以此人者天下之贤士也。内外之于左右，其讽一而语同，大者不难卑身尊位以下之，小者高爵重禄以利之。夫奸人之爵禄重而党与弥众，又有奸邪之意，则奸臣愈反而说之，曰："古之所谓圣君明王者，非长幼世及以次序也。以其构党与，聚巷族，逼上弑君而求其利也。"彼曰："何知其然也？"因曰："舜逼尧，禹逼舜，汤放桀，武王伐纣，此四王者，人臣弑其君者也，而天下誉之。察四王之情，贪得之意也；度其行，暴乱之兵也。然四王自广措也，而天下称大焉；自显名也，而天下称明焉。则威足以临天下，利足以盖世，天下从之。”又曰：“以今时之所闻，田成子取齐，司城子罕取宋，太宰欣取郑，单氏取周，易牙之取卫，韩、魏、赵三子分晋，此八人者，臣之弑其君者也。”奸臣闻此，蹷然举耳以为是也。故内构党与，外摅巷族，观时发事，一举而取国家。且夫内以党与劫弑其君，外以诸侯之权矫易其国，隐正道，持私曲，上禁君，下挠治者，不可胜数也。是何也？则不明于择臣也。[1]

---

① 这段文字很生动，但很艰深。为便读者理解，试以现代汉语复述如下：“……昏乱的君主却不是这样，他们不了解臣子的思想行为，就把国家大事委托给他们，结果小则君主威信下降国土丧失，大则国家覆灭君主被杀，这都是不懂得使用臣子的缘故。君主没有什么用来考核臣子的办法，就必然根据他周围一伙人的说法来加以判断。众人称赞的人，就跟着喜爱；众人反对的人，也跟着憎恶。所以那些做臣子的就不惜破费钱财，在朝廷内部结成党羽，在朝廷外面勾结地方势力为自己制造声誉，暗中订立誓约，巩固彼此的联盟，用封官许愿的办法来互相鼓励。说是：‘跟我结交的，我会给他好处；不跟我结交的，我要给他灾难。’一般的人贪图利益，又为威势所胁迫：‘他真的高兴了，那就能给自己以好处；如果引起他的猜忌和恼怒，那就要伤害到自己。’于是大家归向于他，民众都靠拢他，奸臣的声誉也就沸沸扬扬遍及全国，上达到君主那里，君主又不能辨别真相，由此以为他是贤人。奸臣又使狡猾奸诈的人，在外充作诸侯所宠信的使者，提供他良车大马，给他瑞玉符节以取信于人，教他外交辞令使之从容自若，资助他作见面用的礼品，让他作为出使诸侯国的使者用花言巧语来游说本国君主，表面上议的是公家的事，暗地里挟带着私情。为什么人做使者呢，别国的君主；为什么人讲话呢，是君主身边的那个人。君主喜欢听他的话，欣赏他的说辞，以为他所谈到的这个人真是天下的贤人了。朝廷内外对于君主左右的那个奸臣，都异口同声地称赞。因此，君主对于奸臣，大则甘愿抑低自己的身分和地位反去侍奉于他，小则用高官厚禄使他得利。奸臣的爵禄越发优厚，党羽也就愈来愈多，这些人又有奸诈邪恶的主意，于是其他奸臣就更加迎合他的心意而劝他，说：‘古代那些所谓圣君明王的人，并不是依照父死子继、兄终弟及的次序传位的，而是由于结成党羽，纠合地方势力，威逼上位杀掉君主而取得大利的。’奸臣说：‘怎么知道事情是这样的呢？’党徒于是说：‘虞舜逼迫唐尧，夏禹逼迫虞舜，商汤流放夏桀，武王讨伐商纣，这四个王，都是作为臣子而杀掉君主的，然而天下的人却赞美他们。考察这四个王的(转下页)

这里描写的奸臣，形象生动，概括性很强。自从地主阶级登上历史舞台之后，各种各样的夺权事件即不断出现。早期的地主阶级代表人物，如田成子、司城子罕、子之等人，在取得君位时也采取过很多权谋手段。一直到战国后期，这类人物不断产生，与韩非同时又出现了不少迷惑君主的奸臣，祸国殃民，为害至巨，如赵王迁时候的韩苍、郭开，韩王安时候的韩玘，齐王建时候的后胜……这些人的诡诈手腕，自然为韩非所熟知，于是韩非使用了文学写作上的高超手段，将历史上和现实中这些权臣的言论和行动综合起来，塑造成为一个奸臣的典型形象。这个善于欺世盗名结党篡权的“贤人”，是无名氏，他既不是田成子……也不是郭开……而在他身上却综合了这一类人物的许多本质特征。因此，这个形象的社会意义，就不是个别的、具体的历史人物所能比拟的了。王先慎《韩非子集解》于“所为使者，异国之主也；所为谈者，左右之人也”句下注曰：“如苏代为齐使燕而使子之重权也。”这话就只能说是对了一半，因为韩非概括了与此同类的许多事件，从而作了新的创造，这里可能概括进了苏代为子之游说的这一件事，但又不局限于这一具体事件，因此《说疑》中的描写与苏代和子之的事尚有

（续上页）实情，是出于贪利的心意；衡量他们的行为，是发动了暴乱的武力。然而这四个王打定主意作了很多安排，而天下的人却视之为伟大；自己宣扬名声，而天下的人却称之为高明。这就是说威势足以慑服四海之内，利害足以压倒世上一切，天下都会来顺从。’党徒又说：‘拿现在所听到的来说，田成子夺取齐国，司城子罕夺取宋国，太宰欣夺取郑国，单氏夺取西周君的封国，易牙的夺取卫国，韩、赵、魏三家瓜分晋国，这八个人，都是作为臣子而杀死他们君主的。’奸臣听到这些，立即竖起耳朵细听，认为说得对。所以在朝廷内勾结党羽，在朝廷外联络地方势力，窥测时机发动大事，一举而夺取国家。况且奸臣对内利用党羽胁迫或杀害君主，对外利用其他诸侯国的势力改变国家的性质，隐蔽正道，采取阴险邪恶的手段，对上挟持君主，对下扰乱法治，这样的人和事真是数不胜数。何以如此？则是由于不懂得选择臣子的缘故。”

出入，但奸臣和“使者”的阴谋与苏代和子之的勾当从本质上看却有一致之处。

我国文学发源甚早，《诗经》和《楚辞》中有许多鲜明生动的形象。这些作品大都属于抒情诗的范畴，抒情诗中也有典型的问题，但诗人一般都是通过抒发的感情来激发读者，引起广泛的共鸣，因而有人认为抒情诗中存在着典型情感的问题，它与《说疑》中通过描绘声容笑貌和构拟情节而塑造的人物形象有所不同。先秦史书和其他子书中也有一些描写得很生动的人物，这些形象往往表现出某一阶层或某一行业中人的一些特点，因而有人认为具有典型意义，但这样的形象或是写成社会上的某种类型，或是局限于真人真事，作者只是描摹出史实中的某一原型，至多在有些地方有所夸大或渲染，它和《说疑》中这个纯属虚构的典型形象并不相同。《庄子》中的人物形象大都出于虚构，但这往往是体现道家思想的某种手段，因而与《说疑》中这个根据现实生活概括出来的具体形象也不相同。过去有的文人曾经指出《韩非子》中有小说家言，韩非这里正是采取了文学上虚构的手法，综合了社会上各种各样的权臣的本质特征，采择了若干有代表性的细节，塑造出这样一个鲜明生动的奸臣典型。这样的人物形象最接近于现代文学理论中所说的典型人物，所以我们说，《说疑》中的这一人物可以称作我国文学中第一个塑造出来的典型形象。

在我国漫长的历史长河中，这样的人物曾经不断出现。韩非所塑造的这一典型，因为概括出了封建社会中奸邪之臣的某些特点，因而即使到了晚近之时也经常能够看到这一类人的面影。这就是文学典型价值之所在，它能起到深刻而悠久的认识作用。

现在我们把这一类人称为政治骗子。多少年来，中国人民深受政治骗子之苦，因而对于这一类人的所作所为，并不感到陌生。读到《说疑》中的这一段文字，大家定当有所感触，或会产生似曾相识之感。尽管《说疑》中的这些描写只是粗线条的勾勒，并未做到精雕细刻，但是这种人的丑恶嘴脸，仍很突出地展现在眼前，让人产生极度的厌恶之情。由此可见，《韩非子》中的一些文字对于今天的读者仍然有所裨益。过去“四人帮”利用法家著作进行阴谋活动，这就给人一种错觉，以为法家的学说最有利于那些阴谋家和野心家的龌龊勾当，这种认识是片面的。法家著作之中自然含有糟粕，例如鼓吹耍弄权术等等，应予鄙弃；但是《韩非子》中也有很多精彩的见解，例如强调法治的重要，就能给人很多启发。书中还有值得注意的一点：韩非为了巩固封建政权，非常重视防奸，曾在许多文章之中反复剖析这个复杂的问题，并且构拟出了生动具体的典型形象，使读者如闻其声如见其人，有助于我们识别政治骗子的阴谋活动，从而激发起卫护社会主义制度、扫除封建残余势力的决心，这或许不能算是夸大其词的说法吧。

耕战与儒法之争

《八说》重点批判了“孟氏之儒”反对耕战的言论。

孟轲曾经猛烈地攻击过耕战政策。《孟子·离娄上》：“君不行仁政而富之，皆弃于孔子者也，况于为之强战？争地以战，杀人盈野；争城以战，杀人盈城：此所谓率土地而食人肉，罪不容于死。故善战者服上刑，连诸侯者次之，辟草莱任土地者次之。”朱熹注：“善战，如孙膑、吴起之徒；……辟，开垦也；任土地，谓分土授民，使任耕稼之责，如李悝尽地力、商鞅开阡陌之类也。”孟轲的矛头所指，经过宋儒朱熹的阐发，越发明确了。

孟轲为什么要反对开荒种地，这个问题似乎很难理解，实际上正是他复古思想的表现。自公元前594年鲁国实行“初税亩”起，井田逐渐遭到破坏，经济制度上的崩溃，强烈地冲击着政治，引起了战国时期上层建筑领域内的一系列重大变化。对于这点，孟轲倒是有所了解的。为了恢复他理想中的周政，必须恢复井田，因此他把西周时传下来的这项制度吹嘘成十全十美，妄图诱使战国时代的君主去尝试一下这种“仁政”。《孟子·滕文公上》：“〔滕文公〕使毕战问井地，孟子曰：‘子之君将行仁政，选择而使子，子必勉之。夫仁政，必自经界始。经界不正，井地不均，谷禄不平，是故暴君污吏必慢其经界。经界既正，分田制禄，可坐而定也。’”随后孟轲提出了确定“井田”的具体做法，把它作为王道政治的重要内容。但他或许自己也没有想到，这样做的结果，必然会把解放了的奴隶重新束缚到旧制度的残骸上去。处在形势飞速发展的战国，这种倒退的做法，显然是行不通的。尽管孟轲把它描绘得如何动人，充其量也只能是增加一些迷惑人的力量罢了。韩非尖锐地指出了这种学说的虚妄，他把孟轲这种无法实现的说教称作画饼充饥。他说：

> 不能具美食而劝饿人饭，不为能活饿者也；不能辟草生粟而劝贷施赏赐，不为能富民者也。今学者之言也，不务本作而好末事，知道虚圣以说(悦)民，此劝饭之说。劝饭之说，明主不受也。(《八说》)

孟轲奔波各地，不但在齐、魏等大国进行政治活动，而且在邹、鲁、滕、宋等中小国家大肆活动。为了解除这些中小国家的疑虑，他又以商汤和周文王等人为例，说明只要施行仁政，小国也有可能称王天下。《孟子·公孙丑上》记孟子曰："以力假仁者霸，霸必有大国；以德行仁者王，王不待大。汤以七十里，文王以百里。以力服人者，非心服也，力不赡也；以德服人者，中心悦而诚服也，如七十子之服孔子也。《诗》云：'自西自东，自南自北，无思不服。'此之谓也。"

商汤等人实施过哪些"贷施赏赐"式的仁政？《孟子·滕文公下》介绍过一件生动的事例，汤遗葛伯以牛羊，"使亳众往为之耕，老弱馈食"，于是"四海之内"归心臣服，"汤以七十里"的基业终于王天下了。这里的许多描绘显然是空幻的，但韩非未能从正面加以驳斥，这是因为他缺乏各个社会发展阶段的具体观念，因而不能说明商周初期的社会情况应该具有怎样的面貌。但韩非是不赞成实行"仁政"的。他依据自己的历史进化观，说明"仁义"的措施只能用之于古代，不能应用于当代。《五蠹》篇中说："古者文王处丰、镐之间，地方百里，行仁义而怀西戎，遂王天下。徐偃王处汉东，地方五百里，行仁义，割地而朝者三十有六国。荆文王恐其害己也，举兵伐徐，遂灭之。故文王行仁义而王天下，偃王行仁义而丧其国，是仁义用于古不用于今也。故曰：世异则事异。当舜之时，有苗不服，禹将伐之。舜曰：'不可。上德不厚而行武，非道也。'乃修教三年，执干戚舞，有苗乃服。共工之战，铁铦短者及乎敌，铠甲不坚者伤乎体。是干戚用于古不用于今也。故曰：事异则备变。"他的这种进化观点，为否定仁义说教提供了有力的论据，为宣传耕战政策提供了先进的理论武器。

春秋、战国之时，社会上的各个方面都有了巨大的发展。也正因为时代变化太大了，人们的思想老是跟不上形势，对于眼前发生的情况不能清醒地认识，就是一些杰出的人物也不免此弊。《战国策·赵策三》中记载着田单和赵奢的一席对话，对于理解当时人们的思想状态，有启发意义。

> 赵惠文王三十年，相都平君田单问赵奢曰："吾非不说(悦)将军之兵法也，所以不服者，独将军之用众。用众者，使民不得耕作，粮食挽赁不可给也，此坐而自破之道也，非单之所为也。单闻之：帝王之兵，所用者不过三万，而天下服矣。今将军必负十万、二十万之众乃用之，此单之所不服也。"马服曰："君非徒不达于兵也，又不明其时势。……且古者四海之内分为万国，城虽大，无过三百丈者；人虽众，无过三千家者；而以集兵三万，距此奚难哉？今取古之为万国者分以为战国七，能具数十万之兵，旷日持久，数岁，即君之齐已。齐以二十万之众攻荆，五年乃罢；赵以二十万之众攻中山，五年乃归。今者齐、韩相方而国围攻焉，岂有敢曰我其以三万救是者乎哉？今千丈之城、万家之邑相望也，而索以三万之众围千丈之城，不存其一角，而野战不足用也，君将以此何之？"都平君喟然太息曰："单不至也！"

这是真正的实力之争。进行生死存亡的决战，不但得看各国兵力如何，而且要看各个国家农业发展水平的高下。《汉书·食货志上》载晁错《论贵粟疏》，内云：“神农之教曰：有石城十仞，汤池百步，带甲百万，而无粟，弗能守也。”说明耕战之间有着不可分割的联系。只有在耕战上取得了成绩的国家，才能应付裕如。《饬令》中说：“……故国多力，而天下莫之能侵也。兵出必取，取必能有之；案兵不攻必富。”

事实表明：实行耕战政策，是时代的需要。战国以来，经过两百多年的动乱，战争的规模急遽扩大。韩非形容战争的惨酷景象是：“拔千丈之都，败十万之众，死伤者军之乘。”这样的时势，紧张动荡，充满着危机，但也存在着希望。韩非称之为“大争之世”，“多事之时”。“处多事之时，用寡事之器，非智者之备也；当大争之世，而循揖让之轨，非圣人之治也”。要想在激烈的兼并战争中救亡图存，进而争取统一天下，就得注意培植国力。于是韩非得出了重要的结论：

> 上古竞于道德，中世逐于智谋，当今争于气力。（《五蠹》）
> 古人亟于德，中世逐于智，当今争于力。（《八说》）

韩非思想的可贵之处，在于能够掌握时代的脉搏，看清当前的形势，而不为过去的文化传统所束缚。《八说》中申述道：“搢笏干戚，不适（敌）有方铁铦；登降周旋，不逮日中奏百；狸首射侯，不当强弩趋发；干城距冲，不若堙穴伏橐。”礼乐歌舞，猗与盛哉，但在激烈的战争气氛之下，只能退居次位。“铁铦”“强弩”是当时的新武器，“堙穴”“伏橐”是当时的新战术，“日中奏百”是当时训练士卒的新措施。处在激烈的生存竞争之中，都得加以注意，韩非对此看来有所研究。

儒家对保存古代文化曾有贡献，但他们只着眼于政治道德方面的说教，而对维持国家命脉的农业生产则抱不屑一顾的态度。《论语·子路》：“樊迟请学稼，子曰：‘吾不如老农。’请学为圃，曰：‘吾不如老圃。'樊迟出。子曰:'小人哉,樊须也！上好礼,则民莫敢不敬;上好义,则民莫敢不服;上好信,则民莫敢不用情。夫如是,则四方之民襁负其子而至矣,焉用稼?"这样的政治见解,放在战国时代,越发显出它的危害作用来了。

韩非以新兴地主阶级的耕战政策为准则,痛斥了孔丘之流的不耕不织。

> 今世主察无用之辩,尊远功之行,索国之富强,不可得也。博习辩智如孔、墨,孔、墨不耕耨,则国何得焉?修孝寡欲如曾、史,曾、史不战攻,则国何利焉?(《八说》)

应该说明,韩非虽对孔丘痛加贬抑,既批评他不耕耨,又批评他不战攻,然而他自己也是一个不直接参加耕战的人物,所以对劳动和战争的重要意义在理论上不能作出更多的说明。只是他的思想能够符合时代前进的方向,比起那些根本否定耕战的儒家人物,显得高明多了。

陈奇猷《韩非子刻本源流考》商兑

陈奇猷同志是治《韩非子》之学有贡献的一位学者。他用了几十年的功夫，搜集了丰富的材料，进行排比整理，写成《韩非子集释》①一书，为读者提供了很大的方便。只是这部书的材料太浩繁了，以一人之力加以辨析，势必会有照顾不到的地方，而在建国之前治学者阅览各种善本时又必然受到种种限制，这就不可避免地会在书中留下一些错误。下面分别把《韩非子集释》附录《韩非子刻本源流考》（简称《刻本考》）中提到的几种版本提出来讨论。

吴鼒本、《四部丛刊》本

《刻本考》说："清乾、嘉间，发见宋乾道黄三八郎印本，一为张古馀藏原印本，一为黄丕烈藏述古堂影钞本，两本皆有缺漏。黄氏以两本参校补足，即吴鼒本与涵芬楼《四部丛刊》本所自出。"这里有两点不符事实，需要纠正。

乾、嘉间发现的宋乾道黄三八郎印本，是李奕畴（字书年）的藏书。前人说得很清楚。吴鼒《重刻韩非子序》说："翰林前辈夏邑李书年先生好藏古书精椠，而宋乾道刻本《韩非子》尤其善者。"黄丕烈《影宋钞本韩非子跋》说："张〔古馀〕本为李书年观察物。古馀借校，故在郡中。观察为河南夏邑人，今官江苏粮储道。闻其宦于京师，欲以三十金求

---

① 陈奇猷《韩非子集释》，中华书局上海编辑所 1958 年版。"附录"中有《韩非子刻本源流考》、"考证资料"、"旧刻本序"、"韩非子集释引用诸家校说列目"等材料多种。上海人民出版社 1974 年重印此书时将"附录"删去。

售于孙伯渊，伯渊未之买，并为言此书之可宝，今将子孙世守矣。”可见张古馀只是宋刻的借读者之一，并非收藏者。

但张敦仁（字古馀）在传播此书时却也起了作用。黄丕烈由顾广圻的介绍，买到了原藏钱曾述古堂的影宋钞本《韩非子》；其后又通过夏方米的关系，向张敦仁借到了这部宋刻《韩非子》。黄氏乃细加校勘，把发现的、认为有校勘价值的不同之处过录在影宋钞本上。《四部丛刊》本据此影印，于是这部珍贵的钞本方才为人所熟知。

吴鼒本并不是根据黄丕烈校本上板的。《重刻韩非子序》上说："嘉庆辛未，〔李书年〕先生方为吾省布政使，察赈凤、颍，鼒以后进礼谒于途次，求借是书，先生辞以在里中。又六年，丙子六月，余在扬州，先生督漕淮上，专使送是册来，乃属好手影钞一本，以原本还先生。明年，丁丑五月，携至江宁，孙渊如前辈怂恿付梓。又明年，戊寅五月，刻成。"足见吴鼒本只根据李奕畴所藏宋刻本一种上板。此书第十四卷第二叶原缺，顾广圻以影宋钞本补入，见《韩非子识误序》，其他地方则与影宋钞本无涉。

宋乾道黄三八郎刻本原书后来失传了，于是吴鼒本《韩非子》成了公认的善本。但最接近于宋刻本来面目的文字，却保留在黄丕烈的校本，也就是《四部丛刊》本《韩非子》中。黄丕烈在《影宋钞本韩非子跋》中说，他曾"以别纸影钞宋刻之真者附于末"，这就是二十卷正文之后附录的几页文字。拿这些文字和吴鼒本比较，有些地方也有不同，可见吴鼒本在影钞、上板的过程中又有根据别本或径自修改之处。当然，这在吴鼒本来说，也只是大醇小疵的问题了。

通过以上分析，似乎可以这么说：传世的各种《韩非子》，实以《四部丛刊》本为最佳，因为它兼有数者之长，保留着几种宋本的本来面目。此书现藏北京图书馆。

陈奇猷同志对乾道本的源流叙述得这么混乱，这就不能不令人产生怀疑：他究竟有没有看到过吴鼒本《韩非子》？如果说确是看到过的话，那不知又是怎样的一种本子？这里还有许多具体问题令人困惑。例如《韩非子集释》于《内储说下（六微）·说四》“黍种尝贵甚”句下注曰：“奇猷案：尝，吴鼒本误作常。”但原书俱在，可以覆案，此字何尝误作“常”？《集释》于《解老》“万事得之以败”句下注曰：“奇猷案：吴鼒本事误物。”然而吴鼒本上明明刻的是“事”字。这两个字，只是浙江书局斠刻本上刻成了“常”字和“物”字。《刻本考》还说：“浙江局本据吴本翻刻，《解老》篇‘可以长久树木’句误重树木二字，《五蠹》篇‘而仁义者一人’句而下误增为字，他无出入，堪称善本。”此说也不合事实，上面提到《解老》的例子就是明证。根据我们的对勘，浙江书局斠刻《韩非子》时改动吴鼒本的文字不下百十处。就以《爱臣》来说，“万物莫如身之至贵也”一句之后就增加了“位之至尊也，主威之重、主势之隆也”十四字，而这看来又是根据《迂评》本和赵用贤本等几种本子补进去的。因此，从阅读来说，浙江书局本还不失为一种易得的善本；但从校勘上来说，此书没有什么价值。如果有人整理《韩非子》而以此为底本，用来代替吴鼒本《韩非子》，那么这样的著作就会失《韩非子》之真。

张鼎文本

陈奇猷同志说他没有看到过张鼎文本原书。因此，对于这书的说明和推断，难免会有错误。

《刻本考》上说：“观其序文，知《奸劫弑臣》与《和氏》分篇，是亦五十五篇本也。”问题就出在这篇序文上。我们不知道《韩非子集释》附录“旧刻本序”中所收的张鼎文《校刻韩非子序》是从哪里过录下来的，但其文字实有错误。张序有关《和氏》和《奸劫弑臣》的一段文字，次在《说难》和《亡征》之间，文曰：“《和氏》：以管仲之治齐，商君之强秦，为使天下必为己视听之道。"它把《和氏》和《奸劫弑臣》的内容合在一起，而归之于《和氏》名下，显然，张鼎文看到和据之上板的文字是没有《奸劫弑臣》篇目的，这和正文完全一致。书中《说林》也不分上、下而合为一篇。因此，张本实际上也是一部五十三篇本。但陈奇猷同志看到的张鼎文《校刻韩非子序》不知怎么却写成"曰《和氏》，以和氏之刖，喻吴起之支解，商君之车裂也。曰《奸劫弑臣》，以管仲之治齐，商君之强秦，为使天下必为己视听之道也"。这样，他就误把张本看作五十五篇足本了。

这里可以附带说明一下。过去陈启天搜集过一些资料，编成《韩非子参考书辑要》一书，内附张鼎文《校刻韩非子序》，里面的文字就是把《和氏》和《奸劫弑臣》分开的。这对后来读者的误解张本性质影响很大，不知陈奇猷同志是不是根据陈启天提供的资料立论而致误的？

张鼎文本流传不广，清代的一些朴学家看过此书的人也不多，但是书中确实也有精彩之处。例如《忠孝》篇"天下太上之士，不可以赏劝也；天下太下之士，不可以刑禁也"一段，各本都误作"太平士"和"太平之士"，文义难通，害得校勘家们煞费苦心猜谜似地才猜出来。读张鼎文本，则文从字顺，丝毫不爽。可以想见，张鼎文是参考过另一种别出于宋乾道黄三八郎刻本和元何犿本的本子而上板的。

《刻本考》说："据赵本凡例，其时有通行之近本，其脱落之篇章与何犿本同，当即据何犿本翻刻。"其实赵用贤在《韩子凡例》中提到"近本""近刻"，并非专指某一种书。赵氏说："历考近本，无虑数十，皆出一轨。"就可知道他指的是当时流行的各种五十三篇本。按自《道藏》本之后，赵用贤本之前，现在所能看到的本子，有正德年间的刻本，有嘉靖四十年(1561)的张鼎文刻本，有万历六年(1578)的《韩子迂评》本，它们确实都是五十三篇本。因此，就以存世的本子来说，赵氏的说明完全符合事实。这也说明，赵本一出而足本《韩非子》始流传，这点赵用贤是有贡献的。

《迂评》本、赵用贤本

陈奇猷同志在《迂评》本和赵用贤本的关系上有很大的误解。

《韩非子集释》附录"韩非子旧刻本序"中收录了陈深的《韩子迂评序》和门无子的《刻韩子迂评序》，说明此书刻于万历六年(1578)。"旧刻本序"中也收录了赵用贤的《韩非子书序》，说明此书刻于万历十年(1582)。《迂评》本在前，赵用贤本在后，这是明白无疑的。但《刻本考》却说："《迂评》本序例云：'文从赵本，目仍何氏。'是《迂评》本实出自赵本，仅目与何犿本同而已。"则是把刻本的先后完全颠倒过来了。

原因何在？看来陈奇猷同志没有看到过万历六年(1578)的《迂评》初刻本，而又误解了"文从赵本，目仍何氏"二语。陈深在《韩子迂评序》中说："今门无子乃得何氏善本，为之订其讹谬，而品题其当否，表其文词，梓而出之，以俾世学之览观。"说明《韩子迂评》是以何犿本为底本的。但赵用贤本出来之后，何本原缺的地方可以据之补足了，于是后来才有《重校韩子迂评》的刻印。所谓"文从赵本"，是说文字俱依赵本补足；所谓"目仍何氏"，是说篇目仍依何氏不改。这点《重校韩子迂评引》中和《重校韩子迂评凡例》中都说得很清楚。而且这项原则后来在明代的许多本子中还一直沿用着。陈启天说《韩子迂评》"初刻于万历六年，未完工"。则纯属臆说。《韩子迂评》初刻本传世者还有多本，里面确实保留着何犿本的特点，而且书中也还没有刻入"重校"本的"引"和"凡例"。

令人诧异的是，陈奇猷似乎也没有看到过赵用贤的刻本。《韩非子集释》于《八经》中"八经"十四注说："赵本、迂评本、凌本于此下有节目'主威'二字，盖此节之目已层移于上，致此节无目，赵氏见节首有'主威'二字，遂摭之以补目于此，殊不知本节乃言人臣行义分主之威而类于主威，非人主之威也，故主威二字实非本节之义。迂评本、凌本沿赵本之误。卢文弨补'主威'二字，盖据之赵本。王先慎又据卢说增，非是。"然而按之实际，赵用贤本上却根本没有这"主威"二字。此文以"主威"名"八经"，是从《韩子迂评》初刻本开始的。凌瀛初本也有"主威"这个名词，当是依《迂评》本而刻入的。

《刻本考》中还说："张榜本、孙月峰本、周孔教本、王道焜本、凌〔瀛初〕本、黄策本、孙鑛本、二十子本、管韩合刻本皆与赵本同，其出于赵本无疑。"这话也嫌武断。万历十年(1582)之后刻《韩非子》的人受赵用贤本的影响确实很大，但全面地说，后来的这些书受《迂评》本的影响也不小。他们大都出入于《迂评》本和赵本之间。例如凌瀛初在《韩非子凡例》中说："不佞遍觅诸本，止陈氏《迂评》[①]、赵宗伯本称善。陈祖何犿而赵宗宋本也。不佞尤于二氏中互相究考，反复雠校，讹谬之疵，什去其八矣。"赵世楷在《重订韩子凡例》中说："先秦文，莫如《韩子》古峭。……第诸刻舛驳，向称陈氏洎赵宗伯二本最善。陈祖何犿而赵宗宋本，兹刻互证于二家云。"这些说法是有代表性的。

至于说到张榜本，那情况更是不同了。张榜的《韩非子纂》是一部节选本，其间不但有很多文章没有刻入，就是刻入的文章也给删节得七零八落，而它的文字却颇有与众不同之处，因此它和赵用贤本是两种不同性质的本子。张榜本不录《奸劫弑臣》一文，故而此文篇名没有出现；但从《说林》上、下篇中选录了十五则故事，而又合用《说林》一名；这些地方倒是颇有"目仍何氏"的意味。

① 陈深曾为《韩子迂评》作序，所以明人常称此书为"陈氏《迂评》"。

周孔教本、孙鑛本

陈奇猷同志说“管韩合刻本”也“出于赵本”，此说颇令人纳闷。据我们所知，“管韩合刻本”就是赵用贤本，二者只是一书异名的关系。王世贞《合刻管子韩非子序》说：“汝师[1]之为诸子，于道好庄周、列御寇，于术好《管子》《韩非子》，谓其文辞，毋论高妙，而所结撰之大旨，远者出人意表，而迩者能发人之所欲发于所不能发。顾独《管子》《韩非子》不甚行世，即行而其传者多遗脱谬误，读之使人不能胜也，往往不尽卷而庋之高阁。于是悉其资力，后先购善本凡数十，穷丹铅之用，而后授梓。”这就是“管韩合刻本”得名的由来。陈奇猷同志却把同一种书误认为两种书了。

周孔教的《重刻韩非子序》后开列了一串名单，把参加刻书的人都列上了名字。内称“钦差提督学校巡按直隶监察御史周孔教校刻、直隶保定府知府黄策订次、同知田实发督梓、推官陈世恩精阅、教授蔡肇庆厘讹、检校宋仲仁书字”。宋氏书法佳妙，字有小胡桃大，板框大出常书，所以《四库全书总目》上说：“今世所传又有明周孔教所刊大字本，极为清楷。”而卢文弨在《群书拾补》中又称之为黄策大字本。但不管它叫黄策本还是叫周孔教本，二者实为一物，陈奇猷同志却说“今存《韩非子》刻本”既有周孔教本，又有黄策本，则是又把同一种书误认为两种书了。

陈奇猷还说“今存《韩非子》”既有孙月峰本，又有孙鑛本，这也是不应有的错误。孙鑛，字文融，号月峰。此人以评点出名，著书多种。

---

① 赵用贤，字汝师，号定宇，《明史》卷二百二十九有传。赵用贤以写作秦汉古文著称，是继前后七子而起的所谓“续五子”中的一员。他还是一个著名的藏书家，喜欢刻书。传世有《赵定宇书目》一种，古典文学出版社 1957 年影印，出版说明中介绍他藏书和刻书的情况颇详，可以参看。

沈景麟把他"评并批点"的《韩非子》刻印出来，是为孙鑛本；学者尊称孙为月峰先生，于是又名此书为孙月峰本。陈奇猷不但把同一种书误认为两种书，而且把同一个人误认为两个人了。①

凡上种种，说明陈奇猷在讲《韩非子》的刻本时考订很粗率，而他在《韩非子集释·凡例》中自叙著书经过，开列了一长串的书单，声称《韩非子集释》一书校过许多善本：这里既校过赵用贤本，又校过"管韩合刻本"；既校过孙鑛本，又校过孙月峰本；……我们就很难理解，不知陈奇猷是怎么校法的了。上面已经说过，我们不否认陈奇猷在写作《韩非子集释》一书时曾付出大量的劳动，此书仍然是当前具有很高学术价值的一部著作，但要说到他在校勘上曾看过多少善本，则按之上述情况，不免使人有大言欺人之感。

赘　语

综上所言，我们觉得《韩非子刻本源流考》中问题不少，错误很多。但这书影响比较大。读者每震于《韩非子集释》一书篇幅之巨，且为某些片面性的介绍所迷惑，因而一直有人把它奉为典要。为此我们不得不抱着极为遗憾的心情把问题提出来，把错误指出来，希望今后不要再有以讹传讹的情况发生。

---

① 日本学者研究《韩非子》有成就的人很多，我国学者经常介绍蒲阪圆的《增读韩非子》和松皋圆的《定本韩非子纂闻》等书中的成果，但一般的人都不了解蒲阪圆即松皋圆，因而常将二书并列，似乎其间没有什么关系。川目直撰写的《青庄松皋先生之墓》上说："先生讳圆，字行方，俗称金三郎，号青庄，又号修文斋。姓蒲阪，江户人。……后有故冒松皋氏。……所著书，《增读韩非子》既行于世，其余有《定本韩非子纂闻》……"陈奇猷同志在"韩非子集释引用诸家校说列目"中也把二书并列，对这作者异名而实出一手的特殊情况同样没有加以说明。

圣人解

先秦诸子往往同用一个概念而具体涵义不同，儒家和法家在“圣人”一词的理解上就有差异。

儒家的“圣人”

儒家的看法：“圣人”是高不可攀的天生圣哲，道德智能上完美无缺的最高典范。誉人为“圣”，就是最大的赞美。在儒家的心目中，除了唐尧、虞舜、文王、周公等人之外，够得上“圣人”称号的人为数不多。孔门后学称孔丘为圣，就是从神秘主义的天命观出发而大肆宣扬的。《论语·子罕》：“太宰问于子贡曰：‘夫子圣者与，何其多能也？’子贡曰：‘固天纵之将圣，又多能也。’”对于这项最高的赞誉，孔丘也表示不敢承受，《论语·述而》：“子曰：‘若圣与仁，则吾岂敢？’”说明“圣人”这项美名的标准已经高到无法企及，只能让那些“超凡入圣”的人来担当的了。

法家的“圣人”

法家的解释与此不同。在法家的心目中，圣人只是一些或有功于国或有益于世的聪明人。

《安危》篇上说：

> 闻古扁鹊之治其病也，以刀刺骨；圣人之救危国也，以忠拂

耳。刺骨，故小痛在体而长利在身；拂耳，故小逆在心而久福在国。故甚病之人利在忍痛，猛毅之君以福拂耳。忍痛，故扁鹊尽巧；拂耳，则子胥不失：寿安之术也。病而不忍痛，则失扁鹊之巧；危而不拂耳，则失圣人之意。如此，长利不远垂，功名不久立。

这里的“圣人”，指的是伍子胥。伍子胥为挽救处在危亡状态中的吴国，进逆耳的忠言，犹如扁鹊为救病人而用刀刺骨。这样的圣人，就是一些忠于国家的智者，历史上很多见，常人也能做到，并不是什么“天纵之才”。

如果说，伍子胥在历史上还小有声名的话，那另一个“圣人”绕朝的名声更显得不足了。但他也是一个忠于国家的聪明人，所以韩非也称他为圣人。《说难》篇中说：

……故绕朝之言当矣，其为圣人于晋，而为戮于秦也。

据《左传》文公十三年，晋人用计诱使士会离秦重返晋国，秦君不察，绕朝谏秦伯不听，乃以策赠士会，且曰：“子无谓秦无人，吾谋适不用也。”但史籍上没有绕朝因此被杀的记载，因而韩非的这一段文字向来无法确解。马王堆三号汉墓出土帛书中的一份古佚史书却详记这一件事。原来是士会归国之后，用反间计，诬称绕朝与他有约，秦国中计而杀掉了绕朝。这样，韩非的意思就很清楚了，绕朝的情况和伍子胥相似，也是为了维护主子的利益，遭到诬陷，招致杀身之祸。绕朝也是一个忠于国家的聪明人。

《说难》篇中还把伊尹、百里奚奉为圣人。“伊尹为宰，百里奚为虏，皆所以干其上也。此二人者，皆圣人也，然犹不能无役身以进，如此其污也。今以吾言为宰虏，而可以听用而振世，此非能仕之所耻也。”伊尹是帮助商汤立国的人，百里奚是帮助秦穆公革新政治的人，在韩非的眼中，这些都是法治的先驱者。这样的人，既有忠国的德行，又是智者，所以都可享有“圣人”的美名。

以上讲的是臣子中的一些圣人。韩非还常用这个词指他理想中的君主，例如《南面》篇中说：“不知治者，必曰：‘无变古，毋易常。’变与不变，圣人不听，正治而已。”指的是能破除保守的政治观念、正确对待变法的君主；又如《用人》篇中说：“故至治之国，有赏罚而无喜怒，故圣人极；有刑法而死无螫毒，故奸人服。”指的是能坚持法治的君主。又如《扬权》篇中说：“事在四方，要在中央，圣人执要，四方来效。”指的是即将建立中央集权专制政体的君主。这样的圣人，也没有什么神秘之处，只是集中地反映了地主阶级的一些政治理想和政治要求。

显然，法家所说的“圣人”，不论指臣子或指君主，都和儒家所说的“圣人”不同。

法家的“先圣”

因为儒法两家都有自己心目中的“圣人”，因而他们称引的“先圣”，具体对象不同，不能张冠李戴。《六反》篇中引用“先圣”的谚语说：“不踬于山，而踬于垤。”这句谚语古籍中出现过多次，如《吕氏春秋·似顺论·慎小》《淮南子·人间训》《太公兵法》都曾引用。《淮南子》和《太公兵法》并且引用了出处。《淮南子·人间训》以为这是尧的训词，《太公兵法》则以为是黄帝的训词。过去的注释家都引《淮南子·人间训》为证，这就未必见得恰当，因为韩非虽在有些文章中称颂过尧是圣人，但在许多文章中却对他大加贬斥，而且韩非从来不用尧、舜等人的言论作为格言，因此这里不大可能称尧为“先圣”。看来这里所说的“先圣”，应当是黄帝一类人物。韩非是受黄老学派影响很深的人，他在《扬权》《五蠹》等文中一再提到黄帝，作为法治理论的先驱者看待，因此这里把黄帝称为“先圣”，比较可信。王焕镳《韩非子选》首引《太公兵法》注释此句，比较合适。①

只是《太公兵法》一书向来被人认为伪作，因而对此还得有所阐释。《史记・留侯世家》称黄石公以《太公兵法》授张良，张守节《正义》引《七录》云：“《太公兵法》一袠三卷。”这书《隋书・经籍志》中尚见记载，其后可就散佚了，但有很多文字保存在其他典籍中。汪宗沂有辑佚本，刻入《渐西村舍汇刊》，内容与《四库全书总目》断为伪作的今本不同，当可依据。上引黄帝的训词就在其中。郭嵩焘《史记札记》卷四曰：“案张良智术纯袭老子‘欲翕固张，欲取固与’之旨。所从受学，殆亦盖公言黄老者之流，而托名《太公兵法》耳。”这种假说看来近于事实。《太公兵法》当属黄老家言。其书或其所依据的材料应该出之于先秦，故而能为韩非所知。

下面征引《韩非子》中一些格言式的句子，疏释其来源，辨明其学派，用以说明韩非在哲学思想上所受到的影响。

《存韩》：“……故曰：‘兵者，凶器也。’”——这是范蠡的话，见《国语・越语下》。《国语》中的《越语》和其他部分颇不相同，多黄老家言。

《扬权》：“黄帝有言曰：‘上下一日百战。’”——《路史》“后纪・疏仡纪”上说这是黄帝作戒于“丹书”中的话。但《路史》后出，言多伪谬，不可信。不过这话出于战国时黄老学派的某部著作，当无问题。

《内储说下(六微)・说一》：“鱼失于渊而不可复得也，人主失其势重于臣而不可复收也。古之人难正言，故托之于鱼。”——这里是指《老子》三十六章中的话，文曰：“鱼不可脱于渊，国之利器不可以

① 王焕镳选注《韩非子选》，中华书局上海编辑所 1965 年版，上海人民出版社 1974 年再版。

示人。”

《内储说下(六微)·说一》:“……故曰:‘国之利器,不可以示人。’”——同上

《外储说右上·说二》:“郑长者有言曰:‘夫虚静无为而无见也。’”——郑长者是黄老学派人物,《汉书·艺文志》以为“六国时”人,归入道家。本文记载着他评论田子方的话,可证其为战国初期人。惠苑《华严经音义》卷下(慧琳《一切经音义》卷二十三)引《风俗通》以为春秋末期人,恐为时过早。

《难二》:“郑长者有言:‘体道,无为、无见也。’”

《难三》:“……此谓‘图难于其所易也,为大者于其所细也’。”——见《老子》六十三章:“图难于其易,为大于其细。”

《难三》:“太上,下智有之。”——见《老子》十七章。

《难三》:“……故宋人语曰:‘一雀过羿,羿必得之,则羿诬矣。以天下为之罗,则雀不失矣。’”——见《庄子·庚桑楚》。庄周为宋国蒙人。

《难三》:“老子曰:‘以智治国,国之贼也。’”——见《老子》六十五章。

《六反》:“老聃有言曰:‘知足不辱,知止不殆。’”——见《老子》四十四章。

《八说》:“先圣有言曰:‘规有摩而水有波,我欲更之,无奈之何!’”——这话当出于文子。《文子·上德》:“水虽平必有波,衡虽正必有差。”

总结上言:这里引用的一些富于哲理意味的格言,引《老子》者凡六见,引郑长者言凡二见,引黄帝之言凡一见,引范蠡之言凡一见,引文子之言凡一见,引庄周之言凡一见。《史记·韩非列传》上说他“喜刑名法术之学,而其归本于黄老。”完全正确。因此,他所视为先圣的,

是黄帝、文子；他所信从的，是这一类智者。

“虚圣”和“新圣”

《论语·季氏》记孔丘的话：“子曰：君子有三畏：畏天命，畏大人，畏圣人之言。小人不知天命而不畏也，狎大人，侮圣人之言。”这是因为不同的阶级有不同的道德标准。儒家奉为道德规范的圣人，他们的言论行动，在对立的阶级看来，就不是什么神圣的东西了。孔孟之徒张口闭口的什么唐尧、虞舜，在韩非眼中，就不是什么触犯不得的完人。他在《忠孝》篇中斥舜为不忠不孝之人，这是因为儒法两家对“忠”“孝”有不同的理解。

在法家看来，儒家提出的圣人不能算是真正的圣人，韩非把他们称作“虚圣”，也就是虚假的圣人。《八说》篇中说：“不能具美食而劝饿人饭，不为能活饿者也；不能辟草生粟而劝贷施赏赐，不为能富民者也。今学者之言也，不务本作而好末事，知道虚圣以说(悦)民，此劝饭之说。劝饭之说，明主不受也。”这里的“学者”，显指儒家，儒家好道虚假的仁政，犹如“不能具美食而劝饿人饭”，这是最大的欺骗，最大的伪善。因此他们描绘的尧、舜等人的治绩，虽然美妙非凡，实际上也是虚假的，这样的人就是“虚圣”。《五蠹》篇中说：“然则今有美尧、舜、汤、武、禹之道于当今之世者，必为新圣笑矣。”法家把自己同一阵营的杰出人物称为新时代的圣人。因为他们能够根据时代的需要，提出先进的政治主张，解决历史的新课题。因此，儒家称引尧、舜等“虚圣”的治绩来欺蒙民众，当然会被法家理想中的“新圣”所耻笑了。《孔丛子》卷六记陈人有武臣者称颂韩非曰：“予每探其意而校其事，持久历远，遏奸勸善，韩氏未必非，孔氏未必得也。吾今而后乃知圣人无世不有尔。前圣、后圣，法制固不一也。若韩非者，亦当世之圣人也。”“前圣”即

"虚圣","后圣"即"新圣"。武臣视韩非为"新圣",而韩非本人在字里行间也颇有夫子自道的意思。

《五蠹》中的"圣人"

明白了韩非使用的"圣人"一词的特定涵义,也就可以进一步探讨《五蠹》中提出的历史进化观了。

> 上古之世,人民少而禽兽众,人民不胜禽兽虫蛇。有圣人作,构木为巢以避群害,而民悦之,使王天下,号之曰有巢氏。民食果蓏蚌蛤,腥臊恶臭而伤害腹胃,民多疾病。有圣人作,钻燧取火以化腥臊,而民悦之,使王天下,号之曰燧人氏。中古之世,天下大水,而鲧、禹决渎。近古之世,桀、纣暴乱,而汤、武征伐。今有构木钻燧于夏后氏之世者,必为鲧、禹笑矣;有决渎于殷、周之世者,必为汤、武笑矣。然则今有美尧、舜、汤、武、禹之道于当今之世者,必为新圣笑矣。是以圣人不期修古,不法常可,论世之事,因为之备。

近人评论这段文字,大都肯定这种发展的历史观。上古之世,相当于原始群阶段;中古之世,相当于原始公社后期;近古之世,相当于奴隶制阶段。生在两千年前的韩非,勾勒历史发展的线索,能够达到这样的水平,确是不寻常的科学成就。但他几次提到"有圣人作",则又招来了很多批评,有人就说这是唯心主义的天才史观,认为《五蠹》中宣扬了英雄创造历史的唯心史观。

我们认为,作为地主阶级的思想家,韩非的社会历史观确是属于历史唯心主义的范畴,他当然不可能认识到什么是历史发展的真正动力。这也是不奇怪的。在马克思、恩格斯创立历史唯物主义的基本原理之前，一切阐述历史发展规律的学说都属于唯心史观，韩非当然不可能超脱这种局限。但要说到《五蠹》中的这段文字就是宣扬天才史观，则似乎还可以商榷。

高尔基在《苏联的文学》中说过："原始文化史家完全抹煞了唯物主义的思想底显明的标记，而这种唯物主义的思想是劳动过程和古代人底社会生活底全部现象所激发起来的。这些标记是以故事和神话底方式传给我们，从这些故事和神话中间我们听到关于驯养动物、发现药草、发明劳动工具的种种工作底回声。"他还进一步申述道："我们完全可以认定：古代的'著名的'人物乃是制造神的原料，——赫尔古列士、'劳动英雄'、'万能家'，最终被擢升到奥林比山上，归入众神之列。在原始人底观念中，神并非一种抽象的概念，一种幻想的存在，而是一种武装着某种劳动工具的完全现实的人物，神是某种手艺底能手，人们底教师和同事。神是劳动成绩底艺术的概括，而且劳动群众的'宗教的'思想必须加上一个括弧，因为这是一种纯粹艺术的创作。把人们底能力加以理想化，同时好像预先感到它们的强大的发展，神话底创造在自己的基础上乃是现实主义的。"这种关于劳动与神话的宝贵意见，很有启发意义。上面我们已用材料证明，韩非所说的"圣人"，只是一些有德行的聪明人；《五蠹》中提出的"有巢氏""燧人氏"……也就是这么一种人。这些著名人物，是劳动的能手，是"人们底教师和同事"，是"劳动成绩底艺术的概括"。他们急人民之所急，有所发明创造，作出了独特的贡献，得到了人民的拥护，大家推举他做领袖，叫他统治当时的所谓天下。这样的"圣人"，出之于群众拥护，并非什么天生圣哲，也不是什么天子或上帝之子。因此，就《五蠹》篇中的这一段文字而论，似乎不能算是什么天才史观。如果说，神话中的劳动英雄最后上升为神，尚且可以看作是唯物主义思想的反映，那么韩非记载下来的劳动英雄，得到群众拥戴而转化为首领，可以算是一种唯物主义的科学论证。韩非的这种进化历史观，不论从论点到材料，都闪耀着唯物主义的光辉。

评直躬之“直”

春秋末年，发生过一件微末的小事，在社会上却引起了长期而巨大的反响，许多重要学派的代表人物纷纷发表议论，围绕着这件小事展开激烈的争论。

这是一件什么事呢？原来是楚国有一个叫做直躬的人，父亲偷了人家的羊，他向官吏告发，令尹却把他杀了。怎样从道德的角度评价这件事，请看那些著名思想家的议论吧。

> 叶公语孔子曰：“吾党有直躬者，其父攘羊而子证之。”孔子曰：“吾党之直者异于是。父为子隐，子为父隐，直在其中矣。”(《论语·子路》)

显然，孔丘是反对直躬揭发父亲罪行的。他主张父子之间有事要相互包庇，以家族利益为重。这也就是“直”的表现。

> 楚之有直躬，其父窃羊，而谒之吏。令尹曰：“杀之！”以为直于君而曲于父，报而罪之。以是观之，夫君之直臣，父之暴子也。……故令尹诛而楚奸不上闻。(《韩非子·五蠹》)

韩非充分肯定了直躬揭发父亲罪行的行为，并为他的遭到杀害鸣不平。在韩非看来，直躬的行为对父亲虽不利，对君主却有利。他是以君主的利益为重的。

儒法两家的道德观念是不同的。这是一个具体的例证，可以探究的是，两家的看法为什么会有这么大的不同？

这得联系两家不同道德观的阶级基础谈起。孔丘是奴隶主阶级的思想家，他反映了西周以来传统的道德观念。大家知道，周初实行分封制，这是适应政治上的需要而采取的一项重要措施。因为武王克商之后，疆域急遽扩大，而周族原来并不很盛，这时要把统治力量扩展到全国去，不得不采取松散的分封制度。他们利用原始的父系家长制血缘组织，形成宗法制度。按照血缘的亲疏远近区分尊卑贵贱，然后把同族的人（或与本族关系深切的人，这类人与周贵族一般都有亲戚关系）分封全国各地，让各种不同身份的人负责各个地区的治安，借以达到拥戴中央统治全国的目的。天子处在独尊的地位。分封出去的贵族，则是封国的最高权威：从宗法上讲，他是大宗；从政治上讲，他是诸侯。诸侯再进一步实行分封，于是有卿大夫这一层人。他们在封邑“家”内，也是最高权威：从宗法上讲，他是大宗；从政治上讲，他是卿大夫。……由此可见，西周时的分封制度是以宗族为基础的，而宗族又以家庭为单位。子女服从家长，家长服从族长。……士服从卿大夫，卿大夫服从诸侯，诸侯服从天子。这样层层服从，最后达到拥戴天子的目的。

在这松散的政治组织内，某一地区的个人跟天子之间隔得很远很远。因此，当时也并不要求地方上的个人做事直接对天子负责。他只服从宗子的支配，维护宗族的利益。

> 《外储说右上·说一》：“孔子曰：‘……夫礼，天子爱天下，诸侯爱境内，大夫爱官职，士爱其家，过其所爱曰侵。’”

爱有等差，不能逾越。直躬只能爱他的父亲，不能爱楚国的王。这就是孔丘的看法，也就是西周以来传统的道德观。

春秋时代一些著名的卿大夫还是恪守这样的原则。他们要求自己的子女对家长“孝”，并不强调对君主“忠”。显然，他们仍然信守着以家族为单位而形成的道德观念。

> 《外储说左下·说六》：“范文子喜直言，武子击之以杖：‘夫直议者不为人所容，无所容则危身。非徒危身，又将危父。’”
>
> 《外储说左下·说六》：“子产者，子国之子也。子产忠于郑君，子国谯怒之曰：‘夫介异于人臣，而独忠于主。主贤明，能听汝；不明，将不汝听。听与不听，未可必知，而汝已离于群臣。离于群臣，则必危汝身矣。非徒危己也，又且危父也。’”

在奴隶制社会的家庭里，子女的地位犹如臣仆，一切服从家长的支配，没有什么独立的地位。从春秋时期一些家臣的言论中也反映出了这种爱有等差的道德观念。《内储说下(六微)·说二》载鲁孟孙、叔孙、季孙“相戮力劫昭公”，昭公攻季孙氏，孟孙氏、叔孙氏商量如何救援时，“叔孙氏之御者曰：‘我，家臣也，安知公家？凡有季孙与无季孙于我孰利？’”这事并见《左传》昭公二十五年，从中反映了社会上的一种重要现象，说明家臣只知道“家”的利益，不知道公室的利益。与此相似，直躬当然也只应该维护家庭的利益，“安知公家？”

楚国的令尹遵循着奴隶制社会中“爱有等差”的原则，认为直躬侵了“礼”，于是把他杀了。这种落后的观念显然已经不再适应飞速发展着的现实，结果产生了很坏的影响，大家不把君主的利益放在首位，违法的事情就增多了。

社会进入战国，地主阶级政权建立之后，君主的权威进一步提高了，这时要求一切服从地主阶级君主的利益，于是社会上产生了新的道德观。《外储说右下·说二》：“田鲔教其子田章曰：‘欲利而(尔)身，先利而君;欲富而家,先富而国。'”处理公私关系时,强调要把君主和国家的利益放在首位。

韩非是新兴地主阶级的思想家,他要求建立中央集权的封建国家,强调君主的利益高于一切。当然,他要为直躬翻案,批判儒家的道德观了。

由上可知,儒法两家在评价直躬的问题上展开着激烈的思想斗争,而这两家看法上的不同,反映着新旧社会交替时期道德观念上的变化。当时各大学派的情况是:

(一)儒家认为直躬的行为违反了“礼”,反映了中国特定的奴隶主阶级的道德观念。

(二)法家肯定直躬的行为忠于君国,反映了新兴地主阶级的道德观念。

(三)道家代表奴隶主阶级中的消极派,对一切都抱虚无主义的态度,于是从根本上否定了“信”这一道德观念。《庄子·盗跖》篇说:“直躬证父……信之患也。”

(四)以吕不韦为代表的杂家企图建立适应地主阶级大一统天下的社会观念。他们想把一切可用的思想资料兼收并蓄,糅合起来,形成新的上层建筑。于是他们对直躬故事作了新的陈述。《吕氏春秋·仲冬纪·当务》篇说:“楚有直躬者,其父窃羊而谒之上,上执而将诛之。直躬者请代之。将诛矣,告吏曰:‘父窃羊而谒之,不亦信乎!父诛而代之,不亦孝乎!信且孝而诛之,国将有不诛者乎?’荆王闻之,乃不诛也。孔子闻之曰:‘异哉,直躬之为信也!一父而载取名焉。’故直躬之信,不若无信。”这里对两种对立的道德观念采取调和的态度,有利用奴隶主阶级的道德为地主阶级服务的用意,而从总的倾向来说,则还是侧重于儒家的道德观念。地主阶级的政治体制巩固之后,也以家庭为单位而建立其统治,这就需要把奴隶主阶级的道德观念容纳进来，为地主阶级服务。《吕氏春秋》中的直躬故事就反映了这种动向。

这里可以附带讨论一下孟轲的道德观念。《孟子·尽心上》："桃应问曰：'舜为天子，皋陶为士，瞽瞍杀人，则如之何？'孟子曰：'执之而已矣。''然则舜不禁与？'曰：'夫舜恶得而禁之，夫有所受之也。''然则舜如之何？'曰：'舜视弃天下，犹弃敝蹝也。窃负而逃，遵海滨而处，终身忻然，乐而忘天下。'"这种处理问题的方式，与孔丘对直躬故事的看法基本上是一样的，也是"父为子隐，子为父隐"的表现。但孟轲的看法毕竟已经有了一些不同。他替成皋陶执法，把凶手抓起来。这反映了孟轲思想的时代特点。孟轲也是一个维护旧传统的思想家，但他为了适应战国时代的新形势，因而采择了些新的社会观念，作为争取人心的手段，例如扬言要执法而抓凶手等等。然而这里演出的只是一场空城计，因为皋陶虽然表示要抓凶手，但杀人的瞽瞍已经被舜"窃负"而逃之夭夭了。因此，皋陶所说的执法只是起了遮人耳目的欺骗作用，而舜所表现的"亲亲"却是起了保护罪犯的实际作用。

韩非对尧舜的批判

先秦诸子大都谈到过尧、舜，但评价各有不同。看来这两位“圣人”或许是原始社会阶段部落联盟中的两个首领，生前有一些突出的事迹，死后流传了下来，各家援引他们的故事而又增加了后代的内容，因而众说纷纭，面目全非了。《韩非子·显学》篇中说：“孔子、墨子俱道尧、舜，而取舍不同，皆自谓真尧、舜，尧、舜不复生，将谁使定儒、墨之诚乎？”不难看出儒、墨两家是如何在尧、舜身上大做文章的了。

黑格尔曾经说过：“人们总是很容易把我们所熟悉的东西加到古人身上去，改变了古人……”(《哲学史讲演录》第1卷)儒家和墨家描写的尧、舜就带有该学派自身的思想色彩。作为不同阶级的代表，不同学派的人也就从不同的角度去介绍和编写尧、舜的事迹。

一

墨家是代表当时的小生产者的一个学派。他们重视劳动，主张节俭，因此他们描写的尧、舜也就带有这方面的特点。《墨子·鲁问》曰：“鲁之南鄙人有吴虑者，冬陶夏耕，自比于舜。”说明春秋战国时人有把舜看作劳动者的一派。《墨子·天志》中称尧、舜“兼爱天下”，《节葬》中记尧、舜薄葬的细节，墨家通过尧、舜而宣传了自己的政治主张。

墨家还主张“尚贤”，他们强调尧是看上了舜这位劳动者的贤能才把位子让给了他的。

《墨子·尚贤下》：“昔者舜耕于历山，陶于河濒，渔于雷泽，灰于常阳，尧得之服泽之阳，立为天子，使接天下之政，而治天下之民。”

这类传说，当时大约流传得很广。儒家人物把它掇拾了过来，作为“德化”的范例，他们不再突出舜这个劳动者的形象，而是强调他的示范感染作用了。儒家不遗余力地吹捧尧、舜，不料却陷入了自相矛盾的境地。韩非揭穿了他们的谎言。他先完整地介绍了这方面的故事。

《难一》：“历山之农者侵畔，舜往耕焉，期年，甽亩正。河滨之渔者争坻，舜往渔焉，期年而让长。东夷之陶者器苦窳，舜往陶焉，期年而器牢。仲尼叹曰：‘耕、渔与陶，非舜官也，而舜往为之者，所以救败也。舜其信仁乎！乃躬藉处苦而民从之。故曰：圣人之德化乎！’”

韩非敏锐地抓住了儒家吹捧尧、舜的言论中包含着的矛盾，由此进行突破而加以批驳。他指出，如果“历山之农者”“河滨之渔者”“东夷之陶者”工作搞得很乱，一定要由舜用“德化”去“救败”，那就说明“尧有失”；如果“耕渔不争，陶器不窳”，那就说明尧本来“明察在上位”，“舜又何德而化”？因此：

“贤舜，则去尧之明察；圣尧，则去舜之德化：不可两得也。……今尧、舜之不可两誉，矛盾之说也。”

大家知道，韩非提出了著名的“矛盾”学说，他在《难势》篇中用以说明贤治与势治的不可两立，而在《难一》篇中则用以说明“尧之明察”与“舜之德化”的不可两立。这是由于“尧之明察”而天下治与由于“舜之德化”而天下治这两个结论是绝对排中的矛盾判断，其中一个是对的，则另一个必定是错的。韩非用形式逻辑的论证方法，驳倒了儒家既吹捧尧又吹捧舜的自相矛盾的说法。

先秦时期的逻辑研究工作有很大的发展。通过百家争鸣，反复论辩，人们逐渐探讨到了思维规律的问题。韩非的著作中具有丰富的逻辑思想。他对思维规律之一的矛盾律虽然没有从理论上加以总结，但从他在实际运用中对这一规律的掌握，以及他所提出的“楚人有鬻盾与矛”的故事来看，这一“矛盾”思想确是先秦逻辑史上的一大发展。侯外庐等在《中国思想通史》中说：“古代逻辑史上的矛盾律，肇端于孔子的‘攻乎异端’或‘叩其两端’，形成于墨子的‘明故’与‘知类’，混乱于庄、惠的齐一同异，僵化于公孙龙的‘两明而道丧’，复活于《墨经》作者，发展于荀子的‘类不可两’，而完成于韩非的‘矛盾之说’。”[①]这里的许多具体问题当然是仍可探讨的，但它点明了韩非的“矛盾之说”在逻辑思想史上的重要地位，而韩非的这种有关“矛盾”的逻辑思想则是在分析了社会现象和政治现象中的各种矛盾，特别是分析了尧、舜故事中的矛盾之后形成而提出的。

二

《论语·泰伯》：“子曰：‘大哉！尧之为君也。巍巍乎！唯天为大，唯尧则之。荡荡乎！民无能名焉。巍巍乎！其有成功也。焕乎！其有文章。’”孔丘的这些话，用上了最好的词汇，作了尽情的歌颂，但因缺乏具体内容，听来总觉空洞抽象。到了孟轲手中，尧、舜的“圣迹”具体化了。他突出地宣传了尧、舜的孝悌仁政。

① 见《中国思想通史》第1卷第634页，人民出版社1957年3月第1版。

《孟子·万章上》中构拟了一系列舜的“圣迹”，说是舜的父亲虽糊涂，后母虽狠毒，异母弟虽顽劣，他们抱成一团经常迫害舜，舜却始终不忘孝悌仁爱。由于贤名远扬，尧就把两个女儿嫁给了他，后又按照天意把王位也让给了他。舜起先不接受，但天下诸侯都来朝觐，这才即位。舜贵为天子，进一步发扬孝悌仁爱精神，终身恋慕父母，使他们享受富贵，让顽弟也领有封地，坐享尊荣，这才算是心安理得。孟轲构拟了这一套之后又总结道：“尧舜之道，孝弟（悌）而已矣。”（《孟子·告子下》）“尧舜之道，不以仁政不能平治天下。”（《孟子·离娄上》）“欲为君尽君道，欲为臣尽臣道，二者皆法尧、舜而已矣。”（同上）

韩非又抓住了儒家学说中“尚贤”和“忠孝”之间的矛盾，通过下述故事，驳斥了他们的说教。

《忠孝》：“记曰：‘舜见瞽瞍，其容造焉。孔子曰：“当是时也，危哉，天下岌岌！有道者，父固不得而子，君固不得而臣也。”’”

这种记载，还见于《墨子·非儒》篇，可见它是流传得相当广泛的故事。孔丘认为像舜这样的贤人，尧就不该把他作为臣子，瞽瞍就不该把他作为儿子。《孟子·万章上》记载着咸丘蒙为此而质问孟轲的事。孟轲为了回避舜“曲于父”的短处，矢口否认，但他无法加以抹煞，而又要为孔丘圆谎，只能说是舜摄天子之位，以天下奉养瞽瞍，这样来解决舜接受瞽瞍朝见的尴尬局面。韩非则从维护地主阶级的等级秩序出发，根本否定舜是贤臣、孝子。他采取了与上面不同的另一种说法。

《忠孝》：“瞽瞍为舜父而舜放之，象为舜弟而杀之。放父杀弟，不可谓仁；妻帝二女而取天下，不可谓义。仁义无有，不可谓明。”

这就说明舜是一个不仁不义的奸邪之人。因此，韩非得出结论说："天下皆以孝悌忠顺之道为是也，而莫知察孝悌忠顺之道而审行之，是以天下乱。皆以尧舜之道为是而法之，是以有弑君，有曲于父。""孔子本未知孝悌忠顺之道也。"

韩非还进一步说明，只有"能畜其臣"的才可以称为"明君"，"能明法辟、治官职以戴其君"的才可以称为"贤者"。现在"尧自以为明而不能以畜舜，舜自以为贤而不能以戴尧"，因此尧既不是明君，舜也不是贤臣。这里他又以地主阶级的道德观念为准则，批驳了儒家通过"禅让"之说而宣扬的道德观念。

韩非以《忠孝》名篇，反复论述舜既不是孝子，也不是忠臣。他在《说疑》篇中还援引了社会上的另一种说法："舜逼尧，禹逼舜，汤放桀，武王伐纣，此四王者，人臣弑其君者也，而天下誉之。"这就把舜的"以贤而危主"的说法具体化了。

古史上就记载着舜在这方面的事迹。《史记·五帝本纪》张守节《正义》和《路史·发挥五》引《竹书纪年》曰："昔尧德衰，为舜所囚也。""舜囚尧，复偃塞丹朱，使不与父相见也。"苏鹗《苏氏演义》引《竹书纪年》曰："舜篡尧位，立丹朱城，俄又夺之。"刘知几《史通·疑古》引《汲冢琐语》曰："舜放尧于平阳。"①都说舜是篡位之臣。《竹书纪年》等汲冢遗书是三晋的史籍，可见该地流传着古史的另一种传说，而这种传说是与韩非的意见相合的。韩非极力攻击舜是不忠不孝之人，不能纯出臆造，可能就是与三晋的这种史学传统有关的。

---

① 《水经注·瓠子河》曰："余按小成阳在成阳西北半里许实中，俗谚以为囚尧城。"则是舜囚尧的传说到北魏时还在流传。《史通·疑古》引《汲冢琐语》云"舜放尧于平阳"后说："而书云某地有城，以囚尧为号。"这书不知是否指《水经注》？

三

孟轲的特点是“言必称尧舜”。(《孟子·滕文公上》)儒家好古成癖,他们把尧、舜的时代形容为中国历史上的黄金时代。

尧、舜生活的年代,既然是在虚无飘渺的过去,属于人类的原始蒙昧阶段,那又怎么能出现高度的文明呢?在这点上,墨家的说法倒是接近于事实。《墨子·三辩》中说:“昔者尧、舜有茅茨者。”法家的记载与此一致,《韩非子·十过》中说:“昔者尧有天下,饭于土簋,饮于土铏。……尧禅天下,虞舜受之,作为食器,斩山木而财之,削锯修其迹,流漆墨其上,输之于宫以为食器。”都把尧、舜时代的景象描写为草莽初开的样子。

韩非用历史进化的学说批判了儒家复古倒退的思想。

> 《五蠹》:“尧之王天下也,茅茨不翦,采椽不斫;粝粢之食,藜藿之羹;冬日麑裘,夏日葛衣;虽监门之服养,不亏于此矣。禹之王天下也,身执耒臿以为民先,股无胈,胫不生毛,虽臣虏之劳,不苦于此矣。以是言之,夫古之让天子者,是去监门之养,而离臣虏之劳也,古传天下而不足多也。”

韩非把尧、舜的传天下看作是卸包袱的一种表现,这也是不正确的。他用地主阶级的利害观点分析古代人的思想,不可能切合历史的实际,但他认为尧舜时代的君主还得亲自参加劳动,社会生活水平很低,因此作为首领还得过艰苦的生活,都是合乎事实的。显然,这样的时代,也就不值得去羡慕它了。

历史发展了,处在斗争激烈的战国时代,不可能再照搬过去的历史经验，何况是尧舜时代的那种朴陋之风，更不能适应于生产、战争、科学、文化都已发展到较高水平的七国纷争之时。韩非多次郑重地表明了这一观点，批判了儒家的学说。

《八说》："古人亟于德，中世亟于智，当今争于力。古者寡事而备简，朴陋而不尽，故有珧铫而推车者。古者人寡而相亲，物多而轻利易让，故有揖让而传天下者。然则行揖让，高慈惠，而道仁厚，皆推政也。处多事之时，用寡事之器，非智者之备也；当大争之世，而循揖让之轨，非圣人之治也。故智者不乘推车，圣人不行推政也。"

四

韩非批判了儒、墨有关尧、舜的许多说法，但斗争的矛头却是紧紧对准着儒家的。他认为儒家虽把尧舜之道吹得天花乱坠，然而缺乏真凭实据，因而不足取信于人。一种理论，要想使人信服，就得拿出事实根据，否则就是欺骗。所以他在《显学》篇中又说："今乃欲审尧、舜之道于三千岁之前，意者其不可必乎！无参验而必之者，愚也；弗能必而据之者，诬也。故明据先王，必定尧、舜者，非愚则诬也。愚诬之学，杂反之行，明主弗受也。"坚决要求摒弃尧舜之道。

韩非对尧舜之道展开了猛烈的批判。他批判了儒家利用尧、舜而宣扬的"禅让"之说，"孝悌"之道，"仁义""德化"的说教，复古倒退的遐想，从而宣传了地主阶级的道德观念和政治理论。韩非的批判，依据着战国时期最高的学术成就，因此在先秦各家中，他对尧舜之道的抨击最为尖锐有力。

烈士考

《忠孝》是韩非批判儒家和道家的一篇重要论文。其中论烈士的几段文字，反映了韩非思想的一个重要方面，但因文字过于简练，不易掌握其精神实质。下面引用几段原文，略作诠释，借供参考。

> 古之烈士，进不臣君，退不为家，是进则非其君，退则非其亲者也。且夫进不臣君，退不为家，乱世绝嗣之道也。

什么叫"烈士"？韩非自己作过解释，《诡使》篇说："官爵，所以劝名也；而好名义不进仕者，世谓之'烈士'。"这就是说，烈士是追求名声而不肯做官的人。文章随后又说："民之急名也，甚其求利也；如此，则士之饥饿乏绝者，焉得无岩居苦身以争名于天下哉？"根据这种介绍，后代注释《韩非子》的人一般都把烈士解释为隐士。

《庄子·秋水》篇说："白刃交于前，视死若生者，烈士之勇也。"这里讲的烈士，则是指的游侠。韩非讲的"烈士"也包括有游侠在内。

游侠和隐士作风虽似不同，但有共同的特点，那就是上面所说的：追求名声，不求出仕。既不出仕，就不能为君主所用；为此不能得到国家的爵禄，也就影响家计生活。所以韩非责备他们"进不臣君，退不为家"，骂他们是"乱世绝嗣之道"。

下面韩非分别批判烈士中的这两种人物。

> 故烈士内不为家，乱世绝嗣；而外矫于君，朽骨烂肉，施于土地，流于川谷，不避蹈水火。使天下从而效之，是天下遍死而愿夭

也。此皆释世而不治是也。

这类烈士，就是游侠。在韩非看来，这是一群不为君主所用的亡命之徒。从学派的角度来说，这类游侠应当属于儒家八派中的漆雕氏之儒。

《显学》篇说："漆雕之议，不色挠，不目逃，行曲则违于臧获，行直则怒于诸侯，世主以为廉而礼之。"所谓"行直则怒于诸侯"，就是"外矫于君"。他们自以为有气节，容易铤而走险，若使天下人效之，自然会天下大乱了。

> 世之所为(谓)烈士者，离众独行，取异于人，为恬淡之学而理恍惚之言。臣以为恬淡，无用之教也；恍惚，无法之言也。言出于无法，教出于无用者，天下谓之察。臣以为人生必事君养亲，事君养亲不可以恬淡；治人必以言论忠信法术，言论忠信法术不可以恍惚。恍惚之言，恬淡之学，天下之惑术也。

这类烈士，就是隐士。在韩非看来，这是一群不为世用的社会寄生虫。从学派的角度来说，这类隐士属于道家学派中的老庄一派。

按"恬淡""恍惚"二词俱出《老子》。《老子》三十一章："兵者，不祥之器，非君子之器，不得已而用之，恬淡为上。""恍惚"一词更是多见，《老子》十四章描写"道"说："视之不见，名曰夷；听之不闻，名曰希；搏之不得，名曰微。此三者不可致诘，故混而为一。其上不皦，其下不昧，绳绳不可名，复归于无物，是谓无状之状，无物之象，是谓'惚恍'。"二十一章曰："孔德之容，惟道是从。道之为物，惟恍惟惚。惚兮恍兮，其中有象；恍兮惚兮，其中有物；窈兮冥兮，其中有精。"这一流人属于没落阶级中持消极态度而不肯为新兴地主阶级所用者。他们自以为清高，专门发表玄虚的言论，若使天下人效之，也就无人从事耕战了。

《史记·韩非列传》上说韩非"喜刑名法术之学，而其归本于黄老。"因此有人认为他不可能反对道家。实则黄老学派是与老庄学派有区别的。韩非的学说受黄老学派的影响很大，跟道家有渊源关系，但从政治态度方面来说，则与道家根本对立。韩非强调耕战，注重实效，因此特别反对老庄学派那种消极无为的虚无主义的政治态度。《外储说左上·经二》："……〔是以〕论有迂深闳大，非用也，故魏、长、瞻、陈、庄皆鬼魅也。"魏指魏牟，《汉书·艺文志》"道家"有《公子牟》四篇；长指长卢子，《汉书·艺文志》"道家"有《长卢子》九篇；瞻指詹何，《经典释文》卷二十八《庄子·让王》注曰："瞻子，贤人也。《淮南》作'詹'"；陈指田骈，《汉书·艺文志》"道家"有《田子》二十五篇；庄指庄周，《汉书·艺文志》"道家"有《庄子》五十二篇。所谓"迂深闳大"，也是这一派的特点，《庄子·天下》篇说："……古之道术有在于是者，庄周闻其风而悦之。……其于本也，宏大而辟，深闳而肆；其于宗也，可谓稠适而上遂矣。"可以看出，《忠孝》篇中批判的"烈士"中的道家一派，与《外储说左上》中对道家的批判，完全一致。韩非的政治态度，是明确的。

> 古者黔首悗密惷（蠢）愚，故可以虚名取也。今民儇诇智慧，欲自用，不听上。上必且劝之以赏，然后可进；又且畏之以罚，然后不敢退。

韩非认为人情好利恶害，故而可用刑赏来控制。《八经》中说："凡治天下，必因人情。人情者，有好恶，故赏罚可用；赏罚可用，则禁令可立而治道具矣。"这里对劳动人民的看法，则是站在剥削阶级的立场，带有强烈的偏见；而他对人情的分析，则是把剥削阶级的阶级性说成是全体民众的人性，也是歪曲而不符事实的。他用这种观点分析问题，认为刑赏两项手段，对“烈士”来说，却无法发挥其作用。因为“烈士”中的游侠一派，铤而走险，不畏严刑；隐士一派，不求出仕，不求重赏：这样他们也就不能为地主阶级政权的刑赏所控制。对于这样的人，韩非主张坚决铲除。

他尖锐地批判了以漆雕为代表的游侠。《墨子·非儒下》说：“漆雕刑残。”这就是瞀不畏死的表现，所以《五蠹》篇说：“其带剑者，聚徒属，立节操，以显其民，而犯五官之禁。”“废敬上畏法之民，而养游侠私剑之属。举行如此，治强不可得也。”

《外储说右上·说一》记太公望杀齐居士狂矞、华士，因为这两人立志“不臣天子，不友诸侯，耕作而食之，掘井而饮之，吾无求于人也。无上之名，无君之禄，不事仕而事力。”这样，“己自谓以为世之贤士而不为主用，行极贤而不用于君，此非明主之所臣也，亦骥之不可左右矣，是以诛之。”按照战国末期的情况来说，韩非是要清除那些与新建的封建政权持不合作态度的旧贵族馀裔。《庄子·缮性》曰：“古之所谓隐士者，非伏其身而弗见也，非闭其言而不出也，非藏其知而不发也，时命大谬也。当时命而大行乎天下，则反一无迹；不当时命而大穷乎天下，则深根宁极而待：此存身之道也。”说明他们隐居山林，并非全然忘世，而是嗟叹时运不济，不得不然，但仍在窥测政局，待机而动。他们蛰居一方，不像游侠那样出来捣乱，然而窃取了“烈士”或“贤者”的称号，树立了坏的榜样，还容易引起他人效法，从而破坏耕战政策。《有度》篇说：“离俗隐居，而以诈非上，臣不谓义。”表示坚决否定。

韩非把这种人称为实心的葫芦。

齐有居士田仲者，宋人屈谷见之，曰：“谷闻先生之义，不恃仰人而食。今谷有巨瓠，坚如石，厚而无窍，献之。”仲曰：“夫瓠所贵者，谓其可以盛也。今厚而无窍，则不可剖以盛物；而任重如坚石，则不可以剖而以斟。吾无以瓠为也。”曰：“然，谷将弃之。”今田仲不恃仰人而食，亦无益人之国，亦坚瓠之类也。（《外储说左上·说二》）

田仲即陈仲子，亦即於陵仲子。此人在战国时颇有一些名声。《孟子·滕文公下》、《荀子·非十二子》和《不苟》篇都提到过他。从孟轲和荀况的评价中，也可看出两家观点的不同。孟轲推崇陈仲子，认为他是齐人中的“巨擘”，但又责怪他这样一个贵族家庭出身的人而持消极避世的态度；荀况则认为他虽有智慧，但“不足以合大众”，“足以欺惑愚众”，则是从地主阶级的立场上加以批判的。当时一些较有见识的君主，也都能看出田仲一流人物不利于新建的地主阶级政权。《战国策·齐策四》记赵威后问齐使：“於陵子仲尚存乎？是其为人也，上不臣于王，下不治其家，中不索交诸侯。此率民而出于无用者，何为至今不杀乎？”与韩非的看法完全一致。

《靳令》与《饬令》的关系

《商君书》中的《靳令》篇和《韩非子》中的《饬令》篇内容基本相同，只是前者篇幅较大，后者篇幅较小，这就产生了问题：这两篇东西到底是谁抄谁的呢？《五蠹》篇说："今境内之民皆言治，藏商、管之法者家有之。"说明战国中后期商鞅的书流传很广。《难势》篇中说："故曰：'势治者则不可乱，而势乱者则不可治也。'"这话出于《商君书·定分》篇，说明韩非读过《商君书》（古称《商君》）中的一些篇章。但《商君书》是后人辑录的著作，其中有商鞅写的东西，也有不是商鞅写的东西，这就发生了作品真伪的问题：《靳令》篇究竟是不是商鞅的著作？如能证明它真的出之于商鞅手笔，那《饬令》篇当然是后起的东西，节录《靳令》而成的了。

我们认为：《靳令》篇是商鞅的著作。其理由如下：

《内储说上（七术）·说二》上说：

> 公孙鞅曰：行刑重其轻者，轻者不至，重者不来，是谓以刑去刑也。

这段文字，见之于《靳令》，也见之于《饬令》。既然韩非自己说明这是商鞅的话，那当然就可以用来证明《靳令》确是商鞅的作品了。

《靳令》内部也保留着有特点的词汇，可以用来证明它是商鞅的作品。《文心雕龙·时序》篇上说："五蠹、六虱，严于秦令。"《诸子》篇上说："至如商、韩，六虱、五蠹。""五蠹"是韩非提出的新概念，"六虱"是商鞅提出的新概念。这个词汇出现于《靳令》篇中，可见世代相传《靳令》篇是商鞅的作品。

《靳令》篇是结构很严谨的文章。除了最后一段文字有可能是错杂进去的之外，其他文字的线索都很清楚，它是从评述“任功”和“任善”两种对立的政治方针展开论点的。法家坚持“任功”，儒家则持“任善”。“国以功授官予爵，则治省言寡，此谓以法去法，以言去言。国以六虱授官予爵，则治烦言生，此谓以治致治，以言致言”“以力攻者，出一取十；以言攻者，出十亡百。国好力，此谓以难攻；国好言，此谓以易攻”。这篇文章就是顺着儒法之争的这条线索一直写下去的。商鞅反复论证了“国贫而务战，毒生于敌，无六虱，必强；国富而不战，偷生于内，有六虱，必弱”的道理，锋芒始终对准儒家。《饬令》篇却偏删去了有关“六虱”的那几段文字，致使文章的批判精神大为削弱，结构的完整性也大受影响，“任功”和“任善”两相对照的叙述方式也显得偏颇不全了。由此也可证明《靳令》篇是一气呵成的原作，《饬令》篇是后起的经过删节的文字。

那么《饬令》一文何时出现最有可能？

推断起来，这篇文章的定稿可能已在汉代，因为文中已经删去了“六虱”部分。所以删去“六虱”，或许还与这个“六”字有关。

“六虱”是批儒的著名论点。《靳令》篇说：“六虱：曰礼、乐，曰诗、书，曰修善，曰孝、弟，曰诚信，曰贞廉，曰仁义，曰非兵，曰羞战。国有十二者，上无使农战，必贫至削。十二者成群，此谓君之治不胜其臣，官之治不胜其民，此谓六虱胜其政也。”有人觉得这种比喻太尖刻了，对儒家的攻击太激烈了，于是他们企图寻找内证，说明“六虱”不能用来指儒家。俞樾用考证的方式试图证明“六虱”之说另有所指。

樾谨按：上言六虱下言十二者，而中所列凡九事，于数皆不合。疑礼、乐、诗、书、孝、悌当为六事，本作曰礼，曰乐，曰诗，曰书，曰修善，曰孝，曰悌，曰诚信，曰贞廉，曰仁义，曰非兵，曰羞战，故总之为十二也。然则何以称六虱？曰：六虱二字乃衍文也。六虱之文见《去强》篇，其文曰："农、商、官三者，国之常官也。三官者主虱官者六：曰岁，曰食，曰玩，曰好，曰志，曰行。"此说六虱最得。盖岁也、食也，农之虱也；玩也、好也，商之虱也；志也、行也，官之虱也。《去强》篇又曰："国有礼，有乐，有诗，有书，有善，有修，有孝，有悌，有廉，有辩：国有十者，上无使战，必削至亡。"然则商子之意不以此为六虱明矣。（《诸子平议》卷二十）

俞樾嘻嘻争辩的是数字问题。既言"六虱"，为什么下面却列出了十二项来呢？看来这种考证没有多大意义。"六"字的用法在秦国很特别，它有时用作虚数，表示数量众多，《商君书·说民》篇中说："民之有欲有恶也，欲有六淫，恶有四难。"《吕氏春秋·仲春纪·贵生》篇中说："所谓全生者，六欲皆得其宜也；所谓亏生者，六欲分得其宜也；……所谓迫生者，六欲莫得其宜也。"这里的"六"字无法确计，看来就是一个虚数。《吕氏春秋·仲冬纪·当务》篇中提到"六王"而只列出尧、舜、禹、汤、武五人，也是同样的道理。《群书治要》卷三十六引《商君书·六法》篇一段，详论法而不涉及"六"字，或许这个"六"字也是虚指。它有时也被用来指实数，《史记·商君列传》裴骃《集解》引《新序》记商鞅之法"步过六尺者有罚"，则是把"六"这个数字作为法定的规格了。

秦始皇统一六国之后，很想建立万世一统的大业。他要寻找一种理论，能使皇帝的威权神化，为秦的统一天下作出解释。阴阳五行的学说正好能够满足这方面的需要，因此他就接受了这种宗教迷信的说法，并且利用政权的力量，大力推行依据这种学说而规定的种种行政措施。《史记·秦始皇本纪》上说："始皇推终始五德之传，以为周得火德，秦代周德，从所不胜，方今水德之始，改年始，朝贺皆自十月朔。衣服旄旌节旗皆上黑。数以六为纪，符、法冠皆六寸，而舆六尺，六尺为步，乘六马。”裴骃《集解》引张晏曰：“水，北方，黑，终数六，故以六寸为符，六尺为步。”瓒曰：“水数六，故以六为名。”“六”成了秦代最有特色的一个数字。

这里可以补充说明的是，秦自德公起，早就信从五行而自以为得水德之瑞。上述“六”字的用法当与此有关。其后秦始皇忠实地实践阴阳五行说而运用“六”字，范围极为广泛。他“分天下以为三十六郡”，三十六是“六”的自乘数；他收天下之兵“销以为钟鐻，金人十二”，十二是“六”的倍数；他在咸阳之旁建“宫观二百七十”，二百七十是“六”的四十五倍；他得到了二十八年渡江时所沉之璧，“于是始皇卜之，卦得游徙吉。迁北河、榆中三万家”。也就可知前此的“徙天下豪富于咸阳十二万户”，“乃徙黔首三万户琅邪台下，使刑徒三千人皆伐湘山树”，等等，应当都与“六”字有关。《史记·封禅书》上记秦始皇祀天下名山大川，“自殽以东，名山五，大川祠二；……自华以西，名山七，名川四”。总计名山十二，名川六，也与“六”字有关。他在各地巡视时，立石称功，多四字一句，三句一韵，共十二字。峄山、泰山、之罘、东观四刻石辞均三十六句，琅邪、会稽二刻石辞则七十二句。阳陵虎符铭文说：“甲兵之符，右在皇帝，左在阳陵。”阿房宫瓦当文曰：“惟天降灵，延元万年，天下康宁。”也都是十二字。《通典》卷二十六“殿中监”注引《汉仪注》称秦置“六尚”，谓尚冠、尚衣、尚食、尚沐、尚席、尚书，应当也与这个“六”字有关。①

凡上种种，无不说明秦始皇在实行“度以六为名”（《史记·封禅

---

① 参看陈梦家《尚书通论》第141页，商务印书馆1957年版，杨宽《秦始皇》第58、59页，上海人民出版社1956年版。

书》)时十分认真。“六”字成了秦代的“圣数”。

汉代初年,政治制度上承秦代,没有多大变动,因此早期的政治思想家贾谊仍然着力反复论证“六”字的不凡意义。《新书·六术(连语)》中介绍了“六理”“六法”“六术”“六行”“六合”“六艺”“六律”“六亲”等词的涵义,复总起来说:“……艺之所以六者,法六法而体六行故也。故曰:六则备矣。六者非独为六艺本也,他事亦皆以六为度。”《汉书·卫绾传》上就记载着文帝赐之以六剑。但到汉代企图建立自己的思想体系之时,这种数字上的特殊用法也就不能沿用下去了。经过文帝时代的一番酝酿,到了武帝时,终于要用土德来代替水德了。《汉书·武帝纪》:“〔太初元年〕夏五月,正历,以正月为岁首。色上黄,数用五,定官名,协音律。”“六”字也就失去了神圣的地位。于是汉人删去了《靳令》中的“六虱”部分,这就成了后起的《饬令》。两篇文章发生差异的原因在此。这种假设能否成立,不敢自信,但考虑之下,觉得除了用法定的正统思想上的变化来作解释之外,很难用其他理由加以说明,故而对“六”字的特殊用法试作论证,用以解释“六虱”一词的出现与汩没,从而证明文章开端时提出的论点:《饬令》乃节录《靳令》而成。

韩非论变法

韩非是先秦法家思想的集大成者。他综合了法、术、势三派的学说，而又予以发展，形成了新的法家思想体系。在法、术、势三者之中，他又强调“以法为本”。(《饰邪》)因为法是反映地主阶级意志和要求的根本大法，所以韩非把它置于首要的地位。

他给法下了定义：

法者，宪令著于官府，刑罚必于民心，赏存乎慎法，而罚加乎奸令者也，此臣之所师也。(《定法》)

法者，编著之图籍，设之于官府，而布之于百姓者也。(《难三》)

由上可知，他讲的法，是指用文字详细规定下来的成文法。这种法令必须由上级制订，官府颁行；必须做到家喻户晓，作为人人遵守的准则。所谓“法不阿贵，绳不挠曲。法之所加，智者弗能辞，勇者弗敢争。刑过不避大臣，赏善不遗匹夫。故矫上之失，诘下之邪，治乱决缪，绌羡齐非，一民之轨，莫如法”(《有度》)。当然，这些动听的言词也只是新兴地主阶级思想家的一种理想，在整个封建社会中可从来没有实现过。而且这种法实质上也只是保护地主阶级利益、镇压劳动人民的一种专政工具，决不可能对全国的人一律平等。但在当时来说，它对破坏奴隶主阶级的等级制度和宗法制度，扫除儒家所鼓吹的“亲亲尊尊”“刑不上大夫”等道德观念，却有巨大的进步作用。

春秋战国之交，当封建制起而替代奴隶制的时候，几个先进的诸侯国都曾先后实行过变法。它们这样做，就是要把地主阶级的一套政治制度用法令的形式巩固下来。因此,变法的成败与彻底与否,对该国后来的发展有决定性的影响。商鞅在秦变法成功,秦国终于成了强国;吴起在楚变法失败,楚国终于沦落衰亡。韩国国内封建制的各种因素萌芽甚早,但在韩国的历史上却从来没有经历过一次像样的变法,这就决定了韩国始终没有出现过蓬蓬勃勃的新兴朝气。

申不害是韩国历史上著名的政治家。这位与商鞅齐名的法家,却是"言术"而不"为法",因此韩国的法令没有经过整顿,陷于严重的混乱。《定法》篇说:"韩者,晋之别国也。晋之故法未息,而韩之新法又生;先君之令未收,而后君之令又下。申不害不擅其法,不一其宪令,则奸多。故利在故法前令则道之,利在新法后令则道之,利在故新相反,前后相勃(悖),则申不害虽十使昭侯用术,而奸臣犹有所谲其辞矣。故托万乘之劲韩,十七年而不至于霸王者,虽用术于上,法不勤饰(饬)于官之患也。"可见韩国的政法制度,虽有反映新的封建成分的新法令,也有反映旧的奴隶制残余的旧法令。奸臣可以援引旧的法律条文从中捣鬼,干扰或破坏新的法律条文的实施与贯彻。这样,韩国的政治又怎能走上顺当发展的正轨?

《心度》篇上说:"欲治其法而难变其故者,民乱不可几而治也。"显然,韩非是要求用适应当时地主阶级利益的法令来取代不适应当前要求的旧法令的。

韩国的这种情况,在新建的地主阶级政权内部保留着阻碍社会前进的旧法制的残余,在当时来说,具有普遍的意义。韩非深知新旧交替时期法制上的混乱情况,对此作了具体的分析,在变法的问题上,要求区别对待。他强调要从现实政治出发,不要先验地谈论"变"或"不变"。凡是适合当前情况的法制,那就应当维护,不能任意破坏;只有那些不适合当前情况的法制,才应当改变,要把那些世代相传下来的奴隶制社会中遗留下来的旧法制坚决改掉。

不知治者，必曰："无变古，毋易常。"变与不变，圣人不听，正治而已。然则古之无变，常之毋易，在常、古之可与不可。伊尹毋变殷，太公毋变周，则汤、武不王矣。管仲毋易齐，郭偃毋更晋，则桓、文不霸矣。凡人难变古者，惮易民之安也。夫不变古者，袭乱之迹；适民心者，恣奸之行也。民愚而不知乱，上懦而不能更，是治之失也。(《南面》)

韩非的法治观点具有辩证法的因素。他在《五蠹》篇中提出了历史进化的观点，既然社会是不断向前发展的，那么适应社会要求的法也应随之不断发展。韩非强调指出：

故治民无常，唯法为治。法与时转则治，治与世宜则有功。故民朴而禁之以名则治，世知维之以刑则从。时移而治不易者乱，能众而禁不变者削。故圣人之治民也，法与时移而禁与能变。(《心度》)

这就说明：法不能一成不变，立法者要不断研究时代的变化和社会的动向，制订相应的法令，从而收到天下太平的实效。

要确立新的法，必须权衡轻重得失。韩非极端强调法的重要，但他对此有冷静的分析，认为十全十美的法毕竟是少有的，只要利多弊少，就可据此制订新的法令。《八说》篇曰："法所以制事，事所以名功也。法有立而有难，权其难而事成，则立之；事成而有害，权其害而功多，则为之。无难之法，无害之功，天下无有也。"这与他一贯注重功用的观点是一致的。他对法的制订持具体分析的态度，不流于形而上学的武断。

拟制的律令，必须通俗易解，便于掌握。《八说》中说："察士然后能知之，不可以为令，夫民不尽察；贤者然后能行之，不可以为法，夫民不尽贤。"这里含有轻视下层百姓之意。地主阶级的立法，目的并不在于压制上层人物；约束的对象，主要是广大的民众。为此韩非要求把法令的条文写得简练而明确，包括的事例则应详尽周密。于是《八说》中又说："书约而弟子辩，法省而民讼简。是以圣人之书必著论，明主之法必详事。"这样上易于执行，下易于遵循，才能做到"法省而不侵"（《有度》），"明法而治不烦"（《心度》）。

法令一经确立，那就应当坚决贯彻执行，不宜朝令夕改，使人无所适从。韩非援用了道家虚静无为的学说来说明这种道理。他在《解老》篇中解释"治大国者若烹小鲜"时说："凡法令更则利害易，利害易则民务变，务变之谓变业。故以理观之：事大众而数摇之，则少成功；藏大器而数徙之，则多败伤；烹小鲜而数挠之，则贼其泽；治大国而数变法，则民苦之。是以有道之君贵静，不重变法。"这里说的"贵静不重变法"，不是一动不如一静的意思，更不能理解为反对变法。他是强调适合时宜的法令确定之后，不要时时变动，这样来维护法令的权威作用。

在韩非看来，法令是国家的命脉。法令处置不当则动摇国本。因此，他把如何对待法令的问题列为《亡征》的征兆，所谓"好以智矫法，时以行杂公，法禁变易，号令数下者，可亡也""辞辩而不法，心智而无术，主多能而不以法度从事者，可亡也"。告诫君主必须郑重对待。

法家都重变法。变法之于法家，几乎成了每一个人必有的经历。韩非没有从政的经历，因此没有变法的实践。但他对以前的法家在变法过程中积累下的问题进行了总结，把实践过程中得出的经验教训上升到了理论的高度；这些变法的理论，又给后代那些注意法治的人提供了参考的依据和借鉴的资料。这就是作为法治理论家韩非的贡献。

《韩非子》篇目的新编排

《汉书·艺文志》"诸子略·法家"载"《韩子》五十五篇"。这些文章的次序原来是怎样编排的，后人自然难得明白，但自宋代乾道本起，至清末通行的王先慎《韩非子集解》止，五十五篇文章的编排次序则是一致的，都是从《初见秦》开始，到《制分》结束。这样编排原因何在？现在也很难查考清楚了，自古以来大家就是这么读的，也很难说清楚文章的先后究竟有什么内在的联系。后来的人一直沿用这种编排，只能说是传统的因袭，没有什么理由可言。

时至近代，研究《韩非子》的人多了，对韩非作品的真伪和各篇内容的重要与否理解深了，原来那种没有什么头绪的编排方式不能令人满意了，于是大家试图根据内容重新作出编排。这种动机，尤其与《初见秦》的考辨工作有关。

《战国策·秦策一》中的第四段文字，就是《初见秦》的全文，篇首说明这是张仪的说词。因此，自宋代起，关于《初见秦》的作者是谁，就已众说纷纭了。王应麟《汉书艺文志考证》引沙随程氏以为范雎所作，近代则有人怀疑它是蔡泽或吕不韦的作品。这也就是说，大家都不大相信《初见秦》是韩非的作品了。

看来韩非确是不大像《初见秦》的作者。文中十次称"大王"，这个大王，只能是秦昭襄王。因为"大王"主持的华下之战、长平之战、邯郸之战，都是昭襄王时的事。而据史书记载，韩非入秦是在秦王政时代，昭襄王时，他没有去过秦国，没有产生《初见秦》这文章的可能。而且韩非死前不久还在千方百计地想"存韩"，而《初见秦》中则又主张灭韩，思想上也有不合拍处。因此，《韩非子》一书把著作权都不能肯定的《初见秦》列为首篇，接着就是思想截然相反的《存韩》，确是不太理想的编排。

基于这种认识，后来有些注释《韩非子》的著作就把五十五篇文章重新作了编排。《初见秦》被移到后面去了。开头的文章，一般都安排上了《五蠹》《显学》之类最有代表性的作品。后来出的一些选本，更是根据自己的研究心得，重新编排的了。

我们认为，如果重编《韩非子》一书，应该根据当代的研究成果，从内容出发，照顾文体，将五十五篇文章重新分类。这里提出一些粗浅的看法，供大家参考。

我们主张把《韩非子》的五十五篇文章归为十组，下面略述分组的理由。

五蠹　八说　六反　诡使　亡征

这五篇文章，可以列在全书之首。理由是：

（一）这五篇文章对各种社会现象作了高度的概括。韩非通过细致的分析，批判了他所否定的种种社会现象，然后提出了自己的法治理论。他的一些主要论点，在这些文章中有详尽的阐述。读过这些文章之后，可对产生韩非思想的社会背景有全面而具体的认识，并对韩非的法治思想首先获得一个完整的观念。

（二）这几篇文章，气派最大，气势最盛，是韩非的杰作。郭沫若同志说：《诡使》《六反》《八说》《五蠹》“都是波澜壮阔的文章”，《亡征》“也是不愧为一篇奇文的”。[①] 周钟灵同志则从逻辑研究的角度进行归类，把《诡使》《六反》《八说》《五蠹》等文称作“表示矛盾对立的演绎

---

① 《韩非子的批判》，载《十批判书》，科学出版社 1956 年 10 月新 1 版。

式的议论文”。[1]《亡征》的写法虽有不同，但它首先揭露种种“亡征”，然后说明破除“亡征”可以“王天下”，也有表示矛盾对立的意思。

奸劫弑臣　说疑　爱臣　八奸　备内

这一组文章和上一组有相近处。如果说，上一组文章中揭露的社会现象内容很广泛，把不利于地主阶级政权的种种情况作了全面的考察，那么这一组文章中揭露的社会现象内容较集中，重点分析了奸臣篡权的各种阴谋活动，后面两篇还分析了宫廷内部潜藏着的危险。每篇文章的内容，有同点也有异点，如《奸劫弑臣》一文，在分析“奸邪之臣”“劫主之臣”“弑君之臣”的同时，对各种臣子都作了描述，中有所谓“擅主之臣”“无益之臣”“足贵之臣”等等。《说疑》一文更把臣子分为七类，并对各类臣子的特点和危害（或长处）作了具体的描述。《爱臣》一文则对臣子揽权的威胁作了很细致的分析，并提出了相应的防奸措施。《奸劫弑臣》和《说疑》中也有许多法治理论的阐述。

孤愤　说难　难言　和氏　人主　问田

这一组文字表明法家的政治立场。法家人物韩非，处在阶级斗争的漩涡之中，坚持自己的政治立场，挺身与反动势力进行坚决的搏斗。他对君主身边的“贵重之臣”作了深刻的揭露和无情的申斥，对“法术之士”的艰危处境作了周密的分析，对自己的政治态度作了明确的申述。

---

① 《韩非子的逻辑》第九章“韩非子的议论文的类型”第二节“演绎式的议论文”，人民出版社 1958 年版。

据考证,《人主》一文抄袭的痕迹很明显,可能不是韩非的作品。《问田》中称韩非为“韩子”,应该是韩非的后学的记叙。这些作品虽有可能不是韩非的手笔,但从思想内容来说,则是明白无疑的法家著作。因此,我们认为应从内容出发,以类相从,把这两篇文章编在本组之末。

八经　定法

有度　心度　守道　制分　饬令

二柄　南面　用人　安危　三守

难势　功名

这一组文章是韩非所提出的地主阶级的专政理论。这里按照法、术、势这三个重要方面,略作安排,排列如上。

如果说,韩非在前面几组文章中曾经提出过许多防奸措施的话,那么他的这一组文章更是从专政理论方面作了全面的论证。这是韩非为地主阶级设计的建国纲领。韩非在历史上的贡献,以及他的阶级局限,都明显地表现在这一组文章中。

《八经》是全面阐述法、术、势的文章,可以放在本组文章之首,统摄全组。《定法》也是研究法、术的名篇。二文可以另外分为一组。

显学　忠孝　饰邪　问辩

这一组文章表达了地主阶级在思想领域内加强统制的要求。

战国末期,随着阶级斗争的深入,思想领域内的斗争异常激烈。韩非把批判的矛头首先指向影响最大的一个学派——儒家,同时对墨家、道家、阴阳家、名家等也一一作了批判。

韩非在《问辩》中提出了“言行而不轨于法令者必禁”的口号，主张取缔那些代表其他阶级利益的学术主张，对秦王政的政治措施影响很大。

《饰邪》中也包括着很重要的法治理论，但它对阴阳迷信的批判极为深刻，可以把它作为思想史上的重要资料看待，故置于本组之内。

扬权　主道　解老　喻老　大体　观行

这是一组哲学论文。《扬权》《主道》是两篇哲理诗，《解老》《喻老》是通过解释《老子》而阐明自己的哲学观点的重要论文，《大体》《观行》是两篇哲学小品。

过去一些疑古的人认为这些文章不是韩非的作品。他们不了解，法家发展到韩非，标志着这个阶级在政治思想上的成熟。韩非的论述已不限于对若干政治问题提供采取某种具体措施的意见，而且对这些政治问题从理论上作了深入的论证。他继承了黄老学派的思想，发展了朴素唯物主义和朴素的辩证法，为哲学的发展作出了贡献。

难一　难二　难三　难四

这是一种新的体裁。韩非采用辩难的方式，阐述自己的政治观点。里面好些文字，实际上是韩非的读书笔记。这种文体，对后代影响很大。

内储说上（七术）　内储说下（六微）

外储说左上　外储说左下　外储说右上

外储说右下　十过

这也是一种新的体裁。后代的文体“连珠”即滥觞于此。

“内、外”《储说》是很重要的文章。这不但是因为“说”中的故事生动活泼，内容深刻，而且还是韩非学说的形象化的说明。韩非在前面几组文章中提出的一些论点，一般都可以从这组文章的具体故事中得到印证，韩非的许多具体论点，大都是从历史故事和民间传说中概括出来的。因此，阅读“内、外”《储说》，可以进一步具体地掌握韩非的思想。

《十过》的体例，也是先列总纲，后用故事说明，与《储说》同。但它可能不是韩非的作品，故置于组末。

说林上　说林下

这是一组韩非搜集的原始资料。

存韩　初见秦

这一组文章，是当时历史的重要记录，但作者成问题。《存韩》的前一部分出于韩非之手，当无问题，后面两个部分则显系李斯之作。《存韩》带有历史文献的性质，整理档案的人按历史事件归类，也就把韩非和李斯的作品合在一起了。这种文章与全书内容不甚相合，因为韩非主要是以政治理论家面目出现的人，他的作品主要是讲政治理论的，应该把理论文章放在前面，而把《存韩》这类历史文献放在后面。《初见秦》的内容与《存韩》类似，但非韩非所写，这样也就只能把旧的编排方式翻个个儿，把它列在全书末尾了。

综合上言，新的《韩非子》目录可列表如下：

五蠹　八说　六反　诡使　亡征

奸劫弑臣　说疑　爱臣　八奸　备内

孤愤　说难　难言　和氏　人主　问田

八经　**定法**

　　有度　心度　守道　制分　饬令

　　二柄　南面　用人　安危　三守

　　难势　功名

显学　忠孝　饰邪　问辩

扬权　主道　解老　喻老　大体　观行

难一　难二　难三　难四

内储说上（七术）　内储说下（六微）　外储说左上　外储说左下　外储说右上　外储说右下　十过

说林上　说林下

存韩　初见秦

前六组前端用黑体字标出的文章，最有代表性。阅读这十篇，可以掌握韩非思想的要领。因此，这十篇位置在前面的文章，可以作为一部具体而微的《韩非子》选本看。

后记

这是一本初学者的习作。先秦学术丰富多彩，过去我因从事的专业与此性质不近，从未窥其堂奥，只是近来遇到一个偶然的机会，比较系统地研读了《韩非子》一书，随手写下了一些读书笔记。虽然东涂西抹，管窥蠡测，却也敝帚自珍，不忍舍弃。现在出版社同志的鼓励下，决定公之于世，希望得到各方学者和广大读者的指正。自知涉猎甚浅，算不上什么专题研究，只是在每读一篇文章之后就其中一点发表一些心得，因此取名《〈韩非子〉札记》。里面提出的问题，虽很稚拙，但也不愿人云亦云，总想在每一篇札记之内提出一些新的见解，至少提供一些新的材料，于学术研究有所裨益。但就是这么一本不成熟的小书，还是得到各界人士的帮助。特别是洪诚先生，不但为我看了全部稿子，提供了许多珍贵的材料，而且允许我直接援用他的考订成果。刘毓璜先生为我看了历史方面的一些稿子，帮助我在原有基础上提高了一步。对于上述同志，均应诚挚地致以谢意。北京、上海、南京、杭州各大图书馆允予借阅各种善本，特此一并致谢。

书中引用《韩非子》的文章时，一般只标篇名，不标书名，以免烦冗。《韩非子》正文则依据江苏人民出版社出版的《韩非子校注》一书，与别本有歧异者不再重出校记。

附录:

《〈韩非子〉札记》述评

段熙仲

最近,江苏人民出版社印行了周勋初同志所著《〈韩非子〉札记》一书,这对"四人帮"别有用心地搅乱的先秦一个学术流派——法家在思想上所起的混乱,是有澄清是非的一定作用的。韩非,如作者所再三强调的,只是一个封建社会专制主义的思想家,他的理论是不容许和经典大师的著作中所阐发的至理名言混淆的。

单就整理先秦古籍而言,作者继承了《别录》《七略》以来,直到郑樵、章实斋关于校雠工作所揭橥的主要要求,辨章学术、考镜源流的学术观点,在工作实践中不失规范化,也足供从事整理古代名著工作者参考。法度的谨严,论断的谨慎,是作者心目中所时时注意的;考证的细密,新出土材料的引用,并不墨守成言,实事求是,作者确是付出了辛勤的劳动。总之,这是一部值得向读者推荐的好书。

全书共收札记四十八篇,实质上是篇篇有根据、有心得的学术论文。读者在读《韩非子》的前后,如果一读此书,是有益的。这里试作粗浅的介绍。原书从讨论内容分别,大致可分七类。

第一类四篇:1.《韩非子》版本知见录,2.朱锡庚《韩非子校正》介绍,3.《韩非子》版本小议,4.陈奇猷《韩非子刻本源流考》商兑。是关于宋、明、清《韩非子》版本的研究成果。这是整理古籍时所应首先从事的工作,是对广大读者应该负责的。较其同异,别其精粗,考其传流之绪，不可不求真知灼见。以我所知，作者在这方面曾付出大量的精力，访问南北的大图书馆，借阅善本。篇中的论断，所见的都曾精心比勘，读叙跋，作札记。所知的时代包括名藏书家、名校勘家的记叙，地域及于国外汉学家的考录，列举抄本、影刻本可信赖的，也指出其转刻的讹误。作者自言："考虑到这些材料对研究先秦诸子和版本目录或许有所帮助，故而整理出来，供大家参考。"若干文字与众不同，个别文字可资校勘，早期在日本发生很大影响者，都予以介绍，也看出宁过而存之之意。朱锡庚《韩非子校正》介绍一篇，列表说明，是本书有效的方法。

第二类八篇：1.《韩子》的编者——刘向，2.韩非作品写作年代的推断，3.韩非与"百国春秋"，4.《战国策》与《韩非子》，5.《十过》的真伪问题，6.《有度》辨，7.《靳令》与《饬令》的关系，8.《韩非子》篇目的新编排。这些篇讨论写作时代、编者、资料来源、辨伪与篇目的编排，都是有考查鉴定的必要。作者提出自己的论断以飨读者，考证是有根据的，考证的方法也长于因前人而引申。例如刘向篇中论司马迁时韩非著作尚未成书，寻求"韩子"在史记中使用的通例指人而不指书，作为佐证。胡应麟辨伪书方法之八观，有"覈之并世之言以观其称"，作者引申之，观其称以定何世之言，重视一书通例。诸辨伪篇中，或疑之而辨其非伪，或明韩有袭《商君书》之迹，或明《管子》中似韩语不少，明其关系。论百国春秋篇中，就《内储说上》引鲁僖公三十三年"陨霜不杀草"事，鲁哀公问于仲尼，引"春秋"之记作冬十二月陨霜不杀菽。杀菽与杀草文字不同，从王先谦说以为不修《春秋》，是未经孔丘修改过的鲁《春秋》，从异文注意到孔子修《春秋》的材料。我据《汉书·五行志》所引，定公元年十月陨霜杀菽，僖公二年十月陨霜不杀草，年月草菽都有不同，足证孔子修《春秋》是鲁《春秋》修改本，周同志的见解，反映了对古籍的考察一字不苟精神以及他论断的确有根据。最后一篇是作者根据当代的研究成果从内容出发改编的。

第三类共十篇，附三篇：1. 韩非对纵横家的批判，2. 韩非对吕不韦的批判，3. 禅让与儒法之争，4. 耕战与儒法（按：包括墨家）之争，5. 韩非对尧舜的批判，6. “坚白”无厚”综述（韩非对名辩学者“把名辩改成诡辩”的批判），7. 论商鞅，8. 论申不害，9. 韩非是怎样对待“师说”（荀子）的？10. “用人唯贤”不是法家观点，附 11. 圣人解，12. 评直躬之“直”，13. 烈士考。以上是讨论韩非对敌对学派的批判以及对先行法家的批评，指斥和不满毕竟有不同，但是为捍卫自己的思想体系，特别是政治主张，仍然是有其必要的，而且是言之成理、持之有故的。

第四类共七篇：1. 田常与宰予的斗争，2. 战国时代的封君，3. 周主・周君・周天子，4. 当涂之人——韩玘，5. 历史异说琐谈，6. 战国时期的几起变乱佚史，7. 说图像。这类篇章是韩非的史学的考证。作者认为：“《韩非子》是反映社会现象极为广泛的一部著作，从中可以了解到很多战国时代的风俗人情文物制度。”实质上《韩非子》书中较多理论的时代背景，作者在战国时期的变乱佚史篇末认为韩非搜集了许多有关变乱的历史事实，阐明他的政治思想。可以说这些篇并非为考证史实而写作，而是韩非的政治思想产生的社会现实根源。在战国时代的封君篇首，作者指出：一个中央集权的专制主义的封建政权即将在全国范围内建立。地主阶级的杰出思想家韩非，预感新时代的到来，在理论上作了建国立法的广泛论证。

第五类共四篇：1. 郭偃之法，2. 战国时代的法书，3. 形名之术的由来，4. 研究韩非哲学的一条新途径。这四篇是论述韩非思想的先导者。关于郭偃这位没有什么名望的人物，作者从子书中残存的零星资料，认定他是晋国政治革新中起过重大作用的人。作者在《商君书》和《战国策》中所提到的“郭偃之法”，用列成表格的方式，对照起来，清楚地看到韩非文章受到了郭偃很大的影响，从而得出：“韩非不但继承了商鞅、申不害、慎到等人的学说，而且继承了早期的法治理论家郭偃的学说。韩非确是称得上先秦法家思想的集大成者。"紧接着作者写出"战国时代的法书"，论证"立辟""国律""奉法"是战国时期的三部法律，《立辟》是李悝《法经》的原文、"商君之法"是《法经》的发展三段文字，结合第三类批判性的文字，那是辨章学术；而第五类文字则是考镜源流（包括"形名之术的由来"）。作者在这个基础上提出了"研究韩非哲学的一条新途径"。司马迁在《史记·老庄申韩列传》中论法家二代表申不害与韩非称："申子之学本于黄老而主形名"，（韩非）"喜刑名法术之学而其归本于黄老"，作者对此有深刻的体会。"黄老"与"老庄"本非一事，西汉初重黄老，西汉末东汉初才出现了"老严"（即老庄）的提法。黄老是君人南面之术，韩非写书本是为着专制主义的封建最高统治者服务的，这是在辨章学术考镜源流的基础上得出的结论。作者从"扬权""解老""喻老"一系列哲学论文中，从基本概念到专门术语，作出了细致的比较研究，寻究出韩非全书的理论基础，为广大读者提出治韩非哲学的新途径，以其心得贡献读者。

第六类共八篇：1. 韩非是韩国的忠臣，还是秦国的谋士？2. 韩非对人民的态度，3. 韩非论君臣关系，4. 韩非反对工商业么？5. 法家的理想，6. 韩非论变法，7.《亡征》史实例证，8. 韩非的偏见。这是对韩非之人、之对人民、之对君臣之间的关系，乃至对工商业的看法的全面而深入的分析；特别是韩非对人民的态度应该作为评价其人的首要标准。作者认为韩非"所维护的社会制度是地主阶级和农民阶级处于尖锐对立状态的封建制度"。从性恶论出发，韩非认为民众的本性是好逸恶劳，由此出发，韩非用了很多文字企图证明下层民众之所以贫困，是由于贪吃懒做。这种理论，掩盖了封建社会中最普遍的一种事实，农民生活之所以困苦，是由于受到了地主阶级的残酷剥削。作者引用了马克思有关思想家的关于欺骗和分工的理论，指出韩非编造的"共同利益的幻想”对人民起着欺骗的作用,对自己也是一种自我欺骗。

对韩国的态度。韩非反对依靠大国,不甘心坐视韩国灭亡,入秦之后,上书存韩,仍是立足韩国。但是为着达到保存韩国的目的,却不惜以邻为壑,力主秦应伐赵而不宜伐韩,这也是“嫁祸江东”自欺欺人的行为。

在《法家的理想》篇中,作者也同时指出:地主阶级代替奴隶主阶级也只是新的剥削阶级代替老的剥削阶级。地主阶级用以巩固新制度的法,从根本上来说,还是用来镇压民众的一种强制手段。它对人民只能起到禁锢的作用,这种作用越到后来越显出它的反动性。如果看不到这一方面,那也会被韩非的言词所迷惑而忘掉其阶级实质。

最后一篇作者指出在韩非的著作中也还包裹着不少偏见,种族之间的偏见、国家之间的偏见、阶级之间的偏见。

第七类共四篇:1. 韩非写作手法上的一些特点,2. 历历如贯珠的一种新文体——储说,3. 我国文学中第一个塑造出来的典型形象,4. 寓言漫谈。这四篇是作者从文学的角度出发,就文体、典型形象塑造、写作手法和譬喻手段的运用等方面,指出《韩非子》作为哲学论文集,其中有创造性的成就,可资欣赏和借鉴。第一篇作者认为先秦诸子有一种传统的特色,把哲学论文写成优美的文章,论点鲜明,说理透辟,形象生动,铺叙有致。以韩非的《观行》一篇为例,具体地指出写作手法上的三种特点:a. 排比,b. 比喻,c. 结构。“中国文学之有对偶排比,是由方块汉字所决定的,韩非的文章,成了后代骈文的先导。适当地运用排偶,可以体现我国语言文字的形式之美。比喻可用以把抽象的道理具体化。韩非所用的比喻,出人意表而又在情理之中。写作论说文而讲究篇章结构,是从韩非才开始的”。以《说难》《观行》二篇为例,确能显出结构之妙。文章的形式美,可以更好地反映内容。我还觉得,作者所以在新编篇目中,存《十过》篇于第八组之末,是考虑其虽非韩非作品，毕竟是模仿韩非的文体而作，《十过》的第四过——好音，师旷的故事不失为浪漫主义的故事，然而韩非不信鬼神，作者所以定其出于后人附会。引王充《论衡》作证。《论衡·感虚篇》中批判同类虚言，开始就称“儒者传书”，可证其依托。《纪妖篇》首载此事，知其非实而为妖祥，则是微辞。

第三篇《我国文学中第一个塑造出来的典型形象》，作者是用意写的。这个典型形象，概括性很强，将历史上和现实中权臣的言论和行动综合起来，塑造成为一个奸臣的典型形象，综合了这一类人物的许多本质特征，因而有巨大的社会意义。作者说：“即使到了晚近之时也经常能够看到这一类人的面影。它能起到深刻而悠久的认识作用。”为此，他在《说疑篇》中选择一段，加工译成口语。这段文字对于今天读者仍然有所裨益。

最后一篇《寓言漫谈》，作者着重说明寓言与博喻的区别及其不同的作用。以庄子的寓言和韩非的博喻做比较。这虽然从刘彦和在《文心雕龙·诸子篇》中说“韩非著博喻之富”而得到启发，但主要的是细密比较诸子中用喻的成就所得的合理认识。作者以为：韩非书中用喻较多的有《储说》与《喻老》两类，前者作为例证，所证明的是政治理论，后者所证明的则是哲学思想。在《储说》中韩非是用文学上的手段创造了一种理论文的新形式。例证是从现实生活中产生的历史故事和民间故事，具有很大的真实性，故事可信，读者就得承认命题的正确，因此这种论证方式具有很强的逻辑力量，而以故事证明抽象道理，亦即韩非写作上博喻的特点。作者又专就庄周用喻的手法与韩非的手法指出其不同。韩用的是出于现成的故事，庄子用的却出于自编；韩自名之曰喻，庄却自名之曰寓言；韩的故事是现实生活的反映，主要依靠逻辑思维的力量；庄的寓言，主要通过联想的作用，充分显示出形象思维的特点。从而韩书对现实主义文学创作的影响很大，庄书则对浪漫主义文学创作的影响很大。篇中还痛斥“四人帮”把假故事当史料。

最后可以一提的是，在《〈靳令〉与〈饬令〉的关系》篇中谈到秦皇用六和《吕氏春秋》以及《商君书》中六欲的问题，六欲是实有所指，但有变化。《礼记・礼运》篇中，七情指喜怒哀惧爱恶欲，《白虎通・德议》中作六情，指喜怒哀乐爱恶。七是火的成数，六是水的成数，秦及汉初用水德说，西汉末王莽时改用火德，是否可作考虑删改《靳令》时代的参考，提出来供参考。《左传》昭公廿五年传文已有“民有好恶喜怒哀乐，生于六气”之文，爱即好。六情与《白虎通》相同。《礼运》之七情，增一惧字，孔颖达正义以“此云欲则彼云乐，此云爱则彼云好也”，更引熊安生之言云“惧则怒中之小别，以见怒而怖惧耳”，证明《礼运》七情说之不安，增改文字以迁就七字之数，当系晚出。

（原载《南京大学学报》（哲学社会科学）1982 年第 3 期）